空間異質性、人口分佈與經濟增長：

基於(中國)人口密度的理論與實證

曾永明 著

財經錢線

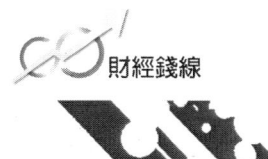

序

　　經濟增長研究是一個令人興奮的話題。可以說，在人文社會科學的研究中，經濟增長研究無論是作者群，還是成果數量，都應當處於前列。學者們從多學科、多視角、多領域不知疲倦地審視、研究經濟增長的狀況，探索經濟增長的影響因素、經濟增長的區域差異以及經濟增長中的諸多關係等，試圖發現經濟增長的規律，並得到仁者見仁、智者見智的饒有趣味的結論。而在眾多研究中，我要向讀者隆重推出的一項成果是，青年學者曾永明博士即將付梓的新著《空間異質性、人口分佈與經濟增長：基於（中國）人口密度的理論與實證》。該書以空間經濟學或新經濟地理學、空間人口學、人口資源與環境經濟學為基本的理論工具，引入人口分佈中的人口密度空間範疇，不遺餘力地描述和揭示了人口分佈與經濟增長的關係。

　　人口分佈是指人口在一定時間內的空間存在形式、分佈狀況，包括各類地區總人口的分佈以及某些特定人口的分佈，譬如城市人口、特定的人口過程和構成（遷移、性別等）的分佈等。人口分佈是受自然、社會、經濟和政治等多種因素作用的結果。尤其是20世紀以來，全球範圍的工業化和城市化進程加速推進，其對人口分佈的影響變得更大、更顯著。同時，人口分佈及不平衡分佈特徵，也更加突出地影響著一個國家或地區的經濟增長。過去，古典經濟學家和新古典經濟學家都忽視或輕視人口在空間上的分佈對經濟增長的影響，這或許是一種不大不小的錯誤或遺憾，抑或他們的探索還未走到這一步。難怪20世紀90年代初由普林斯頓大學教授保羅·克魯格曼（Paul Krugman）開創的新經濟地理學一誕生，即引起世界的高度關注和充分肯定，其本人也於2008年獲得諾貝爾經濟學獎，顛覆了

主流經濟學家拋棄空間元素闡釋經濟學的傳統路徑，使人口分佈等空間元素進入經濟學的一般均衡分析理論框架中。從此，從包括人口分佈在內的空間視角研究經濟增長，成為經濟學研究的一種嶄新範式。

中國人文地理學家或人口地理學家胡煥庸先生早在 1935 年發表的《中國人口之分佈》論文中，為中國國土空間所劃定的「璦琿—騰衝」人口分佈線（被美國俄亥俄州立大學田心源教授稱為「胡煥庸線」），就隱藏了人口空間分佈的經濟學之謎。這條線的東南半壁占全國國土面積的 43.8%，卻分佈了 94.1% 的總人口並占據絕大多數的 GDP 份額。幾十年過去了，分佈線的穩定性和人口、經濟社會特徵依然沒有實質性改變。2000 年，中科院國情小組的調查也表明，「胡煥庸線」東南側以占全國 43.18% 的國土面積，集聚了全國 93.77% 的人口和 95.70% 的 GDP，壓倒性地顯示出高密度的經濟、社會功能。「胡煥庸線」西北側地廣人稀，受生態脅迫，其發展經濟、集聚人口的功能較弱，總體以生態恢復和保護為主體功能。毫無疑問，人口空間分佈與經濟增長具有緊密的互動關係，人口空間分佈必然影響經濟增長，同時經濟增長也可以反過來影響人口分佈。李克強總理曾從區域協調、城市化推進、經濟發展的目的提出破除「胡煥庸線」的主張或建議。這一主張或建議能否實現，還有待實踐的檢驗。但即使可以破除，人口空間分佈影響經濟增長的實質也不會改變。或許可以講，胡煥庸的人口分佈線，搶占了保羅·克魯格曼新經濟地理學的先機，從一定意義上開創了空間人口經濟研究的新範式。

其實，還有一個與人口分佈密切相關的人口密度和空間異質性概念值得提出來分享，這也是《空間異質性、人口分佈與經濟增長：基於（中國）人口密度的理論與實證》一書中的兩個重要概念。①關於人口密度，這是人口分佈最核心的反應。實際上世界人口的分佈是很不均勻的。世界人口密度最高的區域在亞洲，日本、朝鮮半島、中國東部、中南半島、南亞次大陸、伊拉克南部、黎巴嫩、以色列、土耳其沿海地帶等都是高人口密集區。非洲人口密度較高的區域包括尼羅河下游、非洲的西北部和西南部以及幾內亞灣的沿海地區。歐洲除北歐與俄羅斯的歐洲部分的東部地區以外，都屬於人口密度較高的地區。美洲人口密度較高的區域包括美國的東北部、巴西的東南部以及阿根廷和烏拉圭沿拉普拉塔河的河口地區。總體而言，人口密集地區的總面積約占世界陸地的 1/6，而人口則占世界總

人口的4/6。這些人口密集的地區也是世界工業、農業比較發達的地區。在中國，人口稀少地區的面積比人口密集地區大得多，在此不予贅述。②關於空間異質性。按照人文地理學的理解，位置可以引起空間依賴和空間異質兩類空間效應。空間異質性是系統或系統屬性在空間上的複雜性（Complexity）和變異性（Variability）。我們說，與空間依賴性相左的是空間異質性，空間異質性與人口分佈結合起來就有了人口分佈空間異質性或人口空間分佈異質性一說，成為人口地理學研究的一個極為重要的理論問題。人口空間分佈的異質性所反應的或所指的在於人口分佈的地域差異性；人口分佈的無異質性所反應的或所指的在於人口在單元內均勻分佈，各個單元的人口密度一樣。當然，現實的人口空間分佈總是介於異質性和無異質性之間。人口空間異質的分佈對於經濟增長的意義在於：它將影響經濟資源在空間上的佈局、經濟集聚規模、經濟發展的水平和質量。因此，深入理解、全面把握人口空間分佈的異質性特徵，對於研究經濟增長具有至關重要的作用。

　　基於以上認識並通讀書稿，《空間異質性、人口分佈與經濟增長：基於（中國）人口密度的理論與實證》一書具有如下三大鮮明特點：

　　第一，搭建的理論分析框架極富特色。理論分析框架全面而系統，研究內容、研究主題都圍繞人口空間分佈（具體到人口密度）對經濟增長的影響這一主線展開，貫徹了空間和空間效應的思想，具有理論開放性、邏輯嚴密性、解釋說服性特點。該書結合經濟地理學對中國人口分佈進行了新描述，展示了中國分縣、市、省尺度的人口密度分析，並開展空間自相關的實證分析。對中國人口分佈的不平衡度及密度函數進行模擬預測，並進一步就人口密度影響機制進行微觀區域實證研究。有了這些微觀基礎及其所獲得的基本認知，水到渠成地構建起人口分佈與經濟增長的理論機制，證明人口空間分佈（人口密度）對經濟增長的聚集效應與擁擠效應並存的事實，獲取了人口分佈與經濟增長的實證檢驗，使引導人口空間分佈的政策轉變有根有據。總體而言，該書資料翔實，內容豐富，方法適用，構建的理論分析框架邏輯嚴密，整體理論體系較為完善，解釋力較強。

　　第二，研究成果充分體現了創新嘗試，拓展了創新領域，開闊了理論視野。研究將人口地理學與空間經濟學結合起來介入該議題的研究，這對目前國內人口資源環境經濟學同類研究是一種研究範式的轉變和創新努

力，也是空間人口學研究的有益嘗試。①選題視角新，試圖給人口分佈與經濟增長理論一個微觀基礎。②研究始終注意把握空間及空間效應這一人口分佈本質，合理應用空間理論和空間分析技術，在理論和實證上回答人口密度與經濟增長的理論關係，給人口佈局引導政策提供有力支撐。③獲取創新性發現，梳理清晰了政策含義邏輯：中國人口分佈不平衡—不平衡性將持續—中國特大城市擁擠效應凸顯而人口限制遷入政策效果甚微—人口分佈對經濟增長既有聚集效應又有擁擠效應—資源再分配引導人口主動再分配—特大城市人口降低、新興城市人口增長—不同規模城市的經濟都增長。

第三，研究有不少新的發現，觀點和研究結論耐人尋味，實踐指導性強。該書將空間、人口和經濟三個基本要素融合，得出了六大主要研究結論：中國人口分佈非常不均衡，「胡煥庸線」下人口分佈格局未發生質的變化；中國人口分佈具有顯著的空間自相關性；中國人口分佈的不均衡性持續擴大；微觀化人口分佈特徵比宏觀人口分佈更加複雜，可能具有新特徵甚至反例；人口分佈與經濟增長的關係不是單維的促進或阻礙；理論模型證實，人口密度對經濟增長既有聚集效應又有擁擠效應，兩者存在二次型的倒「U」形曲線關係。該書明確提出：人口空間分佈的政策落腳點在哪裡？應該追求怎樣的人口空間均衡？作為對前一問題的回答，作者認為人口空間分佈的政策落腳點在於「人口分佈對經濟增長既有聚集效應又有擁擠效應—資源再分配引導人口主動再分配—特大城市人口降低，新興增長城市人口增長—不同規模城市的經濟都增長」。作為對後一問題的回答，作者認為人口空間上的均衡，顯然不是人口平均分佈，事實上人口也不會平均分佈；人口空間分佈的均衡，是追求人均意義的空間均衡，包括人均GDP、人均收入和生活質量意義上的「空間均衡」。這些觀點和結論都是有的放矢，分量不輕，對於引導人口合理分佈、促進經濟可持續增長具有重要的理論價值和實踐意義。

當然，本書是一部創新探索之作，既然是創新，就必定有所不足，甚至錯誤也在所難免。我認同該書作者的看法，針對已往學者研究的人口空間分佈與經濟增長相關理論的梳理尚有欠缺；文獻與該書內容佈局關係邏輯尚有展示空間；該書較多地著力於實證檢驗，而對經驗理論模型分析不足；人口密度直接作用於經濟增長的結論，實際上尚需要進一步研究，比

如間接作用的可能性；對策方案的理論化取向弱化了對策方案的實際效用。該書最大的不足可能在於未將人口空間分佈置於經濟增長的互動關係中加以考察，這似乎缺乏嚴謹性；如果在互動關係中考察，可能會加深對人口空間分佈作用於經濟增長的理解，從而得到新的一些認識和結論。儘管如此，仍瑕不掩瑜。該書達到了相當的學術高度和水準，在許多方面都有自己的獨到見解，其意義和作用不可低估。這不僅反應了作者求真務實的學風，敏銳開闊、深邃獨到的洞察力，而且也為讀者查閱關於人口空間分佈與經濟增長這一議題下的有關資料、數據提供了渠道和方便。

王學義

內容簡介

自從2008年諾貝爾經濟學獎頒給了空間經濟學（新經濟地理學）的創新者和掌舵者保羅·克魯格曼和2009年世界發展報告《重塑世界經濟地理》中前所未有地將人口密度和地理距離等空間因素提到新高度後，國際上關於「空間主題」的研究影響漸升。不過具體到人口空間分佈上，儘管人口密度在經濟社會生活中扮演著重要角色，但在經濟學研究領域的研究並不多（Yuri A. Yegorov, 2009）。特別是綜合考慮空間因素並融合空間分析理論和技術來研究人口分佈及其與經濟增長關係的成果著實鮮見，因為納入空間因素進行研究有兩個方面的困難：一是理論上考慮空間因素的作用，比如將空間因素納入經濟學體系；二是分析方法上以空間分析技術為主，以解決一般研究方法無法克服的空間依賴性等問題。

儘管如此，「困難」卻反過來為此類拓展研究提供了視角，本書即試圖做這個研究，為空間人口學研究做出自己的探索。一方面是抓住人口分佈空間屬性的重要性，應用空間分析理論和方法研究人口分佈問題，尤其是中國人口分佈問題；另一方面是在理論和實證上研究人口分佈和經濟增長的關係，試圖給經濟增長理論補充一個理論要素。研究試圖回答幾個有關爭論：第一，到底是人口太多還是土地（或空間）太少？第二，到底是人口數量本身推動經濟增長還是人口聚集效應推動經濟增長？第三，到底是最優人口數量好還是最優人口分佈或最優人口密度好？研究的政策目的是為人口佈局政策提供新視角下的研究支撐。具體來說就是：中國人口分佈不平衡—不平衡性將持續—中國特大城市擁擠效應凸顯而人口限制遷入政策效果甚微—人口分佈對經濟增長既有聚集效應又有擁擠效應—怎麼辦？

在具體內容上，本書做了以下幾點研究：

第1章，導論。

第2章，文獻綜述。從空間異質性入手，對人口分佈及其與經濟增長的關係進行文獻研究綜述。側重點有三個：一是人口分佈研究的基本內容和重要性；二是空間因素及空間分析技術對人口分佈研究的作用；三是人口分佈對經濟增長的作用。最後給出總結性評論，其中關鍵的評論是之前研究人口分佈及其與經濟增長的文獻普遍缺少同時考慮空間及空間分析理論和技術兩個視角。

第3章，中國人口分佈的新描述與空間自相關分析。本章以中國第五次和第六次人口普查數據為基礎，分縣域（2,844個）、市域（337個）和省域（31個）三個空間尺度進行比較分析。這是考慮到之前相關研究鮮有同時考慮三個空間尺度的事實，特別是對人口密度的空間自相關分析。空間尺度對研究有著重要影響，因為涉及空間權重，而空間權重與區域的邊界、鄰接關係、距離等有關。這也間接證明了空間尺度對人口分佈研究的影響。

第4章，中國人口分佈的不平衡度及密度函數的模擬預測。本章以兩次普查的縣域數據為基礎，先對全國、東、中、東北、西部和部分省域的人口分佈的基尼系數進行對比分析，然後對中國人口密度分佈函數進行模擬，發現符合對數正態分佈函數，並以對數正態分佈函數對中國2020年、2030年、2040年、2050年、2075年和2100年的中長期人口密度分佈函數及特徵進行預測。預測的趨勢是中國未來的人口分佈將更加不均衡，不過這符合人口發展的基本規律，因此大城市的人口流入控制性政策效果甚微不難理解。

第5章，人口密度影響機制分析。本章擺脫宏觀尺度諸如世界、全中國等大空間尺度的分析，對中國川西局部區域進行微觀分析。這是考慮到宏觀尺度數據的研究結論我們已幾乎耳熟能詳，更多要做的是微觀化的研究。是否有更多的細節甚至出現反例或「人口分佈悖論」現象，這都值得探索。

第6章，人口分佈與經濟增長的理論機制研究。本章從理論上考察人口密度對經濟增長的影響機制，並分聚集效應和擁擠效應兩個步驟推進，每個步驟都用兩個模型。關於聚集效應，首先構建一般的新古典增長模型，引入人口密度，再以 Ciccone（1996, 2002）的理論為基礎進行擴展分析。關於擁擠效應，一般與聚集效應聯合研究：第一個模型是在新古典增

長模型下並基於聚集效應引入擁擠效應，同時假設存在動態外部性，得到人口密度與經濟增長率的倒「U」形曲線關係；第二個模型是以新經濟地理學下的地區溢出模型為基礎，引入人口密度得到，證明人口密度與經濟增長率是二次函數的倒「U」形曲線關係。

第7章，人口分佈與經濟增長關係的實證檢驗。本章依據理論分析部分「人口密度與經濟增長率是二次函數倒『U』形曲線關係」的結論，通過用於彌補傳統研究中忽視空間自相關不足的空間面板計量模型，對全球126個國家和地區1992—2012年和中國256個城市2001—2012年的數據進行檢驗。結果發現，實證檢驗與理論模型相符，相比於前人的研究，結論更可靠。這也證明了空間計量模型在研究人口分佈等與空間因素緊密相關的問題時會取得更好的效果。同時，第6章和第7章兩章的研究結果表明，理論和實證結論能夠相互支持。

第8章，結論與展望。本章是對全書研究的邏輯總結，同時提出中國人口分佈政策的落腳點和人口空間均衡所追尋的目標。最後指出了研究不足和未來展望，比如不僅要關注人口密度對經濟增長的直接效應，更要關注其間接效應（如人口密度對技術和環境的影響等）。

基於研究的開展，本書做了一些創新性的探索。將人口地理學與空間經濟學結合起來對該議題進行研究，這對目前國內人口資源環境經濟學同類研究是一種研究範式的轉變和創新努力，也是空間人口學研究的有益嘗試。首先，在選題視角方面，創新之處在於人口分佈（人口密度）對經濟增長的影響。人口的數量、結構、素質等與經濟增長相互關係的理論和實證研究都已非常成熟，但人口分佈與經濟增長相互關係的研究還有待深入。在低生育率和人口低增長、人口紅利減小的背景下，人口分佈對經濟增長的重要性越發凸顯。本研究試圖給人口分佈與經濟增長理論一個微觀基礎。其次，本研究始終把握人口分佈的本質——空間及空間效應。一是強調空間因素的作用，在研究中盡量考慮空間理論；二是在實證中盡量考慮運用空間分析技術。再次，在理論和實證上回答了人口密度與經濟增長的理論關係——二次型倒「U」形函數曲線關係。通過多個模型，將人口密度與經濟增長的關係理論化，並實證檢驗。最後，給人口佈局引導政策提供了研究支撐。本書的政策含義基於這樣的邏輯：中國人口分佈不平衡—不平衡性將持續—中國特大城市擁擠效應凸顯而人口限制遷入政策效果甚微—人口分佈對經濟增長既有聚集效應又有擁擠效應—資源再分配引導

人口主動再分佈——特大城市人口降低、新興城市人口增長——不同規模城市的經濟都增長。

　　當然，本書選擇的研究視角，即關於人口分佈及其與經濟增長的關係研究是一個內涵寬泛的課題，本書並不能涉及其方方面面，還存在一些不足，未來還有很多探索的空間。比如考慮人口密度以外的變量來度量人口分佈，更多的度量變量研究可以得到更多的證據，以強化和補充本書的研究結論。再比如，人口密度可能不是直接作用於經濟增長，而是通過中間變量（技術、環境等）傳導，因此人口密度與中間變量的關係值得進一步探索，或者說擴展人口分佈與經濟增長模型，從關注人口密度對經濟增長的直接影響轉到其間接作用上。這些都將是未來值得深化的角度，等待深入研究。空間人口學研究既充滿挑戰又面臨機遇。

Abstract

There are two milestones which make spatial dimension of economics much more influential in recent years. One is that Paul Krugman won Nobel Prize in economics in 2008; another is the publication of the World Bank's report, 「World Development Report 2009: Reshaping Economic Geography」, which stresses the effects of density, distance and division (3Ds). Unfortunately, while population density represents an important socio-economic parameter, its role is rarely studied in the economic literature (contrary to natural sciences) (Yuri A. Yegorov, 2009). Especially when we focus on the research of population spatial distribution and its relationship with economic growth, few studies considered simultaneously spatial effect and spatial analysis methodology. This is because there are two difficulties at least: One is that it is hard to include the spatial factor in Neoclassic Economics, so while New Economic Geography made the breakthrough, economists are so excited. Furthermore, general Econometrics with lack of spatial perspective cannot overcome the problem like spatial-dependence and spatial-heterogeneity.

However, difficulty always accompanies with new idea. This current paper tries to do some kind of those researches. On one hand, I studied on the (Chinese) population distribution with the importance of population spatial attribution. On the other hand, I focused on the relationship between population density and economic growth, and tried to add a theoretic factor into economic growth research. What's more, spatial analysis methodology, such as Spatial Econometrics, which considers spatial-dependence and spatial-heterogeneity, could better explain the spatial dimension of demography than traditional methodology, is applied on almost all my empirical researches in this paper. Meanwhile, these studies are based on some realistic arguments: (1) To some countries like China, is it too much population or too less space? (2) Which promotes economic growth, population quantity itself or population agglomeration? (3) Which is better, optimal population quantity or optimal population density (distribution)? So this current paper maybe provides a research support for Chinese population distribution policy. Specifically, Chinese population distribution is considerably uneven, and this trend will continue. However, the control polices of population migration into mega-cities like Beijing and Shanghai make little success. So what policies shall we take when we face the coexisting of agglomeration and congestion effects of population density? Here this book will give an answer.

Specifically, here are the abstracts of some core chapters.

Chapter 2. Literature review on population spatial distribution and its relationship with economic growth. I give three points: first, the main context and importance of research of population spatial distribution; second, the importance of spatial effect and spatial analysis methodology in population spatial distribution research; third, the effect of population distribution on economic growth. And finally I give my comments, one of which is that few studies considered simultaneously spatial effect and spatial analysis methodology in population distribution research.

Chapter 3. Some new description of Chinese population distribution and its spatial auto-correlation analysis. Based on the data of the fifth and sixth population census (2000, 2010) of China, this chapter compares and contrasts the spatial characteristics of Chinese population distribution in three spatial scales: counties (NO. 2,844), cities (NO. 337) and provinces (NO. 31). That is due to the Modifiable Areal Unit Problem (MAUP). Especially the spatial auto-correlation analysis, which includes the spatial weights, is influenced much more by MAUP, such as scale effect and pattern effect, size, boundaries, distance and adjacency to be exact.

Chapter 4. Quantifying the uneven degree of population distribution and its simulation and projection of Probability Density Function. Based on the census data of county scale, this chapter quantifies the uneven degree of population distribution in the whole China, and Eastern, Central, Western and Northeastern China as well as some provinces with Gini-Coefficient. Furthermore, this study does some simulations in Probability Density Function of population density, and finds that Log Normal Distribution fits well. And then, I give the projection of Probability Distribution of population density in 2020, 2030, 2040, 2050, 2075 and 2100 based on Log Normal Distribution. And one of the projection results shows that the uneven degree of population distribution in future will be larger. However, this trend is consistent to the population flowing law. So it is not difficult to understand that the controll policies of population migration to megacities like Beijing and Shanghai make little success.

Chapter 5. The influence mechanism of population density: in micro perspective. This chapter does not pay attention to the macro scale like a country but a micro and special region in Western China where the environment and terrain is so complicated. It is due to the fact that this kind of researches on macro scale is affluent and their results and conclusions are familiar. However, micro scale may give us more complex details, in that perspective, spatial-heterogeneity will show out, even may accompany with some paradoxes we met less before.

Chapter 6. The theoretical mechanism and models about population density and economic growth. It cannot be denied that population density could influence economic growth, but how, and what is the mechanism and how to prove? This chapter gives the theoretical framework to these questions in two aspects: agglomeration effects and congestion effects of population density. Agglomeration effect means population density promotes economic growth, and congestion effect means when the population density gets a certain level it will obstruct the economic growth. There are two theoretical models for both aspects. The first model for agglomeration mechanism is Neoclassic Growth Model in which the population density was introduced directly. The second one comes from Ciccone (1996, 2002) which pays attention to the output produced on the land (space). And the first model for congestion mechanism is the expansion of the first model considering the dynamic spatial externality. From this model an inverted U-shaped relation between population density and economic growth is got. And the last one is derived from the Local Spillover Model (LSM) of New Economic Geography. Then the paper introduces the population density into LSM, and gets an inverted U-shaped curve with quadratic function which could prove exactly the relationship between population density and economic growth. All the models are the theoretic foundation of the empirical study later.

Chapter 7. Empirical test of population density and economic growth based on the theoretical model result: inverted U-shaped curve with quadratic function. This result provides a framework for empirical basic model specification. Then empirical analysis is based on the Spatial Panel Data Model with the data of 126 countries and regions from 1992 to 2012 and 256 Chinese cities from 2001 to 2012. The key test for my theoretic framework stands on the hypothesis that the coefficient of population density (proxy for agglomeration effects) is significantly positive while the coefficient of population density square (proxy for congestion effects) is significantly negative. And my test results support the theoretic framework. So inverted U-shaped relation is confirmed right. Meanwhile Spatial Econometrics which considers spatial-dependence and spatial-heterogeneity could be better to explain the spatial dimension of demography than traditional methodology and empirical data and model. From Chapters 6 & 7, we can see that theoretical model and empirical test support each other.

Chapter 8. Conclusion and next steps. This chapter makes a conclusion for all sub-topics of this thesis, including the research logic and main results. Meanwhile, it puts out the foothold of Chinese population distribution polices and the key aim of spatial equilibrium of population. At last it points out some shortcomings of this study and some research promotion in the future. For instance, more attention should be paid to the indirect effects of population density, such as the influence of population density on technology progress or environmental congestion which then influences the economic growth.

There are some innovations in this thesis. First, new research perspective of economic growth. There are few researches on relationship between population distribution and economic growth, though population, population structure, and population quality (human capital) appear frequently. Second, this paper pays much attention to the core attribution of population distribution: spatial dimension of demography. On one hand, I study on the population distribution with the importance of population spatial attribution. On the other hand, I try my best to apply spatial methodologies, especially the Spatial Econometrics. Third, the paper explains the relationship between population density and economic growth. According to the theoretical framework and empirical test, there is an inverted U-shaped curve with quadratic function between them. Fourth, the paper provides a research support for Chinese population distribution policy. Specifically, Chinese population distribution is considerably uneven, and this trend will continue. However, the controll policies of population migration to mega-cities like Beijing and Shanghai make little success. And agglomeration effects and congestion effects of population density co-exist. So the more effective policies will be redistribution of resource and governmental support which will guide the population migration and redistribution naturally and rationally. And then both mega-cities and emerging cities, or different scale cities, would keep growing in a relative high level rate.

However, there are also some shortcomings in this paper due to the boarding perspective of population distribution and its relationship with economic growth. So some new fields and questions should be explored in future. For example, population density can proxy for population distribution, but population distribution does not mean population density only. That means we should choose some more variables of population distribution to prove the outcome in this paper. What's more, population density may not influence economic growth directly. It may do throughout some indirect factors, such as technology progress or environmental congestion which then influences the economic growth. So we should continue to expand the growth model with some indirect variables like technology and environment.

目　錄

1　導論 / 1
 1.1　選題背景與意義 / 1
 1.2　基本內容與結構 / 4
 1.3　研究邏輯與框架 / 6
 1.4　論證方法與創新 / 7

2　文獻綜述 / 10
 2.1　引言：從異質性談起 / 10
 2.2　人口分佈基本研究問題綜述 / 11
  2.2.1　人口分佈內涵及其研究簡議 / 11
  2.2.2　靜態分佈研究 / 12
  2.2.3　動態分佈研究 / 16
 2.3　空間分析技術與人口分佈綜述 / 18
  2.3.1　空間及空間分析技術的作用 / 18
  2.3.2　空間分析技術與人口分佈研究 / 19
 2.4　人口分佈與經濟增長綜述 / 20
  2.4.1　人口聚集與經濟增長 / 20

2.4.2　增長模型擴展：人口到人口密度 / 22

　2.5　新經濟地理學視角下的人口分佈與經濟增長綜述 / 23

　　2.5.1　空間因素納入主流經濟學 / 23

　　2.5.2　新經濟地理學下的人口分佈與經濟增長 / 24

　2.6　總結性評論 / 26

3　中國人口分佈的新描述與空間自相關分析 / 28

　3.1　中國人口分佈基本概述 / 29

　　3.1.1　中國分縣尺度的人口密度分析 / 29

　　3.1.2　中國分市尺度的人口密度分析 / 42

　　3.1.3　中國分省尺度的人口密度分析 / 47

　3.2　人口密度的空間自相關性分析 / 50

　　3.2.1　空間自相關基本理論 / 50

　　3.2.2　中國人口密度空間自相關實證分析 / 52

4　中國人口分佈的不平衡度及密度函數的模擬預測 / 61

　4.1　引言：人口分佈異質性如何度量 / 61

　4.2　人口分佈基尼系數 / 63

　　4.2.1　基尼系數測度原理 / 63

　　4.2.2　中國人口分佈基尼系數 / 66

　4.3　人口分佈概率密度函數擬合與預測 / 73

　　4.3.1　人口密度的概率分佈 / 73

　　4.3.2　基於對數正態分佈的擬合與預測 / 77

　　4.3.3　模擬預測結果的政策性評論 / 92

5 人口密度影響機制分析——中國川西微觀區域實證 / 95

5.1 對傳統研究的評述及本研究的視角 / 95

5.2 研究區概況及其人口分佈的基本空間計量特徵 / 98
5.2.1 中國川西自然概況與人口分佈特徵 / 98
5.2.2 中國川西人口分佈的空間自相關分析 / 100

5.3 自然影響機制分析——基於純粹複雜地形的研究 / 103
5.3.1 地形因子與空間高程數據 / 103
5.3.2 人口分佈與地形因子的常規建模分析 / 105
5.3.3 人口分佈與地形因子的 GWR 建模分析 / 108

5.4 綜合影響機制分析——基於自然、社會和經濟複合研究 / 111
5.4.1 變量確定與描述性統計 / 111
5.4.2 基於普通最小二乘法的建模分析 / 113
5.4.3 基於空間常系數迴歸的建模分析 / 114

5.5 微觀化人口分佈影響機制研究結論總評 / 120

6 人口分佈與經濟增長的理論機制研究 / 123

6.1 人口密度影響經濟增長嗎？——對現實的觀察和解釋 / 123

6.2 人口密度與經濟增長理論機制分析之一：聚集效應 / 126
6.2.1 新古典經濟學視角下的理論模型 / 127
6.2.2 新經濟地理學視角下的理論模型 / 129

6.3 人口密度與經濟增長理論機制分析之二：擁擠效應 / 132
6.3.1 關於擁擠效應的文獻綜述 / 132
6.3.2 新古典增長模型下倒「U」形曲線推導 / 135

6.3.3 基於 NEG 視角的地區溢出理論模型 / 138

6.4 理論機制研究小結 / 143

7 人口分佈與經濟增長關係的實證檢驗 / 145

7.1 文獻簡短評述與本書視角 / 146

7.2 基於空間面板計量模型的人口密度與經濟增長實證 / 149

7.2.1 空間面板數據模型基本理論介紹 / 149

7.2.2 實證研究基本模型設定 / 151

7.2.3 全球國際級數據檢驗 / 152

7.2.4 中國地級城市數據檢驗 / 169

7.3 實證研究小結 / 181

8 結論與展望 / 182

8.1 主要結論 / 182

8.2 核心觀點與政策含義 / 184

8.2.1 人口空間分佈的政策落腳點在哪？ / 184

8.2.2 應該追求怎樣的人口空間均衡？ / 185

8.3 不足與展望 / 186

參考文獻 / 189

附錄 / 204

後記 / 209

1 導論

1.1 選題背景與意義

2008年諾貝爾經濟學獎頒給了空間經濟學（新經濟地理學）的創新者和掌舵者保羅·克魯格曼（Paul Krugman）。新經濟地理學將「空間」這一長期被主流經濟學家拋棄的元素引入經濟學的一般均衡分析理論框架中，研究經濟活動的分佈規律，開闊了理論經濟學研究的新視野，同時用以解釋世界空間聚集機制，並通過這種機制解釋世界經濟增長的規律和途徑。

2009年世界銀行的世界發展報告（2009）被命名為《重塑世界經濟地理》，第一次從全球視角闡釋空間（地理）要素（包括密度、距離和差距，分別為 Density、Distance 和 Division，簡稱「3Ds」，其中密度是指人口密度）對經濟社會的影響，這給人口分佈特別是人口密度在經濟社會尤其是在經濟增長方面的作用做了有力的論證，也讓人口密度研究提升到了前所未有的高度。

不管是偶然還是必然，這兩個事件先後出現在2008年和2009年，基本是同時發生，因此甚至可將2008年稱為空間因素納入主流經濟學的「元年」。此後，國際上不管是綜合性的空間（地理）因素還是具體到人口分佈或人口密度的研究顯得越發豐富和重要。

再看國內情況，2014年11月國務院總理李克強參觀中國人居科學研究展覽，當他看到一張中國地圖上明顯的「胡煥庸線」[①]時，發出了「胡煥庸線怎麼破」之問（人民網，2014）。關於人口分佈研究，「胡煥庸線」早已成為經典。「李克強之問」是針對其所見中國地圖旁邊的一段文字——「線以東地區

[①] 胡煥庸線（Hu Line，或 Aihui-Tengchong Line，或 Heihe-Tengchong Line），即中國地理學家胡煥庸（1901—1998）在1935年提出的劃分中國人口密度的對比線，最初稱「璦琿—騰衝一線」，後因地名變遷，先後改稱「愛輝—騰衝一線」「黑河—騰衝線」。

以43.71%的國土面積養育了94.39%的人口；而以西地區所占國土面積超過東部，為56.29%，而人口僅占5.61%，這些人口主要生活在適宜和基本適宜地區」而發。「胡煥庸線」是中國人口密度的分界線，其直觀地展示了中國東南地狹人稠、西北地廣人稀的差異。對此，李克強說道：「中國超94%的人口住在東南43%的土地上，但中西部也要城鎮化。我們是多民族、廣疆域國家，我們要加快研究如何突破這個規律，統籌規劃、協調發展，讓中西部百姓在家門口也能夠分享現代化。」對此，「有關專家表示將聯合多個高校和學科對此進行研究」①。產儘「李克強之問」針對的是中國城鎮化問題，但本質上所指依然是認識和解釋人口空間分佈規律的問題。

2015年2月，中央財經領導小組第九次會議召開，其中「疏解北京非首都功能」出現在會議議程中。會議關於這點內容的闡釋是「疏解北京市非首都功能、推進京津冀協同發展，是一個巨大的系統工程。目標要明確，通過疏解北京非首都功能，調整經濟結構和空間結構，走出一條內涵集約發展的新路子，促進區域協調發展，形成新增長極」②。乍一看，並不是多大的新聞，只不過是關於北京「城市病」治理的報導罷了，但是本書不認為其如此簡單。眾所周知，北京當前的現狀是過於擁擠、人口密度過高，「城市病」嚴重，多年前就開始推動實施「控制人口聚集」的政策，可是效果不盡如人意，「向北京聚集」的趨勢不減反倒增強。早在2004年出抬的政策就提出要在2020年將人口控制在1,800萬人以內（北京市城市總體規劃，2005），但該目標早在2010年之前就被突破。「六普」顯示北京2010年常住人口達到1,961.2萬，而政策依然還是沒有根本改變，依然在強調「控制人口聚集」，直到2015年2月的這次會議才透露出新的人口引導佈局政策。本書對於「疏解北京非首都功能」的理解是資源轉移和再分配，即轉到有潛力的「新增長極」上，這樣對於人口再分佈、緩解人口擁擠是更為理想之策，其最重要的意義在於城市人口政策的重大轉向。如果北京等大城市總是聚集著最優勢的資源，那麼人口向其聚集的趨勢就無法阻擋。

觀察國內兩個事件可以發現，厘清人口分佈的基本規律是現實經濟社會的需要。時隔80年再一次研究「胡煥庸線」並不是念舊，而是重申人口分佈規律研究的重要性，而「疏解北京非首都功能」，就是對人口佈局政策的轉變，

---

① 楊芳. 李克強之問：「胡煥庸線」怎麼破？ [EB/OL]. (2014-11-28) [2017-11-11]. http://politics.people.com.cn/n/2014/1128/c1001-26113082.html.

② 習近平：疏解北京非首都功能 推進京津冀協同發展 [EB/OL]. (2015-02-10) [2017-11-11]. http://news.ifeng.com/a/20150210/43146626_0.shtml.

從行政上的硬性「控制」轉到市場化資源配置下的軟性「引導」，遵循人口分佈的自然規律。

本書開篇將國際、國內幾個事件放在一起，它們之間的邏輯是什麼？又如何作為本研究的選題背景？其實它們之間的邏輯很清晰。首先，「空間」的重要性被主流科學納入，更重要的是處理「空間」的理論方法和技術工具趨於成熟。其次，人口分佈在現實經濟社會生活中的作用被重申，新的人口佈局政策需要新視角下的人口分佈研究作為支撐。將它們放在一起，即說明從空間視角研究人口的空間屬性，並且應用空間分析理論和技術處理人口分佈問題非常有必要。本書選題就是抓住人口分佈空間屬性的重要性，應用空間分析理論和方法研究人口分佈問題，尤其是中國人口分佈問題。

當然，本書的最終目的是研究人口分佈（人口密度①）對經濟增長的影響，也即人口的空間屬性對經濟增長的影響。產儘人口密度在經濟社會生活中扮演著重要角色，這個視角的研究也不是非常新的領域，但在經濟學研究領域的研究並不多（Yuri A. Yegorov, 2009）。事實上，由於學科的限制，缺乏相關的空間分析理論和技術手段的支撐，未能做深入的研究，「人口分佈和經濟間相互影響關係是人口學研究的盲區和有待開拓的處女地」（劉錚、李競能，1985）。時過境遷，這句話隨著空間分析理論和技術的發展和學科綜合交叉研究的深入變得不再正確。但是，綜合考慮空間因素並融合空間分析理論和技術來研究人口分佈及其與經濟增長的關係著實不常見，因為空間分析理論和技術包含兩個方面：一是理論上考慮空間因素的作用；二是分析方法上以空間分析技術為主，以解決一般分析方法無法克服的空間依賴性等空間問題。這就給研究帶來了一定的困難。本書即試圖做這個研究，希望對提升人口分佈的新認識能有些微的意義。

不過以上介紹的是比較宏觀的選題背景，事實上還有許多微觀的問題也促使了本研究選題的確立。比如在面對世界或中國等區域人口與經濟增長相關問題研究時，會碰到幾個疑問：第一，到底是人口太多還是土地（空間或資源）太少？第二，到底是人口數量本身推動經濟增長還是人口聚集效應推動經濟增長？第三，到底是最優人口數量好還是最優人口分佈或最優人口密度好？

顯然這三個問題沒有一個有統一的答案。對於第一個問題，比如俄羅斯和

---

① 本書選取人口密度度量人口分佈，與本書的側重點有關：一是因為其可以反應人口的空間屬性和作用，人口密度是指人口數除以土地面積的商，後者就是對空間的度量；二是因為其能表示人口聚集和擁擠程度；三是人口密度本身是最為常用的度量人口分佈的指標。當然，人口分佈的表徵指標還有很多，後文有述。

日本人口相差無幾，為什麼一般都認為俄羅斯人口偏少（羅格津，2012）[①]而不認為日本人口偏少？關於這個問題，土地或空間不是唯一原因，但卻是主要原因。對於第二個問題，新古典增長理論認為人口或勞動力是推動經濟增長的基本要素；而新經濟地理學的內生增長理論則認為產業聚集和人口聚集的溢出效應推動經濟增長。對於第三個問題，有人說要保持最優的人口數量，不能太多也不應該太少；也有人說要注重合理佈局人口，引導人口有序流動、分布——這真是「公說公有理，婆說婆有理」。

產儘不能找到以上問題的標準答案，但是透過這些問題發現其背後隱含著空間、聚集和擁擠等因素。比如第一個問題涉及土地或空間有限性，第二個問題涉及人口聚集，第三個問題涉及人口聚集和擁擠。所以，與其去找標準答案，不如去研究人口分佈及其與經濟增長的關係。該研究就涉及空間、人口聚集、擁擠等問題。換句話說，如能有效研究人口分佈及其與經濟增長的關係，就能回答以上問題；而只要研究的邏輯規範，答案已經不重要。因此，本書從人口過渡到人口分佈，凸顯空間因素的作用，並以人口密度來度量人口分佈，研究人口分佈及其與經濟增長的關係，希望能給以上爭論的現實問題提供一些個人研究見解。

1.2　基本內容與結構

本書主要研究內容是人口分佈及其與經濟增長的關係兩個核心部分，其中人口分佈研究部分以中國人口分佈為對象，包括第五次人口普查和第六次人口普查數據下的中國人口分佈現狀、變化和空間特徵。這部分的重點在於不同空間尺度下的人口空間相關性和人口密度分佈函數的模擬預測。第二部分是關於人口分佈與經濟增長的關係研究，包括理論機制分析和實證檢驗。在理論機制分析層面主要探討人口分佈究竟與經濟增長有無關係、有怎樣的關係，又如何論證。該層面分人口密度對經濟增長的聚集效應和人口密度對經濟增長的擁擠效應兩個步驟推進。在實證檢驗層面主要對所構建的理論框架進行驗證。該層面分全球國際級數據檢驗和中國地級城市數據檢驗；分全球檢驗和國內檢驗是考慮到國際與國內城市間的各類環境差異及其可能的影響，同時國際、國內兩

[①] 俄副總理表示俄羅斯人口目標為5億［EB/OL］.（2012-02-03）.［2017-11-11］. http://news.xinhuanet.com/world/2012-02/13/c_122693965.htm? prolongation=1.

個層次的檢驗結果也可以互為補充。具體來說有以下 8 章內容：

第 1 章，導論。說明選題背景、意義和全書的論證邏輯、框架，重點說明為什麼要研究此選題。

第 2 章，文獻綜述部分。從空間異質性入手，對人口分佈及其與經濟增長的關係研究進行文獻研究綜述，側重點有三個：一是人口分佈研究的基本內容和重要性；二是空間因素及空間分析技術對人口分佈研究的作用；三是人口分佈對經濟增長的作用。最後給出了總結性評論，為本研究梳理文獻證據，並突出本研究的觀點和新意。

第 3 章，中國人口分佈的新描述和空間自相關性分析。本章以中國第五次和第六次人口普查數據為基礎，分縣域、市域和省域三個空間尺度進行比較分析，這是考慮到之前相關研究鮮有同時考慮三個空間尺度的事實，特別是對人口密度的空間自相關性分析，空間尺度對研究有著重要影響，因為涉及空間權重，而空間權重與區域的邊界、鄰接關係、距離等等有關。這也能間接證明空間尺度對於人口分佈研究的影響。

第 4 章，人口分佈的不平衡測度和密度函數的模擬預測。本章以中國兩次普查的分縣數據為基礎，先對全國、東、中、東北、西部和部分省份人口分佈的基尼系數進行比對分析，然後對中國人口密度分佈函數進行模擬，並以對數正態分佈函數對中國 2020 年、2030 年、2040 年、2050 年、2075 年和 2100 年的中長期人口密度分佈特徵進行預測。

第 5 章，人口密度的影響機制分析。本章擺脫宏觀尺度諸如世界、中國等大空間尺度的分析，對中國川西局部區域進行微觀分析。這是考慮到宏觀尺度數據的研究結論我們已幾乎耳熟能詳，更多要做的是微觀化的研究，是否有更多的細節甚至出現反例或「人口分佈悖論」現象，這都值得探索。

第 6 章，人口分佈與經濟增長的理論機制分析。本章從理論上考察人口密度對經濟增長的理論機制，並分聚集效應和擁擠效應兩個步驟推進，每個步驟都用兩個模型。關於聚集效應，首先構建一般的新古典增長模型，引入人口密度，再以 Ciccone（1996，2002）的理論模型為基礎進行擴展分析。關於擁擠效應，一般與聚集效應聯合研究：第一個模型是在新古典增長模型下並基於聚集效應引入擁擠效應，同時假設存在動態的外部性，以推導人口密度與經濟增長率的倒「U」形曲線關係；第二個模型是以新經濟地理學下的地區溢出模型為基礎，引入人口密度得到。

第 7 章，人口分佈與經濟增長關係的實證檢驗。本章依據理論分析部分的人口密度與經濟增長率理論關係，同時基於彌補傳統研究忽視空間自相關的不

足的目的，應用空間面板計量模型，對全球 126 個國家和地區 1992—2012 年和中國 256 個城市 2001—2012 年的數據進行檢驗。

第 8 章，結論與展望。本章是對全書研究的邏輯總結，並提出中國人口分佈政策的落腳點和遵循的目標，同時指出研究不足和未來展望。

1.3 研究邏輯與框架

縱觀 1.2 節所示的本研究的核心內容和章節安排，除了研究內容本身和基本觀點之外，也內在隱含了一定的邏輯性：第 3 章欲證明中國人口空間分佈不均衡的事實；第 4 章欲證明中國人口空間分佈未來將更加不平衡的事實，比如預測中國未來類似於上海靜安區、虹口區等人口高度密集區是否繼續增加；第 5 章欲證明人口空間分佈（人口密度）的自然影響性和經濟社會影響性孰強孰弱。第 6 章、第 7 章欲證明人口空間分佈（人口密度）對經濟增長的聚集效應與擁擠效應並存的事實。另外重要的現實是：人口空間分佈政策已經證明了中國強行控制人口過度聚集的行政手段無效的事實（比如在控制人口遷入北京的政策背景下，「向北京聚集」的趨勢未改）。

總結以上邏輯可知，如果證明是正確的（事實上後文證明了這些邏輯，當然縱觀前文才能總結這一邏輯，具體可參見各章節研究內容），那麼就有理由支撐引導人口空間分佈政策的轉變，比如「疏解北京非首都功能」事件背景所隱含的人口分佈政策是可行的。本書研究背後所隱含的政策邏輯即是如此：與其將大量資源放在如何應對未來諸如北京等特大城市越來越擁擠的問題上，不如轉移部分資源，讓有潛力的其他中心城市提前做好成為「類北京」超高密集區的準備，未雨綢繆，防範「北京病」未來在其他潛在的特大中心城市蔓延，而新興增長極城市將有能力吸引人口，促進經濟增長；同時「類北京」超高密集區人口自然外流，也能促進經濟增長，達到所謂共同增長，人口合理流動、遷移和分佈按「市場」規律自然形成，替代控制性政策的弱效甚至無效性。

根據本研究內容結構和邏輯思路，本書的研究框架和技術路線擬定如下：首先，進行文獻綜述，重點在人口分佈研究、人口分佈空間技術研究、人口分佈與經濟增長的關係研究。其次，收集所需的數據，包括所研究區域的關鍵數據，比如中國分縣、分市、分省和全球相關國家的數據，並將統計數據和空間數據融合，得到所需的數據。再次，依據所獲取的數據，在各類方法的支持下

進行論證研究。最後，總結結論並融合研究背後隱含的邏輯，給出結論性政策。具體如圖 1.1 所示。

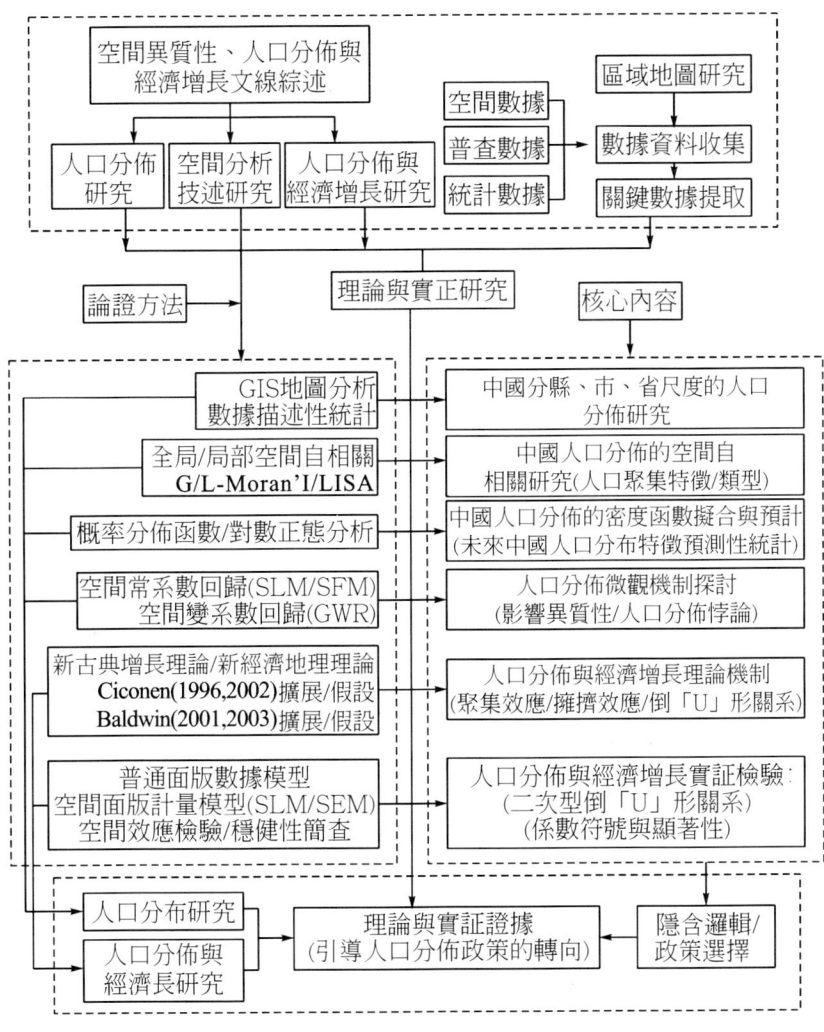

圖 1.1　全書研究思路與框架

1.4　論證方法與創新

　　本書運用經濟增長理論、新古典經濟學理論、新經濟地理學理論、人口地理學理論和空間分析理論對人口分佈及其與經濟增長的關係進行研究。整個研

究過程是一個「綜合工程」，因此結合了多種研究方法。

首先是理論與實證研究的結合。典型的例子是對人口密度與經濟增長率的關係論證，是依據多種增長理論模型依次推進論證的：從假設、模型建立到推導等都是遵循理論的邏輯推導過程，得到基本的理論框架，為實證提供理論基礎和模型基礎；而實證分析是對理論論證的檢驗，綜合現實數據，經過多種計量模型進行檢驗，為理論提供實證數據支撐。

其次是宏觀與微觀研究的結合。典型的例子是對全國分縣、分市、分省尺度的人口分佈研究，有微觀、中觀和宏觀尺度，還有人口分佈的影響機制研究和全球國家尺度及中國地級城市不同尺度的實證檢驗等。

最後是定性與定量研究的結合。定性是對問題的基本趨勢、特徵進行描述，包括研究結論總結、結論所隱含的政策以及本書各種直觀的 GIS 分佈圖；定量是對問題的確切狀態進行界定，就通篇來說，以定量分析為主，主要遵循「讓數據說話」的原則。

本研究自始至終都貫穿空間和空間效應的思想，所以應用了多種關於空間分析的理論和方法。具體來說這些理論和方法主要包括：GIS 地圖分析（第 3、5、7 章），全局空間自相關 G-Moran'I 和局部空間自相關 L-Moran'I（第 3、5、7 章），空間常系數迴歸模型（含空間滯後模型 SLM 和空間誤差模型 SEM，第 5 章）和空間變系數迴歸模型（地理加權迴歸模型，第 5 章），空間面板數據模型（含空間滯後模型 SLM 和空間誤差模型 SEM，第 7 章），空間經濟學理論（第 6 章）。另外，還有其他一些方法，比如普通最小二乘法迴歸（第 5 章）、普通面板模型（第 7 章）、概率統計分佈理論（第 4 章），等等。這裡不再依次羅列，具體見各章節。

基於研究方法上和內容上的創新，成為本研究的第一個創新。研究將人口地理學與空間經濟學結合起來進行，對目前國內人口資源環境經濟學同類研究是一種研究範式的轉變和創新努力。人口地理學基本以地理學者為主，空間經濟學基本以經濟學者為主，兩者還存在一定的割裂性。本研究綜合兩者的優勢和特點，將空間、人口和經濟三個基本要素融合，試圖做到學科的大交叉研究，跨越多個學科，將研究議題綜合化、全面化和立體化。

第二個創新是選題視角。創新之處在於人口分佈（人口密度）對經濟增長的影響，而非人口本身或者其他諸如人口結構等。基於人口數量、人口結構、人口素質等的經濟增長理論和實證研究都已非常成熟，但人口分佈（人口密度）與經濟增長的關係還有待深入研究。在低生育率和人口數量低增長、人口紅利削弱的背景下，人口分佈對經濟增長的重要性日益凸顯。本書做這個

研究，試圖給人口分佈與經濟增長關係的研究一個微觀基礎。另外，人口分佈是人口的空間屬性，這也印證了第一個創新，強調人口空間屬性對於經濟增長的作用。

第三個創新是研究方法。本研究始終關注空間效應：一是強調空間因素的作用，所以在研究中盡量考慮空間理論；二是在實證中盡量考慮用空間分析技術進行研究，包括從「死板」的數據到直觀的空間圖，這是從直覺、想像到視覺、可觀測的空間轉變。總而言之，就是在人口分佈研究中把握其本質的內核——空間及空間效應。這個視角也是本書最大的創新。事實上本書對文獻進行分析時已發現這是之前研究的一個非常大的不足，因此本書幾乎都是基於空間技術進行分析，避免了傳統研究的不足，也得到了相比於之前的研究更令人信服的結論。產儘這不能完全反證之前部分研究僅僅是因為缺乏空間視角而不顯著或不可靠，但至少是原因之一。考慮空間及分析技術後，相比之前許多研究成果①，結論確實更為可靠。

第四個創新是回答了人口密度與經濟增長的理論關係。通過理論推導得到人口密度與經濟增長率的二次型倒「U」形函數曲線關係，同時實證檢驗顯示兩者的關係符合理論模型。眾所周知，人口密度太小了不好，過大也不好，可是其中的機制是什麼？能否理論化？本書對此做了嘗試性研究，在理論和實證上進行了回答。

第五個創新是給人口佈局引導政策提供了理論支撐。本書最後的政策意義落在了這樣的邏輯線上：中國人口分佈不平衡—不平衡性將持續—中國特大城市擁擠效應凸顯而人口限制遷入政策效果甚微—人口分佈對經濟增長既有聚集效應又有擁擠效應—資源再分配引導人口主動再分佈—特大城市人口降低，新興增長城市人口增長—不同規模城市的經濟都增長。這條邏輯線隱含在本書的分析框架內，雖然沒有直接顯示出來，但是有非常清晰的推進關係。

---

① 具體可參看後文相關文獻綜述和實證研究。

2 文獻綜述

2.1 引言：從異質性談起

　　差異是自然界的基本屬性，就像諺語「世界上不能找到兩片相同的葉子」所闡釋的基本原理一樣，生活中的差異性無處不在，俗話說「橘生淮南則為橘，生於淮北則為枳」「靠山吃山，靠水吃水」「一方水土養一方人」「魚與熊掌不可兼得」以及景德鎮陶瓷、貴州茅臺、江南蘇綉、新疆和田玉、東北木材、內蒙古馬羊、溫州商人，等等，說的都是差異性。

　　在地理上或者空間上的差異，可以稱為空間異質性或空間不平衡，即在不同的空間，比如國家之間、區域之間，其所覆蓋的自然物質和社會屬性是異質的，或者有不同的自然環境，或者有不同的經濟社會發展水平。人口作為社會的主要組成部分，其在地理分佈上就顯現出各種空間異質性，包括人類學的差異（人種的不同）、人口數量的差異（大城市、中小城市）和人口經濟屬性的差異（城鄉、職業）等。其中人口地理學就是研究人口在空間上的差異屬性和客觀規律，人口分佈及其空間異質性和不平衡性便成為諸多學者的研究熱點。

　　文獻綜述部分從人口分佈及其空間異質性著手，分析該領域的經典研究文獻，包括一般性的靜態分佈研究及其度量和動態分佈研究及其擴展等；然後綜述空間及空間分析技術及其在人口分佈研究中的重要作用；再過渡到人口在經濟增長中的作用分析，特別梳理人口分佈在經濟增長理論與實證中的研究議題；接著拓寬視野，分析和考察從新古典經濟學（Neoclassic Economics）增長框架轉到新經濟地理學（New Economic Geography，NEG）角度對人口分佈和經濟增長的新研究；最後對文獻研究做出總結性評論。

2.2 人口分佈基本研究問題綜述

2.2.1 人口分佈內涵及其研究簡議

人口分佈是什麼？葉東安（1988）在《中國人口分佈的現狀和特點——人口分佈問題研究綜述》一文中有過總結分析。他認為關於人口分佈的定義經歷了一個漸進的認識過程，簡單的提法是「一定時期居住在一定地區的人口數量」。著名人口地理學家胡煥庸（1983）認為「人口的地域分佈是人口過程在空間上的表現形式」，認為是研究這種過程在時間上的演變和空間的差異，而且包括人口再生產、人口結構、城鎮化、遷移和民族分佈等廣泛內容，是一個廣義的概念。吳漢良（1998）認為人口分佈是指人口在地球表面的存在狀況，廣義的人口分佈包括兩層含義：一是指人口在地域上的平面分佈，二是指人口在居民點體系中各級居民點上的分佈。第一層含義容易理解，即一般意義上的人口分佈；第二層含義作者並沒有進一步解釋，不過直接表達就是城市、區縣、集鎮、農村居民點等在人口上的分佈。趙榮、王恩湧和張小林（2006），盧晨（2014）等認為人口分佈是指特定時點人口在地理空間位置上的分佈狀態，它是通過自然變動和遷移變動不斷調整的人口再分佈過程的瞬時表現，也是人口動態變化的靜態映象。具體來說，它是人口在一定時間內的空間存在形式、分佈狀況，包括各類地區總人口的分佈，以及某些特定人口（如城市人口、民族人口）、特定的人口過程和構成（如遷移、性別等）的分佈等。

根據以上學者的定義，一般意義上的人口分佈是指人口空間分佈[①]，簡稱人口分佈。對於人口分佈的研究，學界由來已久，尤其在人文地理學領域。其中人口空間分佈研究可以追溯到人文地理學奠基人之一的德國學者弗里德里希·拉採爾（F. Ratzel, 1891）。他發表《人類地理學》第二卷時所用的副標題是「人類的地理分佈」，其論述了幾個重要的議題：一是地球表面居民的分佈；二是作為人類遷移結果的分佈對自然環境的依賴性；三是自然和環境對個人和社會的影響。現代人口地理學的奠基人美國地理學家特瓦薩（G. T. Trewartha）於1953年在美國地理學家學會年會上的大會演說提出了人口地理

[①] 本書也僅關注和研究該狹義定義下的人口空間分佈，所以後文中的人口分佈都是指人口空間分佈。

學的定義和範圍體系，清楚地闡明了人口地理學與地理學整體之間的關係，確認了它在地理學中的核心地位，認為人口是其他地理要素的參考點。

在國內，地理學家竺可楨（1926）發表了中國人口分佈研究的開創性論文《論江浙兩省人口之密度》，文章以人口密度度量人口分佈，指出中國面積雖然很大，但是「包羅大漠，囊括世界最高之高原西藏，大部皆為不毛之地」。該文利用江蘇、浙江兩省人口統計數據與國內外其他地區比較，計算出此地人口密度遠遠大於其他地區。在此之後，翁文灝、張印堂和胡煥庸等陸續發表了多篇經典人口地理學論文，開創了中國人口空間分佈研究的先河（祝俊明，1994）。胡煥庸（1935）的《中國人口之分佈——附統計表與密度圖》（一般簡稱《中國人口之分佈》）一文是中國人口分佈研究的代表性著作，該文是對「中國人口分佈之現狀，先有一確切之瞭解」的答復。文章最大的貢獻，也是為後人所熟知並稱道的是，其明確畫出了中國人口分佈的地理分界線即璦琿—騰衝線，後被稱為「胡煥庸線」。該線勾畫出中國人口空間分佈的宏觀格局。其後，中國人口空間分佈研究漸漸豐富起來，討論了許多相關議題。後節將具體對人口分佈的基本問題進行綜述。

2.2.2 靜態分佈研究

如果將時間靜止，那麼人口分佈的靜態過程是指特定區域在特定時間內的人口空間分佈態勢。當然時間不能靜止，這裡「靜態」的意思更多是指不隨時間變化（或者基本不變化）的人口分佈理論與實證研究。所以靜態分佈研究就是對人口分佈的靜態化的一般特徵、規律進行理論化，主要是人口分佈的基本規律、影響因素、度量等等，比如人口水平分佈和垂直分佈規律研究、人口密度研究等。

2.2.2.1 人口分佈基本規律研究

這實際上是對人口分佈特徵的描述和分佈規律的總結。大量的人口地理學理論對此都有詳盡的分析。拉採爾（1891）對人類的地理分佈做了比較充分的論述，他把位置、空間和界限作為支配人類分佈的三個地理因素，也就是人口分佈需要以空間作為存在的條件，空間是基本因素。同期的法國學者維達爾·白蘭士（P. V. Blache）在人文地理學的研究和著作中十分重視人口分佈的統計分析，並開始研究人口分佈規律，最終發表了《世界人口的分佈》。國內，竺可楨（1926）開啓了人口分佈的研究，胡煥庸（1935）則對中國人口分佈做了一次系統的研究，緊接著以張善餘為代表的一代人口地理學者將人口分佈研究系統化、理論化，其代表作之一《人口垂直分佈規律和中國山區人口合

理再分佈研究》就是對人口分佈基本規律的系統分析（張善餘，1996）。之後年輕一代的人口地理學者繼續不斷深入研究。

經過長期的研究累積，對人口分佈研究形成了比較系統的理論。比如，人口分佈規律中，人們對人口的水平分佈和垂直分佈是比較耳熟能詳的：水平分佈是人口按陸地平面投影的空間地理位置而分佈的狀況；垂直分佈則是人口按海拔高程的分佈狀況（李玉江，張果，2011）。就世界人口而言，其水平分佈很不均衡，按緯度來分，北半球居住著地球上 90% 的人口，而南半球只有約 10%，且北半球人口又多集中於北緯 20°~60° 的溫帶、亞熱帶地區。除局部區域外，南半球人口相對偏少，高緯度地帶更為稀少。按地區來說，亞洲東南部、歐洲以及北美洲東部是 3 個最大的人口密集區，其人口數約占世界總人口的 70%；其餘區域，除小範圍的密集區外，大都是人口稀疏區。人口分佈在垂直方向上，大量集中在比較低平的地方，海拔高的地方人口相對稀少。世界海拔 200 米以下區域人口占 56.2%，海拔 200~1,000 米地區人口占 35.6%；其中海拔 500 以下低區人口約占全球的 80%（王恩勇，趙榮，張小林，等，2000）。

2.2.2.2 人口分佈的影響因素研究

誠然，人口分佈是自然、社會、經濟和政治等多種因素作用的結果，不過這種認識並非一蹴而就的。拉採爾（1882）發表《人類地理學》第一卷時，著重探討了各種自然條件對人類歷史發展與文化特徵的影響，其論述被認為是「環境決定論」的思想，強調地理環境決定人的生理、心理以及人類分佈、社會現象及其發展進程。白蘭士和赫特納（A. Hettner）則反對環境決定論，認為人類的生活方式不僅是地理環境主宰的產物，還是許多複雜因素作用的結果，習慣對人的社會性質具有很大的作用，並認為地理環境中存在許多利用的可能性，但其具體利用途徑卻決定於人的選擇。這種觀點被稱為或然論（趙榮，王恩勇，張小林，等，2006）。隨著各種思想爭論，也伴隨著對自然和社會發展的不斷認識，一些學者認為人口分佈是受複雜因素的影響，而非某一種力量決定，這些因素有自然環境、經濟條件和歷史條件等（胡煥庸，張善餘，1984）。不過，儘管自然環境（如緯度地帶性、海拔高程、距海遠近等）對人口分佈起著重要作用，但自從工業革命以來，世界範圍內的工業化和城鎮化進程加速，使得經濟、社會和政治等人文因素對人口分佈的影響越來越大（杜本峰，2011）。

自然環境條件對人口分佈的影響機制主要通過緯度地帶性、地形地貌和氣候條件等反應出來（張善餘，1984）。緯度過高或過低的地帶都不適宜人類生存，高緯度地帶的限制更為嚴酷。寒冷、土壤凍結、光照不足使土地得不到開

發。地勢高、起伏大也妨礙人類居住。中緯度地帶居民多定居在地勢較低的地方。干燥氣候和濕熱氣候都有礙於人口分佈。隨著科技與醫學的進步，濕熱環境的不利影響正在被克服，但干旱的環境仍然是人口活動的重大障礙。產盛自然環境提供了人口分佈的地理框架，而人口分佈的格局則決定於社會經濟條件（杜本峰，2011）。在前資本主義社會，農業是壓倒一切的生產部門，人口分佈表現為土地依存型或農牧業依存型，相對分散而均衡，政治中心和文化中心常常集中大量人口。在資本主義社會和社會主義社會，工業、交通、商業、國際貿易的發展，使人口分佈轉向工業依存型。在這一轉變中，工業是動力，交通運輸業是槓桿。工業在城鎮的聚集，相應地吸收著基本人口和服務人口，使鄉村人口源源不斷地轉入城鎮，城鎮體系逐漸形成，人口分佈格局從散布型走向點—軸集中型（葉舒靜，2010）。

理論研究表明人口分佈受綜合因素的影響，所以在實證研究中就各取所長、各取所需來研究人口分佈的影響因素和機制。比如 Lü Chen, Fan Jie 和 Sun Wei（2012）研究指出：氣候條件和高程是人口分佈的主要的和長期的自然影響因素，不過由於技術進步其影響會削弱；短期內經濟水平是人口分佈的主要影響因子。方瑜、歐陽志雲、鄭華等（2012）研究了中國人口分佈的自然影響因素，重點探討了人口分佈與年均溫度、年均降水量、干燥度、淨初級生產力、地表粗糙度、距海岸線距離等 16 個指標的相互關係；結果顯示氣候因子（年均溫度、溫暖指數、降水量變異、淨初級生產力）、地形因子（地表粗糙度、相對高差）和水系因子（河網密度）為影響人口分佈的主要自然因素。T. X. Yue 和 Y. A. Wang 等（2005）在人口分佈趨勢面模擬（Surface Modeling of Population Distribution，SMPD）中指出影響人口分佈的因素主要包括海拔高程、水網系統、淨初級生產力、城市化和交通設施等。王學義、曾永明（2013）也專門研究了地形因子對人口分佈的影響，包括海拔、坡度、地形起伏度、坡度變率、地表切割率、植被指數等；研究顯示每個地形因子對每個區域的影響是有空間差異的。

2.2.2.3 人口分佈的基本度量

人口分佈乃人口的空間屬性，如何度量這一屬性也是大有文章。從研究文獻來看，度量人口分佈的常用指標有人口密度、人口分佈重心、人口洛倫茨曲線、人口分佈基尼系數、人口聚集度等。其中，人口密度是最為常用而簡便的形式，所以這裡先重點討論人口密度。人口密度的測算非常簡便，即人口數量除以土地面積，單位一般為「人/平方千米」，它在度量人口分佈上可謂舉足輕重。即：

$$人口密度 = \frac{人口數量}{土地面積}$$

竺可楨算是最早關注人口密度的學者之一（王勇忠，2012），他於1922年發表了《地理對於人生之影響》一文，第一次重點關注人口密度：「據最近調查，平均江蘇每方哩人口六百二十人，山東六百八十人。但到山嶺眾多的省分，人口就少了，雲南每方哩只有七十八人，甘肅七十二人。西藏更少，每方哩只有十四人。」竺可楨1926年發表《論江浙兩省人口之密度》一文，產儘主要實證研究江、浙兩省的人口分佈，但文章仍對人口密度做出了相對系統的論述。1936年竺可楨發表的《中國的地理環境》中又再次提到人口密度問題：「有人以為中國的人口分佈，不患多而患不均，這是有相當理由的。」直到1935年，胡煥庸直接以人口密度圖的形式將中國人口分佈展示出來，這也是中國第一張人口密度圖，「當時中國總人口估計有4.75億，他（胡煥庸）以1點表示1萬人，根據掌握的實際情況將2萬多個點子落實到地圖上，再以等值線畫出人口密度圖」，這也成為人口分佈度量的「模板」。

現代人口分佈研究中，人口密度依然是度量人口分佈的最主要方式（方瑜，歐陽志雲，鄭華，等，2012）。不過人口分佈重心、人口洛倫茨曲線、人口分佈基尼系數、人口聚集度、城鄉人口分佈（城市化率）等新的度量方式也開始湧現，從多個角度揭示人口分佈的空間特徵。Malcolm O. A.（2008）用洛倫茨曲線、人口分佈基尼系數對世界16個大區（中國、印度、美國、加拿大等大國為單獨的大區，歐盟部分國家、東亞部分國家、非洲部分國家、蘇聯解體後的部分國家等聯合成一個大區，具體可參見原文）的人口分佈做了測算，其基本觀察結論是區域面積大的國家，即柵格（1°×1°空間單元）多的國家基尼系數大，其人口分佈越不均衡，比如加拿大基尼系數為0.898,6，蘇聯解體後的部分國家基尼系數為0.784,7。韓嘉福、李洪省和張忠（2009）也用洛倫茨曲線對中國人口不均勻分佈進行分析，並提出了一種能自動生成胡煥庸線輪廓的人口密度分級方法。李儀俊（1983）測定和描繪了中國1912—1978年的人口重心及其移動軌跡，可以直觀地看出這六十六年來中國人口分佈的變化過程。趙軍、付海月（2001）應用GIS技術研究甘肅少數民族地區人口重心演變。劉德欽、劉宇和薛新玉（2004）利用2000年人口普查數據，通過綜合運用洛倫茨曲線、人口重心和人口潛力等方法，分析了中國人口分佈的特徵，並用空間相關分析方法對人口分佈的現象進行分析，揭示了人口地理分佈的內在聯繫。楊振（2008）綜合運用人口密度、人口地理集中度、人口比重、人口重心等多個指標度量了中國縣域和省域人口分佈特徵，並討論了這些指標與

經濟分佈的一致性關係。

2.2.3 動態分佈研究

假定時間靜止時研究那些不隨時間變化（或者基本不變化）的人口分佈理論與實證研究，稱為靜態分佈研究。不過顯然時間是不斷變化的，因此人口分佈也是動態的。儘管如此，實際中並沒有嚴格區分靜態和動態的標準，甚至也沒文獻去做這個區分。本書做這個區分是考慮到區分靜態分佈和動態分佈實際上有必要，也可以對文獻分析進行更好的分類和評述。關於動態分佈研究，我們從兩個方面進行：首先是人口分佈的比較靜態研究，然後是更為顯性的人口流動、遷移和城鎮化研究等。

2.2.3.1 人口分佈的比較靜態研究

當比較研究多個連續或不連續的截面靜態人口分佈，即長時間序列人口分佈時，這其實可以稱為動態人口分佈研究。儘管這個「動態」僅是「靜態」的疊加或拼接，但靜態之間的變化或差異可以看成動態的，所以暫且將比較靜態研究歸為動態人口分佈研究。典型的例子是，吳漢良（1998）解釋了人口再分佈的概念，指出「人口再分佈是指人口分佈模式從一種狀況向另一種狀況的變動，即人口動態分佈過程」，這其實是比較靜態分析，作者將其看成人口動態過程應該是貼切的。人口分佈的比較靜態研究主要關注某一個區域長時間序列的人口分佈動態變化，其中歷史人口地理學是主要的研究力量，當然也包括一些生物學家和歷史學家。

全球層面，McEvedy Colin 和 Richard Jones（1978）對全球近 1 萬年的人口分佈做過一個歷史考察和預測分析，包括全球以及歐洲、亞洲、非洲、美洲和大洋洲共六個視角，每一個區域都涉及部分典型國家的分析，並且提供了全球公元前 400 年—公元 2000 年的長時間序列多個人口動態分佈圖。Durand J. D（1977）在缺乏許多區域原始人口數據的情況下，綜合了多種歷史數據類型，對全球公元前 1 萬年—公元 2000 年，以及中國、印度-巴基斯坦區、羅馬帝國區、歐洲、日本、美洲等多個區域公元元年（前後）—2000 年的人口分佈變化做過一個估計，很好地比較了各個區域人口分佈的變化。

國家層面，潘倩、金曉斌和周寅康（2013）以中國省域為空間單元，利用修正後的清朝、民國期間及中華人民共和國成立後 286 個時間段的人口數據，建立了 1724 年、1767 年、1812 年、1855 年、1898 年、1936 年、1982 年及 2009 年 8 個典型時間截面，之後以不均衡指數、集中指數、分佈重心和空間自相關等多種分析方法，比較研究了近 300 年來中國人口變化及時空分佈格

局。王露、楊豔昭和封志明（2014）依據中國 1982、1990、2000 和 2010 年幾次人口普查數據對人口分佈研究做過比較長序列的空間比較分析，並預測了 2020、2030 年的中國人口分佈基本格局，以及各地區人口分佈增減變化和城市群人口聚集度變化情況。

地區層面，Diamond Jared（1993）對澳大利亞塔斯馬尼亞州 1 萬年的人口變遷分佈史做過比較翔實的「考古式」論證。那音太、烏蘭圖雅（2013）對內蒙古科爾沁地區近 60 年人口密度變化時空特徵進行了研究，並繪製了人口密度空間分佈圖，同時結合蒙、漢文獻資料和人口變化歷史背景對其發展過程及其影響因素進行了系統分析。

2.2.3.2 人口流動與遷移、聚集與城鎮化研究

人口分佈不僅是一個發展結果，更是一個動態過程，其中人口流動、遷移、聚集和城鎮化就是人口分佈動態過程的體現。也就是說，這些動態過程的存在使得人口分佈也不斷動態更新。自人類起源以來，人口就不斷地流動、遷移。根據當前廣泛接受的「晚近單一起源假說」（Recent Single-Origin Hypothesis，RSOH）理論模型，人類起源於非洲（Lafreniere，2010），而在人類進化成「早期智人」（Archaic Homo Sapiens），即距今 20 萬—15 萬年後成為現代人類，在距今大約 12.5 萬—6 萬年間開始陸續離開起源地，遷徙進入北非、兩河流域、亞洲、歐洲、大洋洲等，在距今大約 1.2 萬年前到達美洲（Hetherington，2010），至此，全球每個大洲都有人口分佈。進入人類文明時期，特別是公元元年前後，受各種戰爭、災害、環境的變化以及航海、殖民等因素的影響，人口流動和遷移更加頻繁。

到現代社會，以英國工業革命為標誌，人口聚集尤其是城鎮聚集成為常態，以城鎮化為核心的人口流動與遷移研究成為重點，包括人口的城鄉分佈、城鎮化過程、逆城鎮化、過度城鎮化、城鎮內部空間人口分佈等主題。城市人口分佈的變化成為現代人口分佈的重大研究議題。聯合國（United Nations，2014）數據顯示，目前世界 54% 的人口（39 億）居住在城市，預測到 2050 年，城鎮化的發展以及世界人口增長將使城市人口再增加 25 億。目前世界城鎮化最高的地區是北美洲、拉丁美洲和加勒比海地區以及歐洲，城鎮人口比例分別為 82%、80% 和 73%。非洲和亞洲城鎮化水平居末，世界農村人口的 90% 居住在亞洲和非洲。不過亞洲和非洲城鎮化地區正在擴大，到 2050 年非洲和亞洲的城鎮化人口將從目前的 40% 和 48% 上升到 56% 和 64%。城鎮人口分佈的不斷聚集，使得以 Henderson（1974a，1974b，1985，1986，1995，2003，2012）的研究為代表的城鎮化及城鎮人口分佈為主題的研究不勝枚舉，它們對

世界城鎮化的分佈規律、規模、增長、空間佈局、城鎮化政策、與經濟增長的關係等做了多方位的理論與實證研究，對全世界和各區域城鎮人口分佈和城鎮化進程提供了理論支撐和經驗證據。

放眼中國，人口流動、遷移的規模和速度令世人吃驚，中國僅用了60年時間便將城鎮化率從10%提高到50%。同樣的轉變，在歐洲用了150年，在拉丁美洲和加勒比地區則用了210年（聯合國開發計劃署，2013）。城鎮化為工業化提供了空間，改變了中國的人口和產業佈局。中國人口流遷、城鎮化、人口再分佈及其對經濟社會的影響以及與經濟社會的關係的研究也是伴隨著中國城鎮化不斷推進的。城鎮化的過程研究（Gu Chaolin, Wu Liya & Ian Cook, 2012）、問題研究（孔凡文，2006）、政策研究（中國城市和小城鎮改革發展中心課題組，2013）等為中國城鎮化道路總結經驗並獻計獻策。應該說人口流遷、聚集和城鎮化等人口動態分佈過程改變了也奠定了新的世界人口分佈的基本格局。

2.3 空間分析技術與人口分佈綜述

2.3.1 空間及空間分析技術的作用

任何事物都存在於一定的時間和空間元素內，離開兩者中的任何一個都是不可能的。「你來自哪裡？」「我的家鄉在東北」「逃離北上廣」等統一的內在聯繫就是「空間」。空間到底有什麼價值？這裡舉一個不大貼切但可以體現基本思想的「故事」：一輛德國車和一輛日本車，同時在車展上亮相，兩車的外形尺寸分毫不差，性能也屬於同一個級別，只是德國車的內部空間大了幾英吋（1英吋=2.54厘米）。但就是這個原因，令德國車在後來的銷售中比日本車多銷售了20%。幾英吋的空間到底能做什麼，誰也說不清楚，然而它的價值延伸卻是無限的。深入分析這個「故事」，並將其上升到空間研究，那麼它告訴我們：如果忽視空間因素及空間分析技術的作用，就相當於「失去一只胳膊」，也失去了一定的研究價值。縱觀古典經濟學和新古典經濟學，如果說有一個因素在經濟發展政策中被嚴重忽視了，那麼這個因素就是「空間」，理解「空間的力量」直接關係到區域經濟發展的戰略（陸銘，2013）。事實上也是如此，近20年來，以保羅·克魯格曼為核心的經濟學者開創了新經濟地理學（空間經濟學），也才將空間的作用「扶正」，新經濟地理學本質上是拾起因難以理論化而被忽視的「空間的力量」。不過令人欣慰的是，「空間經濟已成為當代

經濟學中最激動人心的領域之一，空間經濟理論被視為不完全競爭與收益遞增革命的第四次浪潮」（梁琦，2005）。

空間的力量和空間的價值與作用被強調並理論化，解決空間問題的空間分析技術和方法同樣重要。實際上，空間分析技術在處理空間問題時解決了很多關鍵問題。自從有了直觀化的地圖，學者和百姓就進行多種類型的空間分析。比如在地圖上測量相關地理要素之間的距離、面積。隨著現代科學技術尤其是計算機技術引入空間分析，以地理信息系統為核心的空間分析技術開始孕育、發展，利用計算機獲取、分析空間信息，支持空間決策，成為空間分析的重要研究內容，拓展了許多研究方法，也解決了許多普通分析難以完成的問題（Michael & Robert，2003）。人口空間分佈顯然強調的是人口的「空間過程」和「空間規律」，也就是說人口空間分佈的研究價值已經得到確認，那麼研究人口空間分佈的分析技術也同樣重要。事實上，空間分析技術對人口分佈問題的研究更為方便、精確和可靠（閆慶武，2011），因此其作用不可低估。

2.3.2　空間分析技術與人口分佈研究

人口分佈研究本質上是空間分析問題。如果缺乏空間分析技術，難免有時出現「巧婦難為無米之炊」的困境，諸如與人口分佈十分密切的高程、地形、坡度、植被等等空間因素，沒有空間分析技術的發展也就難以獲得類似於統計年鑒那樣全面翔實、可靠和連續的數據。因此空間統計也克服和彌補了一般人口統計的缺陷，比如人口普查或抽樣調查的空間和時間分辨率低的問題（葉宇，劉高煥，馮險峰，2006），空間分析技術使對高時空分辨率的人口分佈數據的分析成為可能。

人口分佈研究的推進也是伴隨著空間分析技術的應用發展而不斷創新。早期應用空間分析技術研究人口分佈，是基於簡單的地圖和空間統計分析，集中在人口空間統計。經典案例是：1854年8~9月間，英國倫敦霍亂病流行，不過政府始終找不到發病源頭。後來醫生瓊·斯諾博士在繪有霍亂流行地區所有道路、房屋、飲用水機井等內容的1∶6,500的城區地圖上，標出了每個霍亂病死者的居住位置，從而得到了霍亂病死者居住位置的分佈圖，並找到發病原因：飲用了受污染的「布洛多斯托」水井之水（陳楠，2005）。這個例子中，尋找到病患人口的空間分佈規律成為關鍵。人口統計在現實經濟社會發展中的地位和作用非常關鍵（杜昌祎，2005）。隨著空間統計技術的發展，人口空間統計逐漸發揮出優勢，人口分佈的空間實驗、空間模擬和估算對人口統計產生重要影響（陳述彭，2002），更能使一些以地理分區為依據而非單純以行政單

元為背景的人口統計或人口普查產生的地理扭曲得到糾正（周俐俊，朱欣焰，邵振峰，等，2006）。

近來應用廣泛的空間分析技術是地理信息系統（Geographic Information System，GIS）和遙感（Remote Sensing，RS）分析技術。當 GIS、RS 與人口研究結合時，各類不曾有人涉獵的人口空間分佈問題研究變得「個性化」和「微觀化」。Silvana、Maria 和 Antonio（2012）對巴西亞馬孫流域的人口分佈做過再分佈模擬，得到了 2000—2007 年的人口密度趨勢面（population density surfaces），並表示這些數據能被有效用於人口和環境的關係研究。施堅雅、韓忠可和袁建華（2001）結合 GIS 和人口普查數據分析了中國長江下游生育率轉變過程，其把「生育數作為一個不複雜的生育指標，採用一種直觀的分析方法，力圖對生育變化的總體輪廓進行描述」。王雪梅、李新和馬明國（2007）以中國黑河流域土地利用類型和流域的農村和城市人口建立空間分析模型，對干旱區內陸河流域人口分佈做了模擬分析。牛叔文、劉正廣、郭曉東等（2006）對中國村落尺度的丘陵山區人口分佈特徵與規律做了空間化分析。譚遠發、曾永明（2014）研究了中國生育率的時空差異及影響機制，對單獨二胎的空間化政策有了新認識。此類研究還有很多，它們的最大特點是結合了 GIS 或 RS，使得研究區域或空間精準化甚至區域選擇「任意化」，這是一般人口統計數據和研究技術難以達到的。

2.4 人口分佈與經濟增長綜述

2.4.1 人口聚集與經濟增長

在描述人口分佈與經濟增長的關係中，常用的是人口聚集和經濟聚集，這其實就是描述人口和經濟的空間維度。顯而易見，人口聚集和經濟聚集是普遍的現象，比如世界人口往大城市集中，經濟重心往發達區域偏移。不過，人口聚集和經濟聚集本身也存在孰先孰後的問題，類似於「雞生蛋還是蛋生雞」的命題（朱震葆，2010）。對於這個問題，國務院發展研究中心社會發展研究部貢森（2011）認為：「一般來說，經濟聚集和人口聚集過程是互相促進的。」言外之意是人口聚集和經濟聚集孰先孰後其實並不重要，兩者是一個孿生體，經濟聚集會吸引人口聚集，而人口聚集反過來又促進資本、資源集中，從而加速經濟聚集，這個可稱為「聚集經濟」，並且產生聚集效應。眾所周知，城鎮化是人口聚集和經濟聚集的雙重過程，這種人口和經濟向城鎮集中的空間非均

衡發展過程在世界上是普遍的現象。

因此，作為一個普遍現象，研究人口聚集和經濟聚集的理論和實證成果也非常多。2009 年世界銀行報告《重塑世界經濟地理》的主題之一即是「聚集」，報告對全球的人口和經濟聚集事實做出了清晰的描述（The World Bank，2009）。報告的開篇就指出世界一半以上的產出集中在不到 1.5% 的土地上。文中具體的例子指出，北美、歐盟和日本總的人口聚集不到 10 億，卻聚集了全世界約 75% 的財富，而且，這些人口和財富大部分聚集在城市。具體到國家層面上，區域聚集的特徵更明顯。比如開羅的產值占埃及 GDP 的一半以上，所使用的土地面積僅占該國總面積的 0.5%；巴西中南部三個州的土地面積占該國總面積的 15%，但生產活動卻占全國的一半以上。類似的例子很多，報告正文中的具體實證也闡釋了人口聚集和經濟聚集無處不在的觀點。

接著，該報告的姊妹篇《重塑世界經濟地理——拉丁美洲和加勒比地區》更是以拉丁美洲和加勒比地區為例，全面分析了該地區所屬國家的不平衡「聚集」過程（The World Bank，2009）。應該說，世界銀行的這些報告是在向世人展示「聚集」的客觀事實，其趨勢也不可阻擋，也證明了聚集的重要性——產儘這種聚集是「不平衡」的，甚至要「重塑」這種「不平衡」。

「聚集」之所以如此重要，是因為它有聚集效應或者說溢出效應。比如產業聚集可以減少交易成本，包括交通成本和信息成本，由此帶來經濟增長的速度比非聚集區要快。熊彼特（Schumpeter，1947）增長理論就認為經濟增長與產業聚集存在著密切的關係。他認為創新存在空間聚集性，聚集也創造了良好的融資環境，這對經濟增長至關重要。實證方面，Segal（1976）、Moomaw（1985）、Henderson（2003）、張豔（2007）等學者關注城市聚集規模與經濟增長的關係，他們研究發現，一般大城市生產率比較高，並且城市本身就是人類經濟活動空間聚集的主要表現，這些研究為城市人口聚集與經濟增長提供了非常直觀而翔實的經驗證據。Pontus Braunerhjelm（2006）用普通迴歸實證分析了聚集的結構對生產效率和經濟增長的影響，文章以瑞典 20 世紀 90 年代的工業聚集數據驗證了其與經濟增長有正的相關關係。Marius Bmlhart（2008）用截面普通二乘法估計和動態面板 GMM 估計研究了聚集（用城市化率和空間聚集指數表徵）和地區經濟增長的關係，也指出聚集是經濟增長的主要驅動力之一。覃一冬（2013）採用 1991—2010 年中國的省際面板數據，運用工具變量二階段最小二乘法實證分析了經濟活動的空間聚集對經濟增長的影響作用，指出空間聚集對經濟增長具有顯著促進作用，多維度的穩健性檢驗也證明結論是可靠的。張豔、劉亮（2007）基於中國地級市 1999—2004 年的面板數據檢

驗了經濟聚集對城市人均實際GDP的影響,結果表明經濟聚集具有內生性,對城市經濟增長具有顯著的促進作用。章元、劉修岩(2008)用中國232個地級市1999—2006年的面板數據檢驗經濟聚集與城市經濟增長的關係,結果發現:用OLS迴歸得出聚集經濟對城市人均GDP的增長有不顯著的負相關關係,而使用工具變量法表明二者呈顯著性正相關關係。

所有這些研究都表明人口聚集和經濟聚集是一個普遍存在的現象,聚集會帶來「聚集經濟」,促進經濟增長,同時研究也表明了人口或勞動力聚集對經濟增長有正相關性。

2.4.2 增長模型擴展:人口到人口密度

前文的綜述分析表明基於人口(勞動)數量或規模的研究理論和實證研究不勝枚舉。不過也猶如前文所敘,欠缺空間視角的研究始終是一個值得商榷的問題,甚至是一個嚴重的缺陷,因此考慮空間後,人口與經濟增長的研究演變成人口空間形態與經濟增長關係的研究,而人口空間形態一般就是人口空間分佈,即一般所指的人口密度或就業人口密度(簡稱就業密度)。所以從空間角度研究人口密度和經濟增長關係的研究也開始層出不窮,而這基本上是從人口密度或就業密度對經濟社會發展的影響開始的。

2009年的世界銀行發展報告《重塑世界經濟地理》第一次從全球視角闡釋人口密度(當然還包括距離和差距,分別為Density、Distance和Division,簡稱「3Ds」)對經濟社會的影響,這無疑給人口密度在經濟社會尤其是在經濟增長方面的作用做了堅實的論證,也讓人口密度的「力量」提升到了前所未有的高度。報告指出,人口密度其實指示的是經濟活動的「聚集程度」,如果滿足如下三個條件,那麼人口密度對經濟增長將有顯著意義:一是產出有規模經濟;二是運輸成本降低;三是資本和勞動具有可流動性(The World Bank,2009)。

產儘長久以來經濟學領域有所忽視,但人口密度依然並將繼續在經濟社會生活中扮演重要角色。雖然人口過多會降低人均資源稟賦,但高的人口密度將促進基礎設施物盡其用,更能降低公共服務的成本(Donald & Julian, 1975; Ladd, 1992; Kazuyuki & Masanori, 2008)。Mehmet和Yeşim(2011)用1950—2004年的數據研究土耳其的鐵路設施、人口密度和經濟增長的關係時就發現鐵路長度和人口密度、人口密度和人均GDP之間都有長期的格蘭杰因果關係,並指出鐵路長度對人口密度具有短期和長期影響,而人口密度對人均GDP具有長期影響。Frederiksen(1981)進一步給出了一些證據,指出人口密

度、電力網設施和高的經濟產出率有直接的關係。另外，更高的人口密度意味著密集的社會網絡、團體或機構，這些將促進社會交流和交易，同時人口密度高將增加市場規模、提升發明創造的市場需求和範圍，這一切都將推進技術革新和多樣化，並推進經濟增長（Klasen & Nestmann，2006）。

Yuri A.（2009）通過構建人口密度與經濟增長模型發現，經濟增長正向依賴於人口密度，因為人口密度高促使人均交通基礎設施成本保持低位。陸銘（2013）研究指出，人口的密度與經濟增長有正向關係，所以要推動經濟增長，就要加大人口密度。Raouf、Dominique 和 David（2007）建立的理論框架模型證明人口密度會影響人力資本，隨後進一步證明人口密度是通過影響學校的數量、空間位置和教育強度對人力資本產生影響從而提高經濟增長，並且實證得出識字率（反應教育水平或人力資本）有 1/3 是直接來源於人口密度的貢獻，並且對英國的分析發現，1540—1620 年英國學校數量的快速增長與人口密度的變化有很大關係。範劍勇（2006）用 2004 年中國地級城市的數據檢驗了就業密度（類似於人口密度的意義）與勞動生產率的關係，發現中國的經濟空間聚集效應（非農產業勞動生產率對非農就業密度的彈性系數為 8.8%）遠高於歐美國家（5%），當然不管孰高孰低，人口密度（就業密度）對經濟增長（生產率）的作用都是客觀存在的。Zhang Peng（2012）對中國局部（東北區域）的實證也發現人口密度、經濟密度對勞動生產率的增長率（人均產出的增長率）有顯著的正影響，但他也發現對就業密度有負影響。李豐松（2013）研究顯示人口密度對地方政府投資（基本建設支出和教育支出等）有顯著的正影響。伴隨著空間和人口密度的作用被重視，以人口密度為核心的類似研究還有很多，這裡不再多述。總之，人口密度對經濟增長的作用在理論和實證上都被證明，這種作用不可忽視。

2.5 新經濟地理學視角下的人口分佈與經濟增長綜述

2.5.1 空間因素納入主流經濟學

如果我們回顧經濟學研究歷史，不管是古典經濟學，還是新古典經濟學，空間因素始終是被「拋棄」的。將「空間」作為研究對象並形成較為系統的空間分析學科是近 20 年的事。20 世紀 90 年代初以保羅·克魯格曼（Paul Krugman）為核心的經濟學者開創了新經濟地理學（New Economic Geography，NEG，又名空間經濟學），其本人也於 2008 年獲得諾貝爾經濟學獎。新經濟地

理學將空間這一長期被主流經濟學家拋棄的元素引入經濟學的一般均衡分析理論框架中，研究經濟活動的分佈規律，開拓了理論經濟學研究的新視野，用以解釋世界空間聚集機制，並通過這種機制解釋世界經濟增長的規律和途徑。

新經濟地理學的理論框架不同於新古典經濟學，它是建立在壟斷競爭和規模報酬遞增的基礎上，這兩個假定首先發端於保羅·克魯格曼的《收益遞增和經濟地理》一文，以此開始了不同於傳統經濟學的研究。新經濟地理學致力於研究生產要素及經濟活動的空間佈局等空間經濟現象及規律，並解釋當前城市化與區域經濟不平衡發展和經濟增長差異的現實。

回到新經濟地理學的基礎理論——規模收益遞增。傳統經濟的基本假設是規模收益不變或規模收益遞減，這就無法解釋諸如硅谷、華爾街、中關村等產業聚集現象，現實生活中產業聚集和人口聚集是普遍存在的，如果規模收益不變或者遞減，那麼這是解釋不通的。之所以聚集無處不在，那是因為聚集的利益所在，而規模收益遞增良好可以解釋現實。Dixit 和 Stiglitz（1977）發表《壟斷競爭和產品的最優多樣化》一文，掀起了規模收益遞增的研究革命。然後經過一大批學者的不斷努力，以規模收益遞增和壟斷競爭為基礎的新經濟地理學逐漸形成，最終走入主流經濟學。其中藤田、克魯格曼和維納布爾斯（1999）[①] 的《空間經濟學：城市、區域和國際貿易》以及 Baldwin、Forslid 和 Martin 等（2005）的《經濟地理和公共政策》兩部著作基本奠定了新經濟地理學和空間經濟學的基礎理論框架。時至今日，空間因素已被納入主流經濟學並被學界廣泛接受，它的影響還在繼續擴散。

2.5.2 新經濟地理學下的人口分佈與經濟增長

聚焦到新經濟地理學中關於空間特別是人口空間分佈與經濟增長的研究中，該理論框架指出，地理聚集與經濟增長是一個彼此相互促進的過程，並且它們兩者的關係是一個自然機制產生的結果（Martin & Ottaviano，2001）。這個機制的邏輯是增長通過創新刺激經濟活動的空間聚集，反過來又降低創新的成本並促進高增長，形成累積循環的因果關係，而新經濟地理學的作用之一就是關注循環因果機制，這種機制的核心就是通過前向聯繫和後向聯繫發生作用（Krugman，1991a，1991b；Venables，1996）。新經濟地理學將機制理論化和模型化，其中以克魯格曼的核心—邊緣（Core-Periphery Model，CP）為基礎，後面逐步發展為自由資本模型（Footloose Capital Model，FC）、自由企業家模

---

① 英文版於1999年出版，中文版於2005年出版。

型（Footloose Entrepreneur Mode，FE）和資本創造模型（Constructed Capital Model，CC）等。雖然這些模型奠定了新經濟地理學理論基礎，但是這些模型都還停留在討論人口空間分佈、企業或產業空間分佈的長期均衡問題上，還沒有關注這些要素空間分佈與經濟增長的關係（安虎森，2005）。為此，後來的學者又發展了空間視角下的兩種內生經濟增長模型——世界溢出模型（Global Spillovers Model，GS）和地區溢出模型（Local Spillovers Model，LS），這兩個模型將資本的溢出效應和空間結合，分析了空間溢出效應對空間分佈的影響以及更為關鍵的對內生經濟增長的影響。

有了以上新經濟地理學的基本理論框架特別是模型基礎之後，以新經濟地理為背景的實證研究開始湧現。該理論被介紹到中國後，理論模型擴展[①]極少，不過實證比較豐富，比如探討地區產出差異、企業聚集、異質性勞動力、工資差異、地區經濟增長等等。謝永琴、鐘少穎（2010）運用新經濟地理學的產業聚集理論分析了中國區域經濟發展差異，用19個行業的區位基尼系數分析了中國加入世界貿易組織後的變化情況，發現中國的行業區位基尼系數有所下降，區域經濟差異變動放緩。陳旭、陶小馬（2013）用新經濟地理學理論分析城市聚集規模和勞動力工資率的關係，發現內部規模經濟、外部規模經濟和規模不經濟對工資率的影響存在差異，並指出城市規模規劃需要綜合考慮這三種因素的交互作用。趙偉、李芬（2007）通過將勞動力人口分為高技能勞動人口和低技能勞動人口探討了異質性勞動力的流動性、經濟聚集和地區收入差距之間的互動關係，其模型分析表明高技能勞動人口的聚集將拉大地區差異，而低技能勞動人口聚集會縮小差距。

然而，以上理論和實證並沒有直接將人口密度變量納入研究模型，但人口密度本身的重要作用卻一直在不斷強調。認識到這點之後，Shabani、Akbari和Esfahani（2011）在基本的新經濟地理增長模型的基礎上直接納入了人口密度和距離等更為直接的空間因素，並證明新經濟地理框架下人口密度同樣對經濟增長有影響。模型進一步擴展了新經濟地理模型，也對世界銀行關於人口密度、距離和異質性的高度關注進行模型化「塑造」，不僅表明地理或空間因素在主流經濟學有了一席之地，也表明人口密度對經濟增長的影響在主流經濟學中將被認可。

另外一種不是直接將人口密度納入模型的方式是以「就業密度」來替代。

[①] 參考文獻所列的曹驥贇（2007）《知識溢出雙增長模型和中國經驗數據的檢驗》一文已收入安虎森《新經濟地理學原理（第二版）》，也可參考該書第八章。

就業密度一般的含義是勞動就業人口密度，這和人口密度本身雖有所區別，但兩者本質並沒有太大的差異。事實上用就業密度進行研究的更加廣泛，這得益於新經濟地理學中就業密度的理論作用較大、基礎理論比較成熟。新經濟地理學認為一個地區聚集的企業數量越多，就業量就越大（該理論假定各企業的就業人口相同，企業的多少或密度就代表就業或人口的多少或密度），由於存在規模報酬遞增，聚集企業越多，就業人口的勞動生產率就越高，即生產同樣產量的產品所需勞動投入越少。所以，在新經濟地理視角下，用就業密度來研究市場潛力、工資率、經濟增長等是比較合適的。這種方式在理論上以Ciccone（1996，2002）為代表，該理論考慮到了就業（人口）密集區中間產品的規模收益遞增，這對資本和產出有著關鍵影響，最後推導出了就業密度和勞動產出的關係的核心方程。之後以該理論為基礎的或相關的實證研究層出不窮。何雄浪、汪銳（2012）就以新經濟地理學下市場潛力方程為基礎，探討了市場潛力、就業密度與中國地區工資水平的關係。不過其結論之一是中國就業密度與地區工資具有顯著的負相關性，這與一般的聚集理論相悖（這也許值得質疑，不過這裡暫且不做討論），作者將這一結論總結為勞動者的聚集更多地有利於企業所有者，而不是勞動者本身。潘輝（2012）在Ciccone（1996，2002）關於就業密度和勞動產出模型的基礎上，考慮到邊際生產力工資理論（勞動力工資取決於最後一個單位的工人所創造的產出水平）推導出了就業密度與工資率的模型，並用中國的實證數據證明了城市聚集的技術外部性（就業密度）對工資有顯著正影響。

諸如此類的研究還有很多，這裡不再舉例。總之，以上這些理論和實證研究都表明新經濟地理學視角下關於人口密度（就業密度等替代變量）對地區發展差異、工資、經濟增長等都有不可忽視的顯著影響，也說明了人口密度在社會經濟生活中的重要作用，研究人口密度具有理論意義和實踐意義。

2.6　總結性評論

本章從空間異質性談起，對人口分佈及其與經濟增長的關係研究進行了文獻研究綜述，側重點有三個：一是人口分佈研究的基本內容和重要性；二是空間因素及空間分析技術對人口分佈研究的作用；三是人口分佈對經濟增長的作用。這三點其實也是本書的核心研究內容，在後文的具體研究過程中還會進一步在各自部分進行有針對性的文獻研究評論，屆時將會具體指出相關部分研究

所存在的問題及改進空間,這裡暫且綜合給出文獻研究一般化問題的總結性評論。

誠然,文獻綜述發現關於人口分佈及其與經濟增長的關係的研究並不少見,這對強化人口的空間維度作用奠定了研究基礎。不過,所有這些研究都有一個最為基本的問題值得深入商榷:空間效應及其解決辦法。這也是本研究從開始至結束都始終貫穿的問題。

比如空間異質性。關於人口分佈的基本規律性結論我們耳熟能詳:「人口分佈的影響因素有距離海岸線的距離、海拔高度、地形地貌、氣候條件、經濟活動等」「人口密度與地形指數、土地利用、道路網密度、河網密度之間明顯相關」「地形起伏度與人口密度呈顯著負相關」「海拔每上升 $a\%$,人口密度下降 $b\%$」,等等。可是這些結論絕對正確嗎?比如將視角縮小,放到一個更為微觀的區域,結果會如何呢?是否依然和一般性的宏觀結論一致呢?有沒有可能出現「人口分佈悖論」現象呢?進一步,即使基本結論一致,每個區域也存在異質性嗎?這種異質性又如何體現和度量?

再如空間自相關。研究人口分佈的特徵,就是研究人口分佈在空間上的不平衡性,但大多數研究都假定地理空間的均質性和空間相互獨立,沒有考慮空間相關性或空間依賴性,產盡是以相關分析、迴歸分析等科學方法為研究手段,但結論是否真的精確?這一問題類似於時間序列自相關問題。當然,考慮空間自相關與解決空間自相關還需要空間分析方法的引入,近來隨著空間分析方法的成熟也逐步開始避免這一問題,不過依然不夠。因為空間分析方法有兩層含義:首先是分析理論,即如何將空間因素納入研究問題,比如新經濟地理學就很好地解決了這個難題;其次是空間分析工具,即有了理論之後如何將其實證,比如地理信息系統可以解決。所以,問題在於將兩者有效結合起來的研究不多見。再者,研究可分為理論研究和實證研究,在理論上忽視空間自相關性或依賴性並不會對其經典理論造成影響,而事實上空間依賴理論是對這些經典研究的補充。不過在實證上,如果缺乏空間自相關的考慮,就可能對研究結果有影響,因為主要這是技術問題,對實證結果是有影響的。

以上種種問題都是空間效應帶來的,本研究始終關注空間效應:一是強調空間因素的作用,所以在研究中盡量考慮根據空間理論進行研究;二是在實證中盡量考慮採用空間分析技術進行研究。總而言之,本書的研究不是在否定前人的研究結果和結論,只是試圖彌補文獻研究中被忽視的不足,在人口分佈研究中把握其本質的內核——空間因素及空間效應。

3 中國人口分佈的新描述與空間自相關分析

　　自胡煥庸《中國人口之分佈》一文於 1935 年發表後，中國的人口分佈研究上升到了一個新階段，以「胡煥庸線」（璦琿—騰衝線，可詳見附錄）為代表的研究成果逐漸形成了中國人口分佈研究體系。隨著全球氣候、環境變化和地震等自然災害發生，以及區域人口數量擴增和結構改變，並伴隨新理論和新工具的出現，關於人口分佈方面的研究越來越引起學者和政府的重視，對中國人口分佈的研究也有了新的視角。傳統研究圍繞中國人口分佈及其與自然環境的關係這條主線展開（胡煥庸，1984；李旭東，2006，2007），核心是系統研究中國人口分佈規律和人口合理再分佈。產儘也有研究涉及中國人口分佈空間異質性問題，但著力點依然在於探討中國自然環境與人口分佈的相關性（封志明，2007；程曉亮，2008；孫玉蓮，2011；杜本峰，2011）。鑒於此，本章的研究試圖彌補同類研究的這種不足，充分考慮人口分佈的異質性特性，將人口分佈空間自相關性、綜合時空過程及地形因子多樣性等加以綜合考量，充分考慮地理依賴性，應用地理信息系統（GIS）技術等從時空二維角度綜合考察其人口分佈特徵。本章第一部分先是運用 2000 年「五普」和 2010 年「六普」數據分析中國人口分佈的基本特徵，並在空間上比較兩次普查結果的變化，同時強調不同空間尺度的作用：分縣域、市域和省域三個空間尺度分別考察。第二部分則以兩次普查數據考察中國人口分佈的空間自相關性，並比較不同空間尺度上的差異。這一則是檢驗中國人口分佈是否存在空間自相關性，二則是分析有怎樣的空間自相關性，以分析人口分佈的聚集類型。如此可以為深入分析中國人口空間分佈增加一些新的描述內容，而不是僅停留在哪裡有多少人等簡單人口分佈特徵的階段。

3.1 中國人口分佈基本概述

眾所周知，中國是世界上人口最多的國家，但地區間人口分佈不平衡，是中國人口分佈的最大特點。早在先秦時代，就有人注意到了中國人口分佈的這個特徵。數據顯示，2013 年年底在中國大陸居住著 136,072 萬人，約占世界人口的 19%。中國每平方千米平均人口密度為 143 人，約是世界人口密度的 3.3 倍。並且，中國人口分佈很不均衡：東部沿海地區人口密集，每平方千米超過 400 人；中部地區每平方千米為 200 多人；西部高原地區人口稀少，每平方千米不足 10 人。

以上基本數據是對中國人口分佈的一個最簡單介紹。為了更加詳細描述中國人口分佈（包括靜態分佈和動態分佈）的空間特徵，首先依然是展現中國最近兩次（第五次和第六次）人口普查數據的空間統計結果，從全國分縣、市、省三個層級單元進行空間分佈展示與分析，並討論十年來人口分佈空間變化特徵。關於此類別研究，即以人口普查數據為基礎對中國分縣、分市等人口分佈進行研究的成果也不少，特別是「五普」「六普」的追蹤數據研究更是如此（韓惠，劉勇，劉瑞雯，2000；葛美玲，封志明，2008，2009；劉德欽，劉宇，薛新玉，2004；曾明星，吳瑞君，張善餘，2013；楊波，2014）。但是分析發現，集中進行比較研究的比較少。本書包括三個方面的新視角：首先是 2000 年的人口普查數據和 2010 年的比較研究，尤其是兩次數據的動態變化的空間特徵；其次是分縣、市和省三個層級進行深入剖析，以考察微觀、中觀和宏觀的差異；最後是人口密度的空間自相關性分析。這些都為中國人口分佈研究提供了新視角和內容。

3.1.1 中國分縣尺度的人口密度分析

研究整個中國人口分佈，以縣級行政單位為基本單元是最微觀[①]的視角了，如此也能對全國人口分佈進行比較細緻的分類比較，其中的人口分佈空間異質性和不平衡能清晰地反應。所以，本節先從微觀的分縣的中國人口密度入手，重點分析中國人口分佈的特徵，並與經典文獻和基本數據（胡煥庸，

---

① 產儘分街道、鄉、鎮的人口普查數據也有比較詳盡的資源，但鑒於數據量龐大，同時數據視圖空間展示的有限性，一般研究全國性的人口分佈不宜採用，觀察後文的分縣人口密度圖即可知數據的「擁擠」。

1935；葛美玲，2008；曾明星，2013）進行對比分析，而後續的分市和分省人口分佈是更為宏觀的展示。

1935年胡煥庸先生發表的題為《中國人口之分佈》的論文，通過定量分析並以繪製專題圖的方式展示了中國人口分佈的主要特點。胡煥庸當年的分析主要是使用1933年人口密度圖進行的，並提出了為後人稱道的「胡煥庸線」——黑龍江省愛輝縣（黑河）至雲南省騰衝縣人口地理分界線。按照當時的行政區範圍及人口分佈情況，自愛輝至騰衝作一直線，將中國分為東南和西北人口疏密懸殊的兩部分：東南半壁人口密度較大，以占國土36%的面積集中了全國96%的人口（約4.4億）；西北半壁人口稀少，占國土64%的面積，其人口僅占全國的4%（約1,800萬）。有兩個基本數據至今沒有太大的變化，保持相對穩定：東西半壁的面積比約為36：64；東西半壁的人口比約為96：4。這正是胡煥庸先生提出的「愛輝（黑河）—騰衝線」所顯示的中國人口分佈的基本格局。

遵循「胡煥庸線」的地理格局，本研究以「五普」和「六普」的數據進行重新分析和計算，並對比胡煥庸先生和其他相關學者的類似研究成果，數據來自《中國2000年人口普查分縣資料》和《中國2010年人口普查分縣資料》。

3.1.1.1 人口密度的空間靜態展示和基本描述

本研究對中國人口密度的空間分佈進行繪圖展示和分析，以直觀觀察中國人口分佈的不均衡性，這需要將有關地理空間信息和人口數據進行關聯和數字化。研究所需的地理空間數據來自中國的基礎地理信息平臺，通過對人口數據和行政區劃圖進行數字化關聯，並用人口數除以地理信息中的面積數據，得到人口密度數據。在此基礎上將人口數據及行政區劃關聯[①]，通過人口密度分級圖展示人口空間分佈特徵。考慮到數據可獲取性及研究本身的需要，研究未把臺灣省及周邊島嶼、香港特別行政區、澳門特別行政區、南海諸島等列入分析範圍。如無特別說明，圖上及文中數據均未將上述地區計入。需要強調的是，很多研究中將每個城市的市轄區合併，理由是面積大小。但本研究認為，城市市轄區作為基本的縣級行政單元，應該按照縣級單位對待，更重要的是，

[①] 2000年和2010年中國行政區劃在縣級（後文的地市級同理）行政單元上有微觀調整，最大的變化有這幾個方面：一是行政名稱的變化，比如縣改市和區、市改區、地區改市等，但這不影響結果分析；二是新增或撤銷部分行政單元，這部分調整不多，影響也不大；三是拆分和重新組合行政單元，這部分影響相對比較大。本書以2010年的行政單元及名稱為基準，調整和增刪2000年的數據，因為2010年畢竟更貼近當前狀態，更能反應目前的人口分佈狀況。當然，總體上這些部分調整沒有給研究過程和結果造成太大的困惑和影響。

市轄區的人口密度普遍較高，這是人口聚集的結果，也是人口分佈的密度高峰區，合併處理不能看出差異性；況且，同一個城市的每個市轄區的人口密度也存在內部差異，統一處理會融化其間的差異。基於此，本研究的分縣是指所有的縣、縣級市、自治縣、區等縣級行政單元①，研究時點 2010 年總共 2,844 個縣級行政單元，按照第三十頁的腳註，2000 年的縣域單元的數量亦是如此。

1. 靜態展示與空間描述

先看 2010 年中國分縣尺度的人口密度分佈圖（圖 3.1）②，中國人口分佈的不平衡性即刻顯現。東南和西北人口疏密懸殊的兩部分的分界線十分明顯，但這太宏觀，為了分析局部，將數據利用分位數分級方式分為 16 個層級，繪以不同顏色加以區分，並同樣採用「胡煥庸線」的地理分界方式（如圖的斜線），能得到更為清晰的空間異質性圖。首先「胡煥庸線」東南和西北兩邊截然不同，可以看到，中國整個人口密度最低的區域（16 個層級中的第一個層級，密度為小於 9 人/平方千米），幾乎全部位於分界線的西北部，該區域內人口稍微比較高的範圍位於蘭州市、西寧市和銀川市三個省會周邊和河西走廊一代。對於東南部，產儘人口密度普遍較高，但差異依然明顯。可以看到有幾個人口密度高峰區域，分別是京津地區、河北省東南部、河南省東北部和山東省西南三地構成區，上海和蘇南地區，珠三角地區，成渝地區，武漢和長沙地區等。

為了顯示中國人口分佈的極端差異，將中國人口密度高於 400 人/平方千米的極密區和低於 1 人/平方千米的無人區（並非無人，只是極其稀少，每平方千米不到一人，幾乎無人居住，所以稱其為無人區）的縣域單元顯示出來，如圖 3.2。可以看出，中國人口密度極密區主要有幾個特點：一是位於中國特大城市的市轄區，包括東南部省會城市；二是以河南、山東為主的人多地少區；三是自蘇南到上海、杭州、廈門、廣州等的沿海區縣；四是內陸地區以成渝地區核心城市及武漢、長沙為主。統計得到的人口密度高於 400 人/平方千米的極密區，總人口為 7.7 億，占中國總人口的 57.91%；總面積為 73.89 萬平方千米，僅占中國陸地面積的 7.7%。而低於 1 人/平方千米的無人區主要集中在新疆的塔克拉瑪干沙漠核心無人區和西藏珠穆朗瑪峰附近區域。這部分

---

① 為了方便，不再區分縣、縣級市、自治縣、區等縣級行政單元，文中統一稱為縣域、縣域單元或縣級單元，後文中的這三個稱謂均表示各類縣級行政單元；市和省同理。

② 為了使圖形簡潔和突出研究內容，本書所有圖中都沒有標註單位，人口密度單位均為「人/平方千米」。另外，圖中的斜線即是著名的「胡煥庸線」，圖中有這一斜線的即是「胡煥庸線」，不再標出圖例。

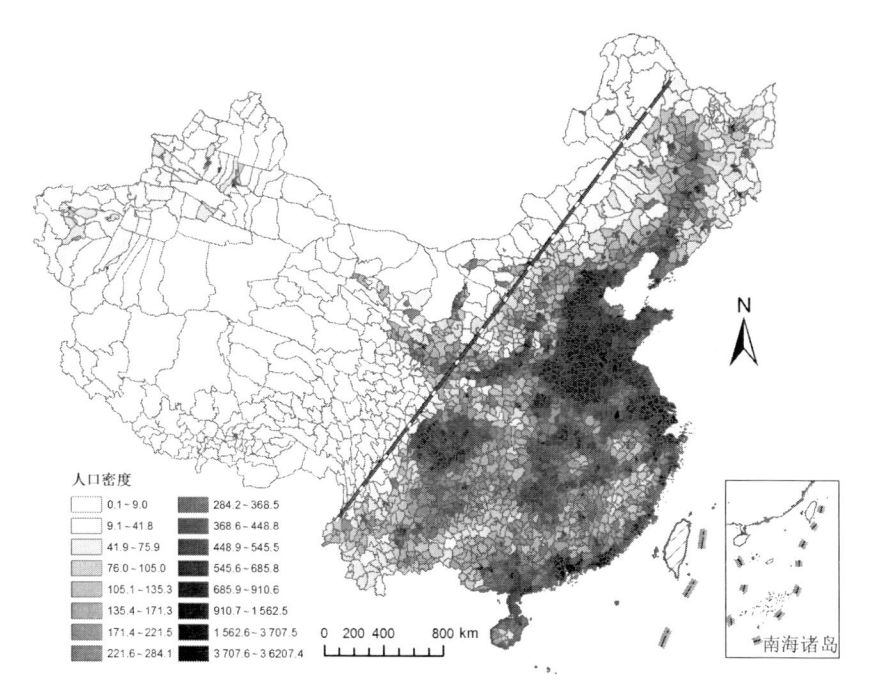

圖 3.1　中國 2010 年分縣人口密度分級示意圖

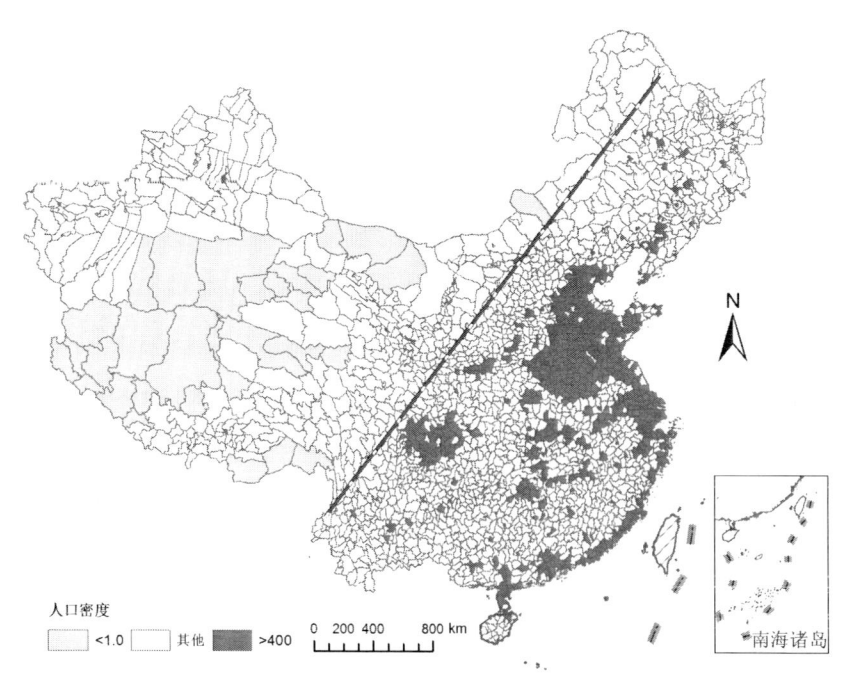

圖 3.2　中國 2010 年極端人口密度分佈示意圖

區域環境極其惡劣，難以維持人類生存的基本條件，所以幾乎無人居住。統計得到，無人區的總人口為86.4萬，占中國總人口的0.07%；但無人區總面積為21.2萬平方千米，占中國陸地面積的22.1%。

另外，為了展示中國除人口密度高於400人/平方千米的極密區和低於1人/平方千米的無人區之外的人口分佈情況，以中國2010年的全國平均密度139人/平方千米為界，進一步分為低密度區（大於1小於139人/平方千米）和高密度區（大於139小於400人/平方千米），如圖3.3所示。其中低密度區比較分散，除了傳統的「胡煥庸線」的西北大部分區域，東北大部分區域和西南偏南大部分區域及武夷山脈區域人口密度普遍低於139人/平方千米。統計得到，低密度區域的總人口為1.92億，占中國人口的14.5%，總面積為571萬平方千米，占中國陸地面積的60%。而高密度區，集中又零散地分佈於華中華南大部、雲貴高原局部和東三省的哈爾濱—長春—瀋陽沿線三個大區域內。顯然，中等人口密度的分佈不像極端人口密度分佈那樣有明顯的聚集特徵。統計得到，高區域的總人口為3.66億，占中國人口的27.56%；總面積為133.7萬平方千米，占中國陸地面積的13.95%。

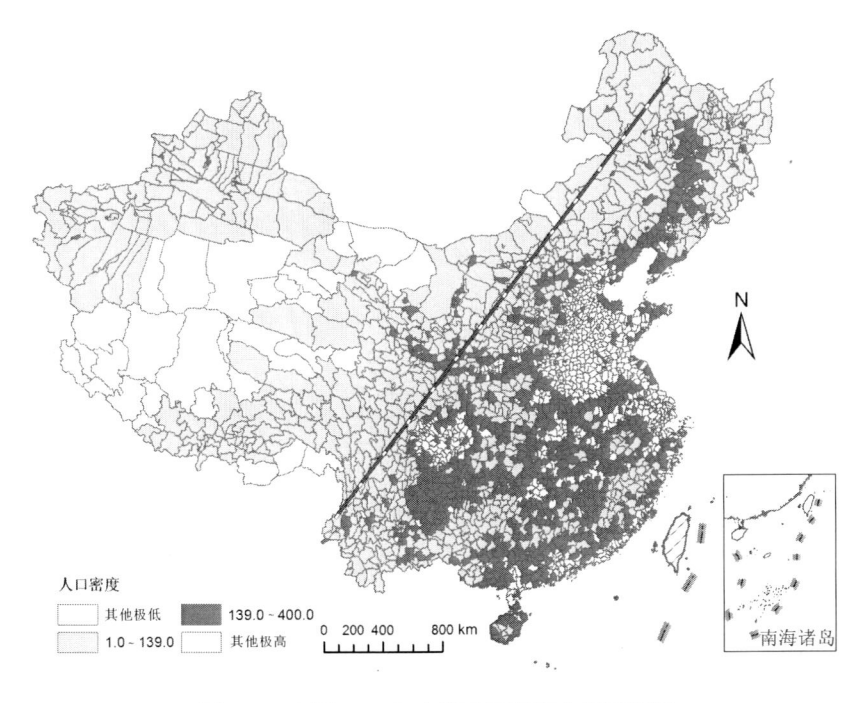

圖 3.3　中國2010年中等人口密度分佈示意圖

再看2000年「五普」時中國分縣尺度的人口密度分佈圖。總體上，至少從展示的分類層級上難以發現大的區別，其特徵保持和2010年的格局基本一致，需要仔細觀察才能判別其中的微小差異。為此，以幾幅圖展示2000年的幾個基本密度分佈特徵——包括16個層級的密度分佈圖和極端人口密度圖（高於400人/平方千米的極密區和低於1人/平方千米的無人區）和中等人口密度圖（大於1小於129人/平方千米的低密度區，大於129小於400人/平方千米的高密度區；2000年的平均人口密度為129人/平方千米），不做具體闡釋，而為了對比，後續將做出統計式的動態變化和微觀差異論述，可見於相關圖（圖3.4和圖3.5）和表格（表3.1）。

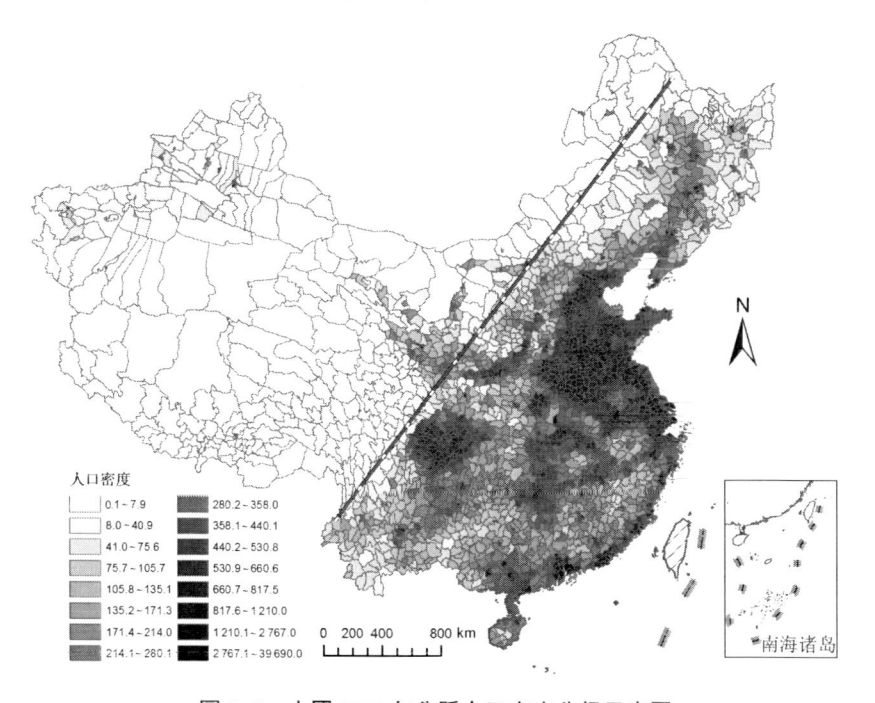

圖 3.4　中國2000年分縣人口密度分級示意圖

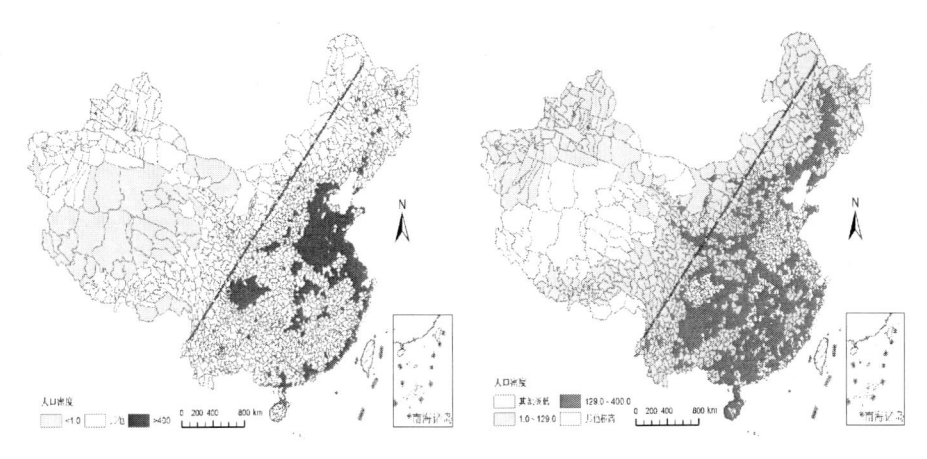

圖 3.5 中國 2000 年極端和中等人口密度分佈示意圖

表 3.1 中國人口密度分區基本統計

單位：人/平方千米，個，人，平方千米

分區	2000 年				2010 年			
	無人區 (<1)	低密度區 (>1,<129)	高密度區 (>129,<400)	極高區 (>400)	無人區 (<1)	低密度區 (>1,<139)	高密度區 (>139,<400)	極高區 (>400)
縣域個數	35	823	832	1,154	30	888	759	1,167
人口數	864,361	169,760,329	382,367,077	691,935,521	653,770	192,523,295	366,283,661	769,684,097
人口占全國的比例	0.07%	13.64%	30.71%	55.58%	0.05%	14.48%	27.56%	57.91%
面積	2,118,179.8	5,235,765.4	1,481,858.7	747,706.2	1,793,223.1	5,714,383.9	1,336,918.7	738,984.4
面積占全國的比例	22.10%	54.63%	15.46%	7.80%	18.71%	59.63%	13.95%	7.71%
人口密度	0.41	32.42	258.03	925.41	0.36	33.69	273.98	1,041.54

2. 靜態比較和數據分析

以上從空間上分析了人口密度在中國的總體態勢和特徵。為了分析 2000 年和 2010 年人口密度的數據特徵，這裡給出幾組數值特徵數據，如表 3.2。表中顯示，2000 年中國人口密度最高的縣域單元是上海市的靜安區，人口密度達到 39,690 人/平方千米；人口密度最低的縣域單元是西藏自治區的日土縣，人口密度僅為 0.067 人/平方千米，幾乎可以認為無人；平均值為 936.882 人/平方千米，標準差為 2,665.558；而高於平均值的縣域數為 449 個，低於平均值的縣域個數為 2,395 個。2010 年，人口密度最高的上海虹口區，為 36,210

表 3.2　　　　中國 2000 年與 2010 年縣域人口密度數據特徵

類別	特徵	2000 年			2010 年		
基本描述	最高值	39,690（靜安區）			36,210（虹口區）		
	最低值	0.067（日土縣）			0.091（日土縣）		
	平均值	936.882			1,116.974		
	標準差	2,665.558			3,075.402		
	高於平均值的縣域個數	449 個			456 個		
	低於平均值的縣域個數	2,395 個			2,388 個		
極端數據	人口密度最高的 20 個縣域單元（人/km²）	靜安區	39,690	江漢區	20,960	虹口區	36,210	紅橋區	25,110
		虹口區	36,560	楊浦區	20,550	越秀區	33,420	江漢區	24,080
		和平區	31,230	東湖區	20,150	靜安區	32,080	東湖區	23,570
		碑林區	29,540	鞍山市鐵西區	19,720	閘北區	28,300	普陀區	23,240
		渝中區	27,760	河西區	19,590	和平區	27,520	河西區	21,890
		閘北區	27,210	徐匯區	19,410	河北區	26,750	楊浦區	21,700
		紅橋區	24,900	珠山區	19,020	渝中區	26,310	河東區	21,680
		南開區	22,160	長寧區	18,980	南開區	26,240	黃浦區	21,020
		河北區	21,490	普陀區	18,960	碑林區	25,980	大同市城區	20,950
		臺江區	21,020	河東區	18,140	臺江區	25,500	磧口區	20,220
	人口密度最低的 20 個縣域單元（人/km²）	日土縣	0.067	墨脫縣	0.265	日土縣	0.091	阿克塞哈薩克族自治縣	0.320
		改則縣	0.098	阿克塞哈薩克族自治縣	0.270	冷湖行政委員會	0.119	阿拉善右旗	0.324
		冷湖行政委員會	0.117	仲巴縣	0.302	改則縣	0.125	額濟納旗	0.356
		若羌縣	0.122	阿拉善右旗	0.322	若羌縣	0.152	錯那縣	0.361
		尼瑪縣	0.144	且末縣	0.323	尼瑪縣	0.176	仲巴縣	0.374
		札達縣	0.180	錯那縣	0.365	札達縣	0.194	且末縣	0.381
		革吉縣	0.202	措勤縣	0.401	革吉縣	0.244	瑪多縣	0.425
		肅北蒙古族自治縣	0.214	瑪多縣	0.409	肅北蒙古族自治縣	0.246	民豐縣	0.455
		額濟納旗	0.245	普蘭縣	0.426	墨脫縣	0.300	措勤縣	0.485
		治多縣	0.257	民豐縣	0.431	治多縣	0.319	普蘭縣	0.519
全國平均	人/km²	129.65			139.07		

人/平方千米；最低的依然是日土縣，為0.091人/平方千米；而平均值增加為1,116.974人/平方千米，標準差為3,075.402；高於和低於平均值的縣域個數分別為456個和2,388個。

對比2000年和2010年的基本數據可以看出，最高人口密度有所降低，而最低人口密度有所升高，總體的平均值也有所升高。值得注意的是，標準差也升高，表明中國人口密度的差異越來越大，這一點從極端數據中也可以看出來。為了比較最高和最低20個人口密度的差異，統計得到2000年最高人口密度的20個縣域單元的總面積為597.2平方千米，總人口為1,329.55萬人，平均人口密度達到22,263人/平方千米；而最低人口密度的20個縣域單元的總面積為169.4萬平方千米，總人口為36.43萬人，平均人口密度僅為0.215人/平方千米；最高和最低20個縣域的人口密度相差約10萬倍。到了2010年，最高20個縣域的人口為1,496.81萬人，平均人口密度為25,063人/平方千米；最低的20個縣域的人口為43.09萬人，平均人口密度為0.254人/平方千米；最高和最低20個縣域的人口密度相差約9.8萬倍。

3.1.1.2 人口密度的空間動態變化與比較分析

前文已述，從2010年和2000年的中國分縣尺度的人口密度圖上難以找到典型化的差異，因為它們的特徵基本一致。為了分析中國人口密度的動態變化和空間過程，需要重新統計並做比較靜態分析。

1.「胡煥庸線」下的人口統計對比分析

作為人口分佈的經典論述，「胡煥庸線」始終是人口分佈研究的重要議題，本書也對此加以分析，並對比相關學者的研究成果，得到如表3.3的結果[1]。本書統計的結果是西北半壁和東南半壁的面積分別為574.39萬平方千米和384萬平方千米，占比分別是40.07%和59.93%。人口方面，2000年西北半壁和東南半壁的人口總數分別為5,414.68萬和124,261.22萬，占比分別是4.56%和95.44%；2010年兩個半壁的人口分別為6,068.75萬和127,212.33萬，占比分別為4.77%和95.23%。2000年到2010年，從人口占比來看，西北略有增加，東南略有減少，但變化極其微小。比較其他學者的研究成果發現，本書與曾明星（2013）的結果基本保持一致，與葛美玲（2008）和楊波（2014）的研究成果相比略有差異。總體上與胡煥庸當年首次測算的中國人口密度分佈格局保持一致，說明中國人口分佈在整個中國大陸版圖上保持相對穩

---

[1] 由於「胡煥庸線」所跨過的縣域究竟屬於東南還是西北並沒有定論，本書統計東南半壁和西北半壁的方式是：以「胡煥庸線」為分割線，所在兩壁一方的面積超過二分之一則分屬哪半壁。

定，人口東多西少的格局沒有變化。

表 3.3　「胡煥庸線」下中國東、西半壁人口分佈格局①

單位：萬平方千米、萬人

文獻	面積與人口	時間	數量 西北半壁	數量 東南半壁	數量 合計	比重 西北半壁	比重 東南半壁	比重 合計
胡煥庸(1935)	面積	1933	約 700	約 400	1,100	64%	36%	100%
	人口		約 1,890 萬	約 4.4 億	4.589 億	4%	96%	100%
本書	面積	2000/2010	574.39	384.0	958.39	59.93%	40.07%	100%
	人口	2000	5,414.68	118,846.54	124,261.22	4.56%	95.44%	100%
		2010	6,068.75	127,212.33	133,281.09	4.77%	95.23%	100%
曾明星(2013)	面積	2000/2010	460.3	499.7	960	47.95%	52.05%	100%
	人口	2000	15,722.16	121,489	127,211.26	4.50%	95.50%	100%
		2010	6,516.39	129,845.9	136,362.29	4.78%	95.22%	100%
葛美玲(2008)	面積	2000	539.52	420.48	960	56.20%	43.80%	100%
	人口		7,374.17	117,611.83	124,986	5.90%	94.10%	100%
楊波(2014)	面積	2010	408.10	536.90	945	43.20%	56.80%	100%
	人口		8,465.63	125,207.59	133,673.22	6.76%	93.24%	100%

2. 2000 年和 2010 年的人口分佈動態對比分析

從宏觀上看，中國 2000 年和 2010 年分縣尺度人口密度難以看出差異，即看不出動態變化，包括每個縣域單元人口密度的變高或降低、變高或降低縣域單元的空間分佈等。為此，通過兩年數據的疊加分析可以找到此類動態變化的特徵。不妨做個假設。假定人口不流動，只考慮自然增長，則總體上每個單元的人口從 2000 年到 2010 年是增加的（不排除個別人口減少的單元），因為中國當前人口仍然保持增長的態勢。依此假定，如果有區域人口密度降低，表明主要原因就是人口遷出，而另一些區域人口增高，特別是增高比例極高的區域則主要是人口遷入導致的，目前的關鍵問題是尋找到這些人口密度降低或增加的區域單元。本書的處理方法是，通過空間疊加和字段計算，將 2010 年的人口密度空間數據減去 2000 年人口密度空間數據得到兩次數據的差值，而這個差值的正和負即可表徵人口密度的增和減。

---

① 數據可參考書末相關文獻。同時，某些數據，比如中國的面積計算方式有所不同，包括「胡煥庸線」分割下的東西半壁計算口徑有所區別，而且某些含港、澳、臺地區，某些不含，某些未說明。但這不是重點，這裡強調的是東西半壁人口的分佈不均和人口密度差異，而所有的結論都是一致的。

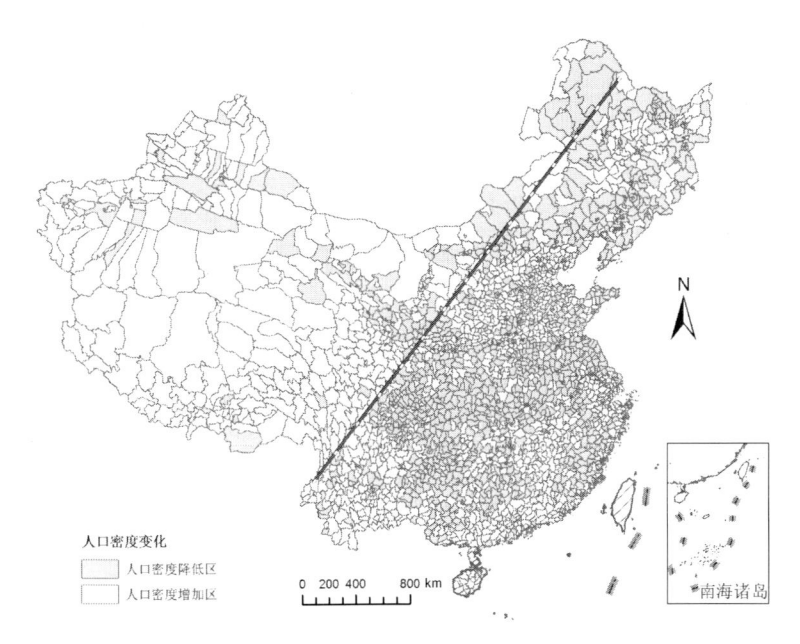

圖 3.6　中國 2000—2010 年縣域人口密度變化特徵示意圖

通過疊加分析，得到的結果如圖 3.6，其中密度增加的縣域個數為 1,776 個，平均增幅為 21.4%；密度降低的縣域個數是 1,068 個，平均降幅為 9.6%。圖中顯示，與原假定（人口密度都增加）有較大的出入，很多地區出現人口密度降低的現象，這絕不是人口自然變動即人口自然增長率降低的結果。總體上中國人口依然在增長，所以人口密度降低的區域更大的可能性是人口遷出的結果。比較意外的是，人口密度降低的區域普遍在東南半壁，其中華中大部分區域，特別是長江中下游和淮河流域一帶出現大範圍的人口密度降低，而事實上就是人口遷出的結果。從西往東主要是四川東部、重慶除主城區外的大部、貴州大部、湖北除武漢外的大部、廣西北邊局部、湖南大部、河南東南部、安徽大部、江蘇北部、浙江西南局部和福建西部都是人口密度降低的區域。第二個主要人口密度降低區域是東北三省除了長春、哈爾濱和瀋陽等大城市外的大部分。

對人口密度增加的區域，也分為兩個區域來討論。其中第一個區域是「胡煥庸線」的西北半壁和雲南大部，該區域連片出現人口密度增長，這主要源於人口自然增長，因為這部分區域是中國少數民族地區，而中國對於少數民族生育率的控制很弱，而少數民族區域本身還鼓勵生育，所以該區域總體上人口保持比東部更快的增長。第二區域則可以統稱為人口聚集區。人口聚集的核

心來源是人口密度降低區域，人口聚集區的形成源於經濟發展的差異導致的人口吸引和遷移，特別是長距離的跨省遷移，包括京津地區，上海、蘇南和浙北區域，珠三角地區。

同時，為了進一步分析人口密度增長或降低的幅度差異，可以再次進行層級分類，將人口密度變化的大小繼續細分和展示，結果如圖3.7。先看人口密度降低區域的變化。圖中顯示，人口密度降低的縣域單元中，隱約有圈層結構，即人口密度下降最大的區域為核心，向外依次是次多、次少和最少區域等，特別是長江中遊沿線附近有類似的規律和結構，人口密度下降20%以上的區域、下降10%~20%的區域、下降5%~10%的區域及下降0~5%的區域構成四個非典型的圈層。東北區域比較雜亂，沒有非常特別明顯的特徵，但人口密度下降還是比較明顯，區域較廣。再看人口密度增加的區域的變化情況。圖3.8顯示，人口密度增加的區域中，總體上東南半壁增加幅度集中在10%以下，但傳統的局部人口集中區，如北上廣地區增加幅度依然較大，甚至超過了20%；西北半壁增加幅度集中在10%以上，而且增加幅度超過20%的區域也比較大。但究其原因，前面已述，東南半壁增加幅度超過20%主要是人口遷入的機械增長結果，而西北半壁則主要是人口出生的自然增長結果。

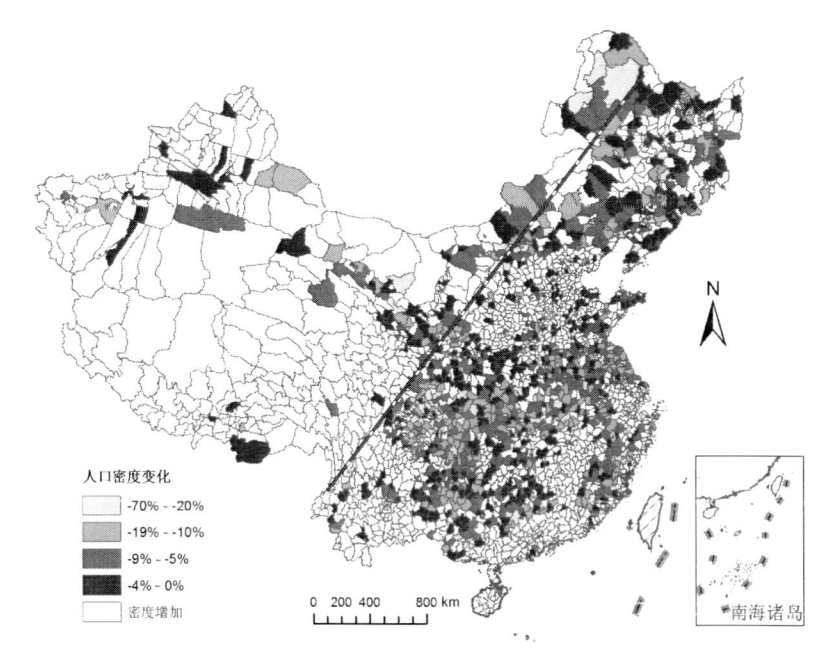

圖 3.7　中國縣域人口密度下降幅度差異分佈示意圖

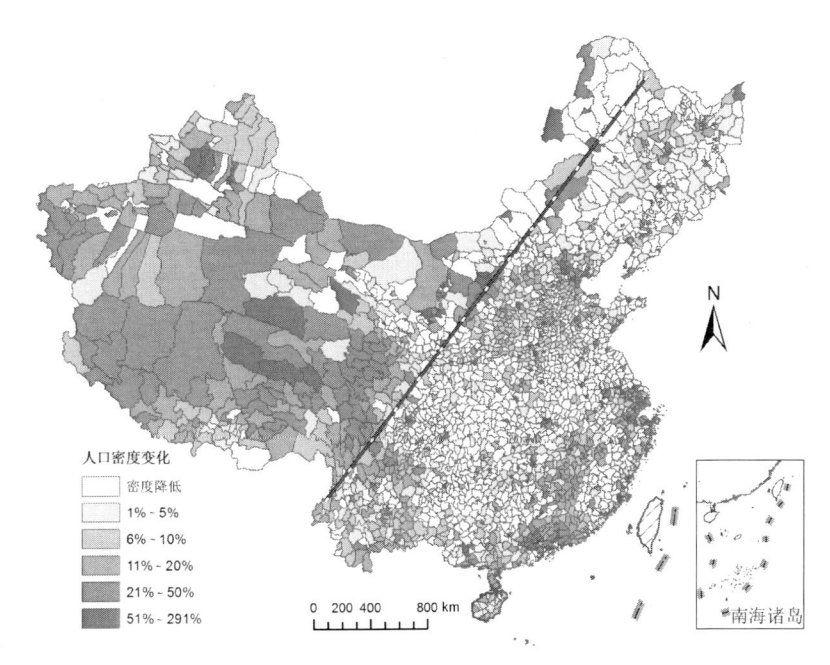

圖 3.8　中國縣域人口密度增加幅度差異分佈示意圖

為了進一步瞭解中國人口密度增加或下降弧度的典型數據和區域，我們製作如下表格（表3.4）進行對比分析。表中數據顯示：密度增加的縣域個數為1,776個，平均增幅為21.09%；密度降低的縣域個數為1,068個，平均降幅為9.35%；總體上人口密度增加的區域個數和幅度都多於降低的區域個數和幅度。其中廈門市的集美區人口密度增加了約2.9倍，密度增加前20位的縣域單元都超過1.65倍。不過需要說明的是，密度增加幅度如此之大，但人口總量並不是太大，而是初始的人口總量偏少，導致人口密度增加幅度增加。比如集美區，2000年的人口為14.8萬人，2010年為58.1萬人。人口降低的縣域單元總體上幅度不是很大，最大降幅為廣西南寧市的邕寧區，人口密度降低69.52%，有7個縣域單元降幅超過50%。

表 3.4　　　　　中國 2000—2010 年縣域人口密度變化特徵

特　徵	密度增加	密度降低
最值	290.6%（集美區）	−69.5%（邕寧區）
平均值	21.09%	−9.35%
縣域個數	1,776 個	1,068 個
增降 0~5% 的個數	465	403
增降 5%~10% 的個數	408	288

表3.4(續)

特 徵	密度增加	密度降低
增降 10%～20%的個數	360	269
增降 20%～50%的個數	379	99
增降超 50%的個數	166	7
人口密度變化最大的 20 個縣域（人/km²）	集美區 290.63%　秀英區 207.39% 禪城區 271.13%　興寧區 202.41% 龍灣區 265.67%　鏡湖區 195.70% 瑤海區 245.58%　江南區 195.12% 越秀區 239.08%　文峰區 194.53% 米東區 231.11%　西鄉塘區 193.64% 宿城區 225.48%　蚌山區 183.11% 鮁魚圈區 220.28%　濱江區 175.35% 紅寺堡區 218.15%　昌平區 170.08% 沙坡頭區 213.61%　惠城區 167.00%	邕寧區 −69.52%　召陵區 −42.27% 曾都區 −61.29%　翔安區 −42.26% 松北區 −54.89%　玉龍納西族自治縣 −41.45% 伊寧市 −53.51%　蕪湖縣 −40.91% 掇刀區 −53.38%　鄲城縣 −40.29% 南沙區 −53.27%　繁昌縣 −40.13% 根河市 −51.27%　官渡區 −38.97% 陳巴爾虎旗 −46.44%　相城區 −38.59% 港北區 −43.34%　東寶區 −38.12% 錫山區 −42.28%　隆安縣 −38.09%

3.1.2　中國分市尺度的人口密度分析

中國分縣尺度的人口密度分析應該說能把中國最為微觀的人口分佈特徵進行展示，本小節關於分市尺度和後節分省的人口密度分析是補充，可以從更為宏觀的角度進行分析。本節的內容構架和上節分縣尺度的內容構架基本一致，所以這裡主要以圖表分析為主，描述性的內容提倡簡潔，以免重複分析結論。需要說明的是，兩個年份中個別地級市的行政範圍變化較大，比如 2010 年相對於 2000 年，廣西的來賓、崇左、中衛等為新增加的市，於是 2000 年可以根據市所轄的區、市、縣進行調整；內蒙古、雲南等地地級市改名稱但沒改縣域所屬行政區域範圍（比如地區改為市等），這一點可以參照相關說明（本書第三十頁腳註）①。據此，研究時點 2010 年總共 337 個市級行政單元，2000 年亦是該數量。另外，省級行政直轄市北京、上海、天津和重慶納入討論範圍。

3.1.2.1　靜態展示與空間描述

同樣利用分位數分級方式分為 6 個層級，先看 2010 年中國分市尺度的人口密度分佈圖。圖 3.9 顯示，「胡煥庸線」的分界效果更是明顯，整個分界線

---

① 補充說明：對於省直轄縣和直轄縣級市，在本節的市級尺度分析中直接剔除，因為它們不屬於地級市行政範圍，主要的省級直轄縣和市有海南省大部分、新疆維吾爾自治區個別部分和湖北省個別部分。

的西北半壁幾乎都處於最低層級，即人口密度少於 73.6 人/平方千米。最高層級的人口密度都位於東南半壁，而且西部城市中只有成都和西安兩市人口密度屬最高層級，人口密度分別是 1,098.6 人/平方千米和 813.5 人/平方千米。從全國來看，最高的是深圳市，人口密度達到 4,541.6 人/平方千米，其次是上海市，人口密度為 3,680.6 人/平方千米，接下來依次是東莞市的 3,284 人/平方千米、汕頭市的 2,579.6 人/平方千米和廈門市的 2,376.3 人/平方千米。

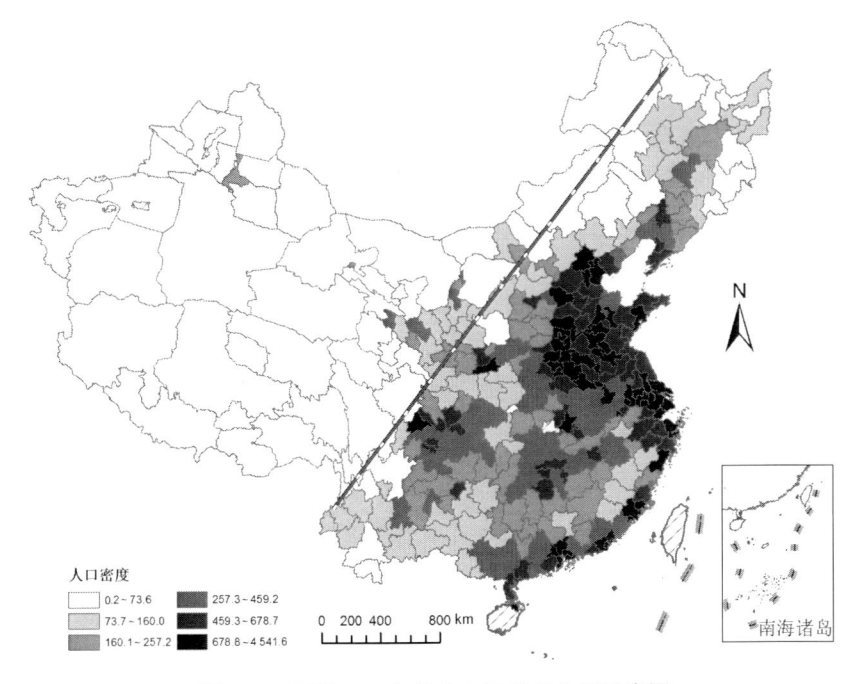

圖 3.9　中國 2010 年分市人口密度分級示意圖

再看 2000 年中國分市尺度的人口密度分佈圖 3.10，該圖顯示的基本分佈特徵與 2010 年沒有太大的差異。其中人口密度最高的依然是深圳市，人口密度達到 3,073 人/平方千米；其次是上海市，為 2,623.4 人/平方千米；接下來依次是東莞市的 2,575.1 人/平方千米、汕頭市的 2,235.9 人/平方千米和廣州市的 1,435.6 人/平方千米。對比發現，前四個城市排序沒有變化，但人口密度普遍低約 1,000 人/平方千米，說明在 2000 年中國的特大城市的聚集程度還沒有表現得十分明顯，隨著新世紀地區發展差異的加大和城市競爭力的加強，人口遷移頻繁，特大城市人口吸引力和聚集力進一步增強，導致特大城市人口密度不斷提升，出現嚴重擁擠現象。

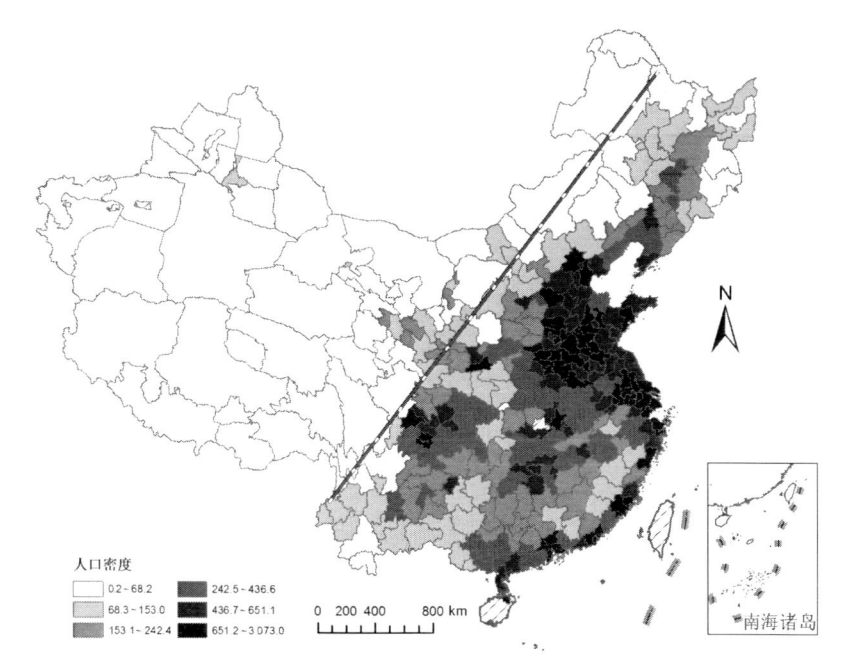

圖 3.10　中國 2000 年分市人口密度分級示意圖

　　同樣，為了分析 2000 年和 2010 年市級尺度人口密度的數據特徵，這裡給出幾組數值特徵數據，如表 3.5。表中數據顯示，深圳市作為中國第一個改革開放的特區，這個南海邊上的一個「圈」，從一開始就是中國人口聚集的窗口和縮影。如果說深圳特區是中國改革開放成功的代表，那麼它也是中國人口遷移和集中的寫照，在一個極小的範圍內承載了最高的人口密度。最低的是西藏阿里地區，因為這裡是喜馬拉雅山脈、岡底斯山脈等相聚的地方，環境惡劣，幾乎無人居住，人口密度約為 0.2 人/平方千米。2000 年和 2010 年所有市級人口密度的平均值分別為 358.6 人/平方千米和 402.3 人/平方千米，標準差分別是 378.1 和 499.3，再一次說明 2010 年的人口分佈更為不平衡，市域間的差異越來越大，人口流出和流入的深度和廣度更為明顯。對比人口密度最高和最低的 10 個市域單元，發現 2000 年和 2010 年沒有發生大的變化，不管是行政區本身還是其排序都相差無幾。

表 3.5　　　　　中國 2000 年與 2010 年市域人口密度數據特徵

類別	特徵	2000 年	2010 年
基本描述	最高值	3,073（深圳市）	4,541（深圳市）
	最低值	0.169（阿里地區）	0.209（阿里地區）
	平均值	358.6	402.3
	標準差	378.1	499.3
	高於平均值的市域個數	127 個	121 個
	低於平均值的市域個數	210 個	216 個
極端數據	人口密度最高的 10 個市域單元（人/km²）	深圳市 3,073.0　中山市 1,392.2 上海市 2,623.5　佛山市 1,390.1 東莞市 2,575.1　廈門市 1,381.6 汕頭市 2,235.9　無錫市 1,103.7 廣州市 1,435.7　揭陽市 996.9	深圳市 4,541.6　海口市 2,227.6 上海市 3,680.6　佛山市 1,874.5 東莞市 3,284.0　中山市 1,838.7 汕頭市 2,579.6　廣州市 1,834.2 廈門市 2,376.3　無錫市 1,383.2
	人口密度最低的 10 個市域單元（人/km²）	阿里地區 0.169　林芝地區 1.197 阿拉善盟 0.774　果洛藏族自治州 1.709 那曲地區 0.847　巴音郭楞蒙古自治州 1.856 海西蒙古族藏族自治州 0.946　日喀則地區 2.704 玉樹藏族自治州 1.158　哈密地區 3.206	阿里地區 0.209　玉樹藏族自治州 1.668 阿拉善盟 0.912　巴音郭楞蒙古自治州 2.245 那曲地區 1.068　果洛藏族自治州 2.251 海西蒙古族藏族自治州 1.394　日喀則地區 2.995 林芝地區 1.473　山南地區 3.458

3.1.2.2　動態變化與對比分析

同縣域尺度分析一致[1]，通過疊加分析，得到的結果如圖 3.11。其中密度增加的縣域個數為 244 個，平均增幅為 13.35%；密度降低的縣域個數為 93 個，平均降幅為 5.58%。同時，為了進一步分析人口密度增長或降低的幅度差異，可以再次進行層級分類，將人口密度變化的大小繼續細分和展示。人口密度降低區域的變化分為 -5%～0、-10%～5%、-20%～10% 和 -20% 以上四個區。圖 3.12 顯示人口密度降低以 10% 的幅度以下為主，3 個超過了 20%，它們是固原市、廣安市和資陽市。人口密度增加的區域的變化分為 0～5%、5%～10%、10%～20%、20%～30% 和 30% 以上五個區域，圖中顯示，東南半壁人口

---

[1]　可參照 3.1.1.2 節的分析邏輯。

密度增加幅度以10%以下為主，但傳統的人口吸引力大市如北、上、廣、深等人口密度增加都超過30%；西北半壁以10%以上為主。

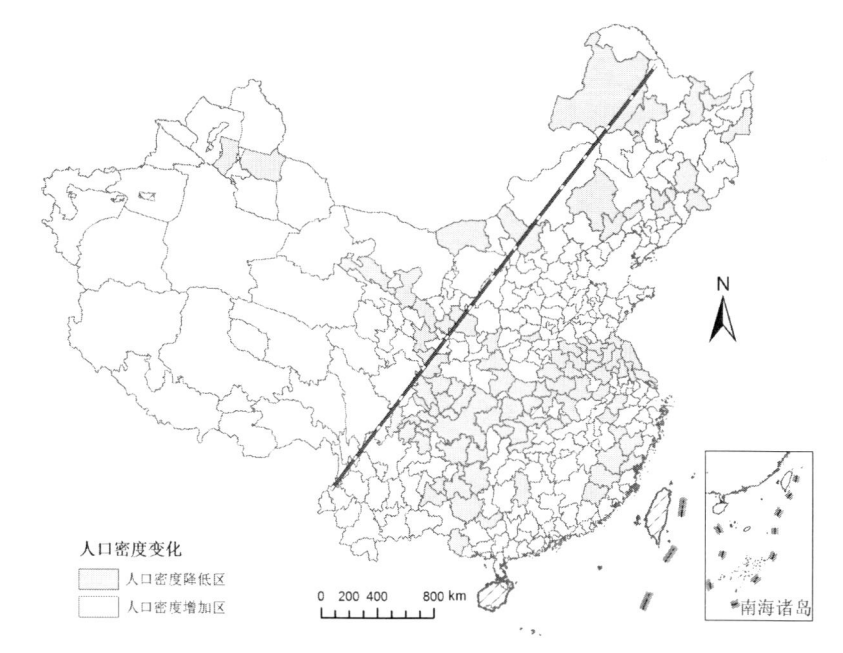

圖 3.11　中國2000—2010年市域人口密度變化特徵示意圖

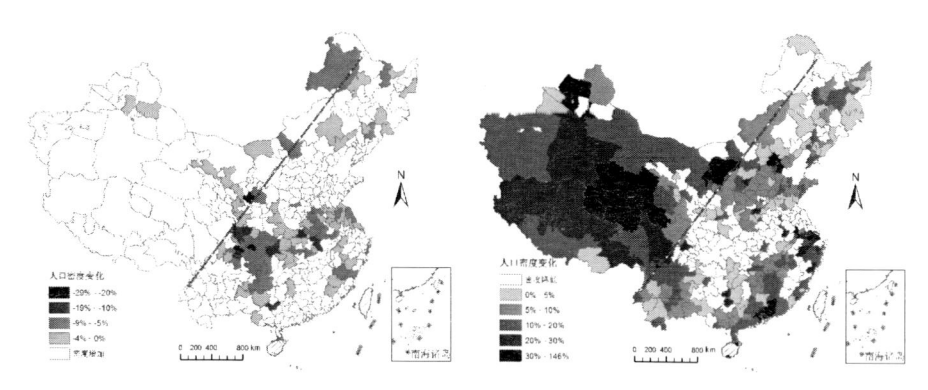

圖 3.12　中國市域人口密度下降和增加幅度差異分佈示意圖

同理，為了進一步瞭解中國市域人口密度增加或下降弧度的典型數據和區域，我們製作如下表格（表3.6）進行對比分析。表中數據顯示，總體上人口密度增加的區域個數和幅度都多於降低的區域個數和幅度，前者的變化（增長幅度）平均為13.36%，後者的變化（下降幅度）平均為-5.58%。其中增幅範圍在10%~20%的最多，有73個市域；降幅範圍在0~5%的最多，有53

個市域。增幅最大的是海口市，其人口密度增長幅度約 1.5 倍，密度增加前 10 位的市域單元都超過 44%。人口降低的市域單元總體上幅度要低於增加區域的幅度，降幅最大的為固原市，人口密度降低 28.9%，降幅最大的 10 個市域單元降幅都超過 10%。

表 3.6　　　　中國 2000—2010 年市域人口密度變化特徵

特　徵	密度增加	密度降低
最值	146.47%（海口市）	-28.90%（固原市）
平均值	13.36%	-5.58%
縣域個數	244 個	93 個
增降 0~5% 的個數	63	53
增降 5%~10% 的個數	65	29
增降 10%~20% 的個數	73	9
增 20%~30% 的個數	28	—
增 30% 以上的個數	15	—
降 20% 以上的個數	—	3
人口密度變化最大的 10 個市域（人/km²）	海口市 146.47%　深圳市 47.79% 廈門市 72.00%　海西蒙古族藏族自治州 47.35% 石嘴山市 55.98%　嘉峪關市 45.33% 蘇州市 54.00%　克拉瑪依市 44.69% 烏魯木齊市 49.51%　北京市 44.54%	固原市 -28.90%　黃岡市 -13.32% 廣安市 -22.27%　隨州市 -12.98% 資陽市 -21.98%　恩施土家族苗族自治州 -12.84% 廣元市 -18.91%　自貢市 -11.70% 來賓市 -16.33%　內江市 -11.00%

3.1.3　中國分省尺度的人口密度分析

關於中國省域尺度[①]的人口密度的分析是相對宏觀的展示，而且一般人口學領域的研究者都有一般的瞭解，所以本節分析從簡介紹。

先看 2000 年和 2010 年的省域尺度人口密度分佈圖 3.13。此時，「胡煥庸線」的分界效果最為明顯。人口密度最高的當屬上海、北京和天津三個直轄市，它們土地面積小，人口聚集多，2010 年三者的人口密度分別為 3,892 人/平方千米、1,131 人/平方千米和 1,066 人/平方千米。接下來是江蘇和廣東，外來人口的激增導致了這兩地的高人口密度，2010 年的人口密度分別是 807 人/平方千米和 668 人/平方千米。緊接著的山東省和河南省則主要是因為人口

---

①　本書研究所指省域僅為中國 31 個省市自治區，不含香港、澳門和臺灣地區。

總量本身很大，常住人口都約為9,500萬，而戶籍人口更是突破1億。再看省域人口密度變化圖3.14和圖3.15，2010年北京市人口在2000年的基礎上增長了44%，成為增長最高的省級單元，其次是上海和天津，分別為40%和31%。我們可以想像，北京、上海和天津土地面積本身稀缺，人口增長幅度又是如此之大，可見其人口擁擠程度。反過來，人口密度降低的省域也有四個，它們都是人口遷出大省，也就是我們俗稱的「農民工」大省。下降幅度最大的是重慶市，幅度達到-5.46%，後面分別是湖北省（-3.82%）、四川省（-2.34%）和貴州省（-1.42%），而且它們四省區連成一片，位於中國西南地區。

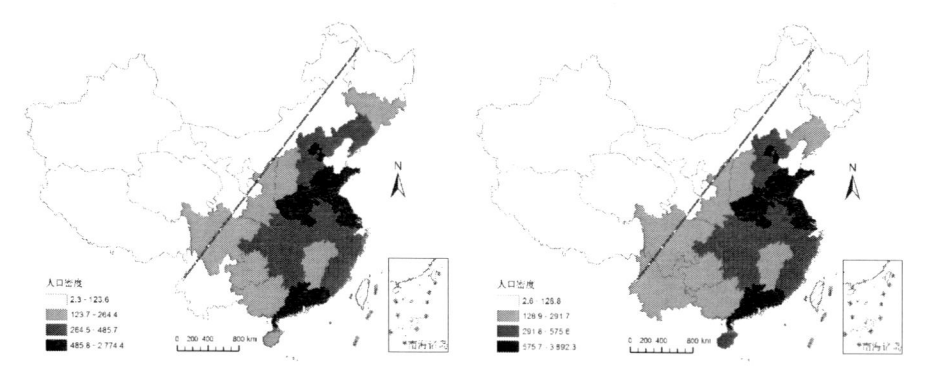

圖3.13　中國2000年（左）和2010年（右）分省人口密度分級示意圖

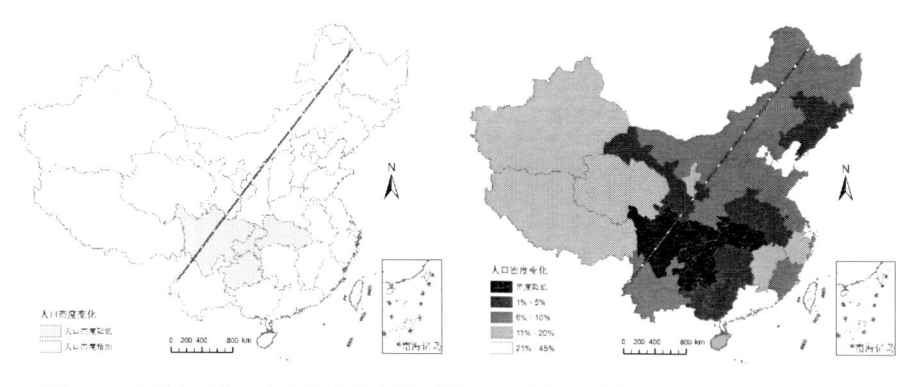

圖3.14　中國省域人口密度變化示意圖　圖3.15　中國省域人口增長幅度差異分佈示意圖

　　由於大部分省域人口密度是增加的，這裡將增長幅度同樣分為0～5%、5%～10%、10%～20%和20%以上四個層級，空間上並沒有太顯著的規律，不過能看到其分佈的空間差異。以上是空間上的展示和分析，由於省域數據僅有31個，這裡給出其相關數據。將全國分為東部、中部、西部和東北四個區域進行分析。統計得到，2010年東部的平均人口密度約為580人/平方千米，遠

高於全國約 139 人/平方千米的平均水平，中部的平均人口密度約為 365 人/平方千米，而西部和東北的人口密度分別僅有 52.84 人/平方千米和 119.79 人/平方千米。據此可以看出中國人口大區域的分佈不均衡態勢。不僅如此，從人口密度的變化幅度來看，四個區域分別平均增長 14.44%、3.14%、3.10% 和 4.43%（表 3.7），說明這種不平衡的態勢在進一步加大，而這種加大的原因主要是人口流動和遷移的結果。

表 3.7　　　　　　　　　中國省域人口密度相關數據

省域	2000 年人口(個)	2010 年人口(個)	2000 年人口密度	2010 年人口密度	人口密度變化
上海市	16,407,734	23,019,196	2,774.37	3,892.29	40.29%
北京市	13,569,194	19,612,368	782.89	1,131.56	44.54%
天津市	9,848,731	12,938,693	811.49	1,066.08	31.37%
江蘇省	73,043,577	78,660,941	749.85	807.52	7.69%
廣東省	85,225,007	104,320,459	545.98	668.32	22.41%
山東省	89,971,789	95,792,719	583.99	621.77	6.47%
河南省	91,236,854	94,029,939	565.46	582.77	3.06%
浙江省	45,930,651	54,426,891	485.73	575.58	18.50%
安徽省	58,999,948	59,500,468	441.45	445.19	0.85%
重慶市	30,512,763	28,846,170	395.45	373.85	-5.46%
河北省	66,684,419	71,854,210	339.60	365.92	7.75%
湖南省	63,274,173	65,700,762	326.32	338.84	3.84%
福建省	34,097,947	36,894,217	310.70	336.18	8.20%
湖北省	59,508,870	57,237,727	338.84	325.91	-3.82%
海南省	7,559,035	8,671,485	260.31	298.62	14.72%
江西省	40,397,598	44,567,797	264.43	291.73	10.32%
遼寧省	41,824,412	43,746,323	267.10	279.37	4.60%
山西省	32,471,242	35,712,101	203.44	223.75	9.98%
廣西壯族自治區	43,854,538	46,023,761	209.42	219.78	4.95%
貴州省	35,247,695	34,748,556	220.64	217.51	-1.42%
陝西省	35,365,072	37,327,379	173.41	183.03	5.55%
四川省	82,348,296	80,417,528	180.85	176.61	-2.34%
雲南省	42,360,089	45,966,766	123.58	134.11	8.51%

表3.7(續)

省域	2000年人口(個)	2010年人口(個)	2000年人口密度	2010年人口密度	人口密度變化
吉林省	26,802,191	27,452,815	125.75	128.80	2.43%
寧夏回族自治區	5,486,393	6,301,350	104.07	119.53	14.85%
黑龍江省	36,237,576	38,313,991	66.56	70.37	5.73%
甘肅省	25,124,282	25,575,263	60.53	61.62	1.80%
內蒙古自治區	23,323,347	24,706,291	18.06	19.14	5.93%
新疆維吾爾自治區	18,459,511	21,815,815	10.51	12.42	18.18%
青海省	4,822,963	5,626,723	6.76	7.88	16.67%
西藏自治區	2,616,329	3,002,165	2.29	2.63	14.75%
東部	442,338,084	506,191,179	506.89	580.06	14.44%
中部	345,888,685	356,748,794	354.06	365.18	3.14%
西部	349,521,278	360,357,767	51.25	52.84	3.10%
東北	104,864,179	109,513,129	114.71	119.79	4.43%
全國	1,242,612,226	1,332,810,869	129.66	139.07	7.26%

3.2 人口密度的空間自相關性分析

3.2.1 空間自相關基本理論

自相關是事物的基本屬性，因為事物不可能獨立存在。將自相關引入計量模型進行處理時，我們考慮更多的是時間，就如「……自相關關係主要存在於時間序列數據中……」。但其實，「……截面數據中也可能會出現自相關，通常稱其為空間自相關（Spatial Autocorrelation）……」，只是我們更少關注，這主要是因為處理空間自相關在技術上一直存在困難，直到最近有關空間計量工具的出現。

那何為空間自相關？我們知道，區域化變量具有一定的結構特點，即變量在點 x 與偏離空間距離為 h 的點 $x + h$ 處的值 $Z(x)$ 和 $Z(x + h)$ 具有某種程度的相似性，即空間自相關性，這種自相關性的程度依賴於兩點間的距離 h 及變量特徵。在變程範圍內，樣點間的距離越小，其相似性，即空間相關性越大。簡單講，即空間自相關是指同一屬性在不同空間位置上的相關性；空間位置越鄰

近，屬性越趨同，空間現象越相似。

從計量方法上講，空間自相關的度量方法可分為全局空間自相關和局部空間自相關。全局自相關描述某種現象的整體分佈情況，判定區域內是否存在空間聚集特徵及聚集強度，但不能確定聚集的具體位置；局部自相關計算局部空間聚集性並指出聚集的位置，探測空間異質性。

全局空間自相關統計量有許多，如全局 Moran's I 統計量、全局 Geary C 統計量等；局部空間自相關統計量包括局部 Moran's I 統計量，局部 Geary C 統計量、G 統計量等。在這些統計量中，最常用的統計量為 Moran's I，包括全局的和局部的，本書採用 Moran's I 統計量。

空間自相關統計量與傳統統計量的關鍵區別就是引入了空間權重矩陣。目前最常用的空間權重確定方法有兩種：一是基於空間單元的鄰接性，另一種是基於空間單元之間的距離（比如歐式距離）。比如第一種確定權重的方式，且符合一階鄰接關係準則（Contiguity First Order）的取值規則是：

$$w_{ij} = \begin{cases} 1 & 區域\ i\ 和\ j\ 鄰接 \\ 0 & 區域\ i\ 和\ j\ 不鄰接 \end{cases}$$

其中區域 i 稱為中心區域，與 i 鄰接的所有區域 j 都稱為相鄰區域。

3.2.1.1 全局空間自相關

全局空間自相關（Global Spatial Autocorrelation）指的是某一指標是否存在空間集群特徵，用來檢驗事物是自相關還是隨機分佈。一般用統計量 Moran's I 表示。Global Moran's I 的定義為：

$$I = \frac{\sum_{i}^{n}\sum_{j \neq i}^{n} w_{ij}(x_i - \bar{x})(x_j - \bar{x})}{S^2 \sum_{i}^{n}\sum_{j \neq i}^{n} w_{ij}} \tag{3-1}$$

其中，n 是樣本區域數，$S^2 = \frac{1}{n}\sum_{i=1}^{n}(x_i - \bar{x})^2$，$x_i$ 是第 i 區域的屬性值，$I_i = Z_i \sum_{j \neq i}^{n} w_{ij}' Z_j$ 是所有屬性值的平均值，w_{ij} 是空間權重矩陣。全局 Moran's I 的值介於-1 和 1 之間，大於 0 為正相關，且越接近於 1，正相關性越強，即鄰接空間單元之間具有很強的相似性；小於 0 為負相關，且越接近於-1，負相關性越強，即鄰接空間單元之間具有很強的差異性；接近 0 則表示鄰接空間單元不相關，呈隨機分佈。

3.2.1.2 局部空間自相關

全域空間自相關 Moran's I 值只能反應屬性是否空間自相關及空間聚集程

度,不能確定具體聚集區域,而局域空間自相關的 Moran's I 解決了此問題。局域空間自相關的 Local Moran's I 的定義是:

$$I_i = Z_i \sum_{j \neq i}^{n} w_{ij}' Z_j \qquad (3-2)$$

其中 $Z_i = (x_i - \bar{x})/S^2$,是 x_i 的標準化量值;Z_j 是與第 i 區域鄰接的屬性標準化值;$y = \rho W y + \beta X + \varepsilon$ 是按照行和歸一化的權重矩陣。由於每個區域都有局部空間自相關的 Local Moran's I,所以可將這些指數轉換成空間圖,變成局部空間自相關聚集圖(LISA Map),以清晰展示空間局部聚集和差異特徵。

3.2.1.3 空間自相關顯著性統計檢驗

無論是全局空間自相關還是局部空間自相關都需要進行顯著性統計檢驗,通過了一定水平的檢驗閾值才表明存在或者不存在空間自相關。一般空間自相關的顯著性統計通過 $Z(I)$ 統計量檢驗,該統計量通過 Moran's I 及其期望 $E(I)$ 和方差 $Var(I)$ 計算得到:

$$Z(I) = \frac{I - E(I)}{\sqrt{Var(I)}} \qquad (3-3)$$

$$E(I) = -\frac{1}{n-1} \qquad (3-4)$$

$$Var(I) = \frac{n^2 w_1 - n w_2 + 3 w_0^2}{w_0^2 (n^2 - 1)} \qquad (3-5)$$

其中 $w_0 = \sum_i^n \sum_j^n w_{ij}$,$w_1 = \frac{1}{2} \sum_i^n \sum_j^n (w_{ij} + w_{ji})^2$,$w_2 = \sum_i^n (w_i + w_j)^2$,$w_i$ 是權重矩陣中第 i 行權重之和,w_j 是權重矩陣中第 j 列權重之和。

3.2.2 中國人口密度空間自相關實證分析

關於人口密度特別是中國人口密度的空間自相關研究也不少見,但都是集中於局部區域或者是個別時間點的研究。李毅偉(2007)運用空間自相關方法分析了中國 1980—2005 年每 5 年的省市人口格局的空間分佈變動模式,得出了中國空間關聯的主要模式。方瑜、歐陽志雲等(2012)在《中國人口分佈的自然成因》一文中討論了 2008 年中國縣域人口的空間自相關性。文章指出中國全局 Moran 指數為 0.13,呈隨機分佈檢驗的標準化 Z 值為 61.3,達到極顯著水平,表明中國縣域水平上的人口空間分佈有很強的正自相關性,呈現出顯著的空間聚集特徵,即人口密度高值區與高值區相鄰,低值區與低值區相鄰。王培震(2013)同樣利用空間自相關模型研究了甘肅石羊河流域人口密度問題,指出該區域人口密度存在明顯的正空間自相關,格網尺度效應對空間

自相關性的影響表現出一定的階段性；文章還指出「引入空間自相關性參數的單中心模型完全可以描述流域人口密度空間分佈的模式與特徵，且空間化效果能夠明顯減弱行政單元之間的突變效果」，表明其不僅研究人口密度的空間自相關，而且利用空間自相關進行深入分析。張玉、董春（2011）利用瀾滄江流域（雲南段）人口分佈數據計算了 Global Moran I 和 Local Moran I，並分析了該區域人口分佈的時空特徵，反應了該區域人口地理分佈的規律性現象。類似的相關研究還有許多，這裡不一一舉例，總之說明了空間自相關對區域人口分佈研究的重要作用。

從文獻來看，這些區域包括全國的、省級的和局部微觀區域的不同尺度，但縱觀這些研究，對全國的研究不是太多，而且比較分散，特別是沒有對全國人口密度進行分縣、分市和分省三個空間尺度進行對比研究。而這恰恰是問題所在，因為可能出現「區域單元劃分問題」（Modifiable Areal Unit Problem, MAUP），因為空間聚集的屬性值會隨著區域所劃分的子單元的數量（Scale Effect，規模效應）和邊界（Pattern Effect，形式效應）的不同而不同（Mattin Bell，2014）。所以，對於中國的人口密度研究，是否存在 MAUP 所反應的問題，分縣、分市和分省三個空間尺度研究十分必要，這對於中國人口密度的空間自相關理論檢驗和實踐有很大的意義。另外，時間同樣重要，本研究同時將 2000 年 2010 年兩次人口普查數據進行縱向比較研究，以揭示時間變化趨勢。

3.2.2.1 中國人口密度的全局空間自相關分析

首先進行分縣尺度的人口密度空間自相關分析。表 3.8 顯示，2000 年中國分縣尺度的人口密度全局空間自相關的 Moran's I 為 0.537,9，Z 統計檢驗量為 414.08，在顯著性概率 $p<0.01$ 的雙側檢驗閾值 2.58 的檢驗下通過檢驗，拒絕不存在空間自相關原假設，結果顯示中國 2000 年分縣人口分佈的空間集群特徵非常明顯，表明中國人口分佈存在顯著的空間自相關性和空間依賴性，即人口分佈並不是隨機分佈，而是有一定的空間規律，主要是表現出空間聚集性（Cluster），人口分佈很不均衡。這與之前的分析特徵一致，當然也為後續的空間計量模型分析提供了依據：需要考慮空間依賴性或空間自相關。到了 2010 年，中國分縣尺度的人口密度全局空間自相關的 Moran's I 為 0.560,3，Z 統計檢驗量為 471.18，從全局的 Moran's I 數值上看，有所提高，表明在縣域尺度中國從 2000 年到 2010 年的空間自相關性是有所增強的，儘管不是非常明顯，表明縣域尺度上人口聚集區和人口稀少區有很強的空間相關性。

再看分市尺度的人口密度空間自相關分析。結果顯示，2000 年中國分市尺度的人口密度全局空間自相關的 Moran's I 為 0.418,3，Z 統計檢驗量

為 12.54,

表 3.8　　中國分縣、市、省尺度下的全局 Moran's I

不同尺度 人口密度	全局 Moran's I	期望 E [I]	均值 MEAN	標準差 SD	Z 值 (2.58) Z Score
分縣 2000 年	0.537,9	-0.000,4	-0.001,8	0.001,3	414.08
分縣 2010 年	0.560,3	-0.000,4	-0.000,7	0.001,2	471.18
分市 2000 年	0.418,3	-0.003,0	-0.004,8	0.033,6	12.54
分市 2010 年	0.339,1	-0.003,0	0.001,9	0.049,4	6.93
分省 2000 年	0.288,4	-0.033,3	-0.031,2	0.095,6	3.37
分省 2010 年	0.232,3	-0.033,3	-0.018,0	0.100,0	2.66

到了 2010 年，Moran's I 降為 0.339,1。最後看分省尺度的結果，顯示 2000 年中國分省尺度的全局 Moran's I 為 0.288,4，到了 2010 年亦下降為 0.232,3（當然都通過了 1% 的顯著性檢驗，即 Z 值大於 2.58）。

對比分縣、分市和分省的結果發現：

第一，所有全局 Moran's I 在 1% 的顯著性水平下都通過了檢驗，表明三種尺度下的中國人口分佈存在顯著的空間自相關性和空間依賴性。

第二，Moran's I 值本身有差異，即分縣尺度的 Moran's I 大於分市尺度的 Moran's I，而後者又大於分省尺度的 Moran's I；正如前文所說，區域單元割分問題（MAUP）會對空間統計和計量產生影響。但是對於一般統計來說，樣本越多，結果越精確，可信度越大。從本次分析來看，分縣尺度的割分區域最多，樣本量最大，其次是分市和分省，而結果也表明樣本量越大，顯著性越強（Z 值越大）。

第三，從時間比較來看，分縣尺度下 Moran's I 從 2000 年到 2010 年是增加，而分市和分省是降低。那麼，中國人口分佈的空間自相關性究竟是增強的還是減弱的？仔細分析，結論應該是增強的。因為，首先大尺度特別是省級尺度的空間自相關分析的一些特徵會掩蓋微觀的變化。比如，某個省級或市級區域是人口聚集區（人口稀少區），但其內部的局部縣級區域卻是人口稀少區（人口聚集區），也就是說局部特徵會被削弱，無法在大尺度區域內反應。具體看本書的研究，從數據上看（以分省尺度為例），中國的人口分佈密集和稀疏特徵在降低，事實上中國人口在 2008 年金融危機後確實有從東向西回流的特徵，大尺度上是東部的人口集中特徵有萎縮的跡象，而西部人口有回流的跡

象,這是很容易理解的。其所掩蓋的問題是,就西部回流人口的微觀尺度特徵而言,顯然西部回流人口的回流特徵依然有空間聚集性,因為人口依然是回流到西部的大都市,比如成都、西安等,並沒有回到其微觀視角下的家鄉(縣級單元),這些特徵在省級和市級尺度是無法反應的,但到了縣級尺度這種回流的空間聚集特徵就可以反應了,所以分縣尺度的結果是2010年比2000年的人口聚集特徵更明顯。[①] 綜上,應該說中國人口分佈總體上是空間自相關性在增強,即聚集性特徵越發明顯。

3.2.2.2 中國人口密度的局部空間自相關分析

Moran 散點圖是全局 Moran's I 和局部 Moran's I 的結合,這裡先從 Moran 散點圖分析。Moran 散點圖用於研究局部空間的異質性。Moran 散點圖繪製於一個笛卡爾坐標系統中,橫坐標為 Z_i,即中心單元(本書為縣域、市域或省域單元)的屬性值(本書為人口密度)的標準化值;縱坐標為 $\sum w_{ij}'Z_j$,即與 i 相鄰的所有其他單元屬性值的加權平均(標準化後),也稱為空間滯後值。所有的單元將分佈在這個坐標系統內,因此將出現4種類型的局部空間關係:

$$\begin{cases} Z_i > 0 & \sum w_{ij}'Z_j > 0(+,+),第一象限,高高集聚(HH) \\ Z_i < 0 & \sum w_{ij}'Z_j > 0(-,+),第二象限,低高集聚(LH) \\ Z_i < 0 & \sum w_{ij}'Z_j < 0(-,-),第三象限,低低集聚(LL) \\ Z_i > 0 & \sum w_{ij}'Z_j < 0(+,-),第四象限,高低集聚(HL) \end{cases}$$

以上四種局部空間關係的含義是:「高高聚集(H-H)」表示中心單元與相鄰單元的人口密度都較高,「低低聚集(L-L)」則表示中心單元與相鄰單元的人口密度都較低;這兩個象限內單元的人口分佈存在較強的空間正相關關係,即均質性。「高低聚集(H-L)」表示中心單元人口密度水平較高,而其相鄰單元人口密度較低,「低高聚集(L-H)」則表示中心單元人口密度較低,而其相鄰單元人口密度較高;這兩個象限內單元的人口分佈存在較強的空間負相關關係,即異質性。

為了分析 Moran 散點圖的統計特徵(圖3.16),這裡以2010年的分縣統計數據為例進行分析(其他尺度和年份的類似,恕不贅述)。

[①] 對於這個問題,後文在對局部空間自相關進行分析時還會具體討論,並且會從局部空間自相關聚集圖上展示,結論會更加清晰。

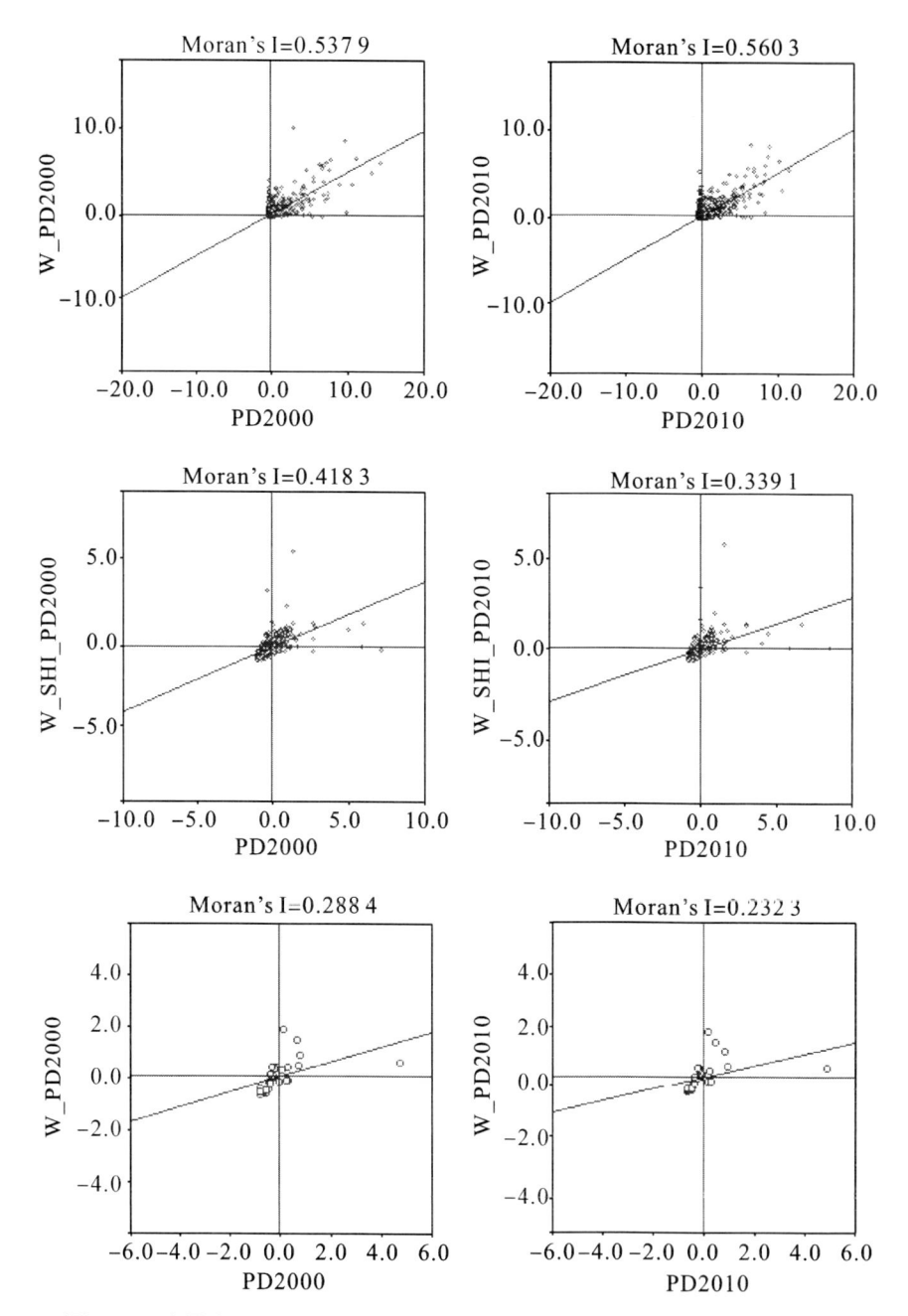

圖 3.16　中國分縣、市、省尺度的 Moran 散點圖（從上往下為分縣、市和省）

經統計，位於第一象限的縣域單元 327 個，位於第三象限的縣域單元 2,248 個，分別占中國縣域總數的 11.5% 和 79%，兩者共占 90.5%，說明中國人口分佈主要由一個人口稀少區和一個聚集區構成，人口分佈的「兩極化」空間十分明顯，而且「低低」聚集區遠比「高高」聚集區縣域個數多、面積大，反過來也印證了中國人口聚集片區人口非常集中的現狀。另外，位於第二象限和第四象限的縣域單元分別為 140 個和 129 個，比例分別為 5% 和 4.5%，這種異質性的「高低」或「低高」聚集區縣域遠低於前兩者的數量和比例。

不過，Moran 散點圖還不能從空間上展示各種聚集模式類型，這裡進一步在以上基礎上利用局部空間自相關聚集圖（LISA 圖）進行分析。LISA 圖是反應 Moran's I 的 Z 檢驗顯著性概率 $p<0.05$ 的區域，即所謂熱區（Hot Spot）和盲區（Blind Spot）。如圖 3.17 和圖 3.18 所示，中國分縣、市、省三個尺度的 LISA 圖的四種類型的空間特徵十分明顯。先看分縣尺度的 LISA 圖①，總體上 2000 年和 2010 年不顯著區集中於中國版圖的中央位置；顯著區中，整個西部基本為顯著的「低低聚集」類型，而且幾乎沒有例外，而夾在其中的部分大城市就容易出現個別顯著的「高低聚集類型」，這一類型被包圍在低密度人口的縣域中間（圖中難以顯示），比如西南部昆明市的幾個主城區，包括官渡區、五華區、盤龍區等，西北部蘭州市的幾個主城區，包括城關區、七里河區等，西寧市的城東、城北、城西等主城區。對於東部沿海，則出現另外兩種主要類型的空間聚集特徵，其中「高高聚集」類型分佈在環渤海地區、長三角地區、珠三角地區及個別中部城市主城區中，由於這些城區的面積較小，很難識別，但其特徵依然可見，特別是 2010 年。而「低高聚集」類型正好分散在「高高聚集」類型的周圍，2000 年主要是環渤海圈、長三角片區十分明顯，而到了 2010 年，「低高聚集」類型擴散到珠三角地區，與中國傳統的三個人口集中片區吻合。需要注意的是，LISA 在理論上「低高聚集」指自身人口密度低而其周圍鄰接單元人口密度高，所以根據現實情況這裡的「自身人口密度低」是相對的，實際上是人口密度也比較高，但是相對於核心人口集中區（其所包圍的「高高聚集」區），其人口密度是相對很低的，這樣就形成鮮明的「低」和「高」對比，於是出現大片區的「低高聚集」類型空間特徵。

---

① 由於數據量比較大，不能清晰顯示，部分細節特徵不能直觀看出，如有需要可索取原圖放大觀看。當然，也可參看後文市級和省級比較清晰的結果。

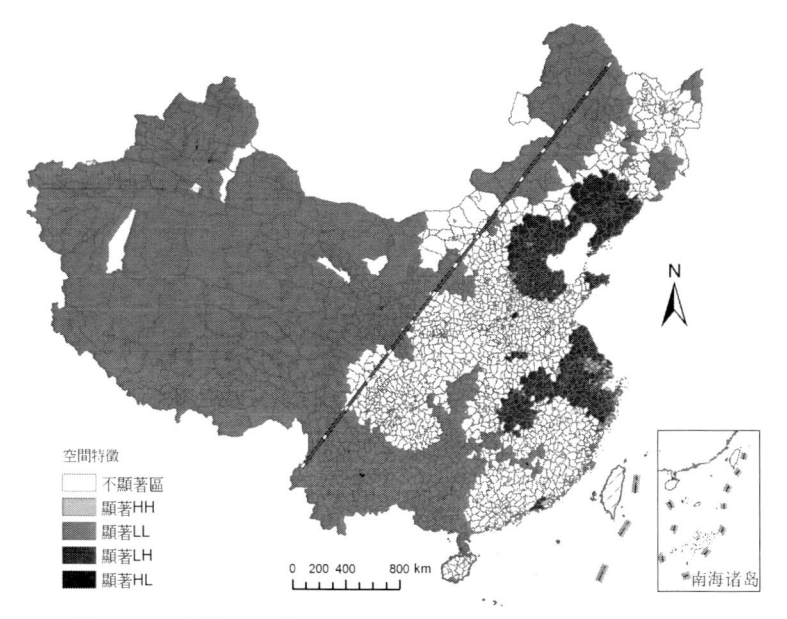

圖 3.17 中國 2000 年分縣尺度人口密度 LISA 空間聚集示意圖

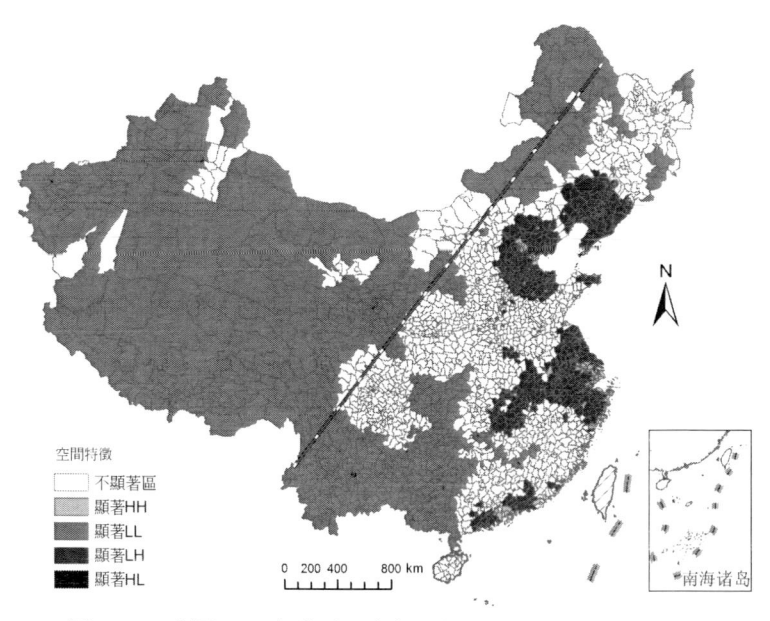

圖 3.18 中國 2010 年分縣尺度人口密度 LISA 空間聚集示意圖

再看分市尺度的 LISA 空間聚集類型特徵（圖 3.19）。其基本特徵沒有顯著變化，即東部主要是「高高聚集」類型，西部主要是「低低聚集」類型，而且相對分縣尺度來說，「高高聚集」類型的集群特徵凸顯出來了。具體來

說，東北角、西南角和西部大部分屬於「低低聚集」類型，渤海以南沿海城市基本屬於「高高聚集」類型，特別是華中和華北交界處的河南、河北、山東相接處形成一大片人口密集區。「低高聚集」類型依然保持圍繞「高高聚集」類型的態勢，它們集中於靠近沿海城市的西邊；而「高低聚集」類型非常少，2000 年僅有陝西省的西安市、咸陽市和遼寧省的瀋陽市 3 個市域單元屬於該類型，2010 年也僅是在 2000 年這三個的基礎上增加了貴州省的貴陽市而已，為 4 個，表明該類型聚集特徵在市域單元尺度上不顯著。

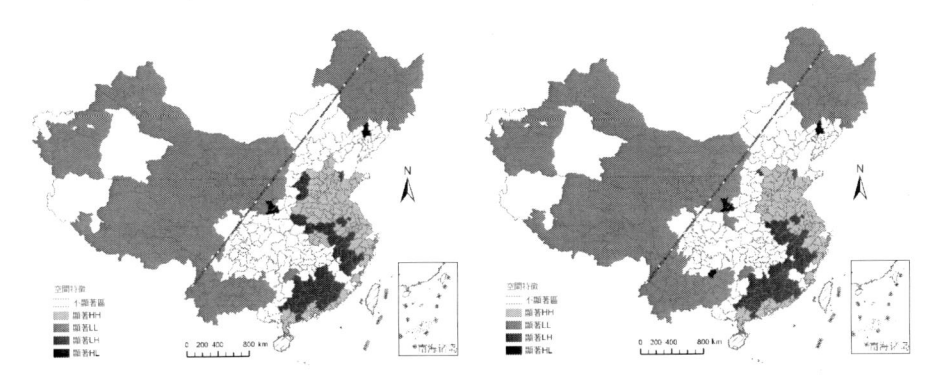

圖 3.19　中國 2000 年和 2010 年分市尺度人口密度 LISA 空間聚集示意圖

接下來看分省尺度的 LISA 空間聚集類型特徵（圖 3.20）。該尺度下的特徵更為簡潔和明顯，且 2000 年和 2010 年特徵幾乎保持不變。西部的新疆、西藏、青海、甘肅和四川為顯著的「低低聚集」類型；北京、天津、山東、江蘇、上海、浙江、河南和安徽（僅 2010 年）幾省市為顯著的「高高聚集」類型；「高高聚集」類型周邊的遼寧、河北、湖北、江西和附件為「低高聚集」類型；而省級尺度上沒有顯著的「高低聚集」類型。

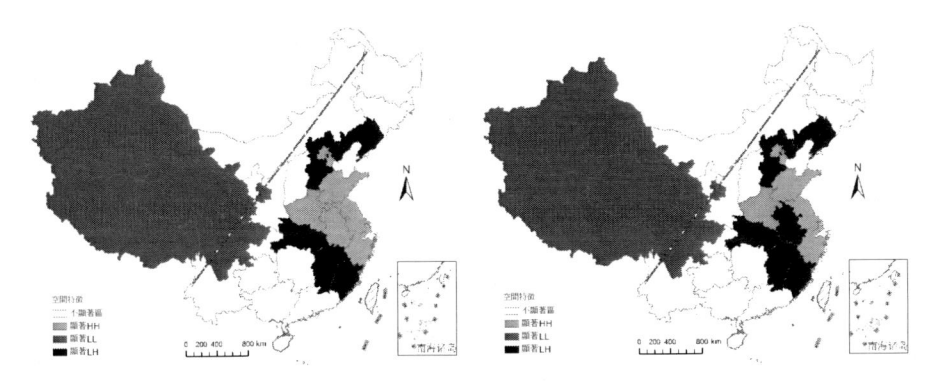

圖 3.20　中國 2000 年和 2010 年分省尺度人口密度 LISA 空間聚集示意圖

3　中國人口分佈的新描述與空間自相關分析 | 59

儘從圖上可以直觀判斷各種 LISA 空間聚集類型的特徵，但為了詳細描述它們的數量關係，我們做了相應的統計，如表 3.9。這能比較各類型的數量大小關係和分佈。比如，2000 年，分縣尺度的 LISA 空間聚集類型中，不顯著的縣域單元為 1,405 個，占中國縣域總數 2,844 個的近半，達到 49.4%；顯著的「高高聚集」類型和「低低聚集」類型縣域數量分別為 161 個和 805 個，比例分別為 5.7% 和 28.3%；顯著的「低高聚集」類型和「高低聚集」類型縣域數量分別為 425 個和 48 個，比例分別為 14.9% 和 1.7%。這些數據表明 2000 年分縣尺度的 LISA 空間聚集類型中「低低聚集」類型數量最多，面積也最大；其次是「低高聚集」類型和「高高聚集」類型；而「高低聚集」類型非常少。其他尺度和年份的這些特徵也可以進行分析，不再贅述；不過基本特徵基本保持一致，沒有太大的變化。

表 3.9　　中國分縣、市、省尺度的 LISA 空間聚集類型統計

尺度與年份	數量與比例	不顯著區	顯著 H-H	顯著 L-L	顯著 L-H	顯著 H-L	合計
分縣 2000 年	數量	1,405	161	805	425	48	2,844
	比例	49.4%	5.7%	28.3%	14.9%	1.7%	100%
分縣 2010 年	數量	1,348	198	784	460	54	2,844
	比例	47.4%	7.0%	27.6%	16.2%	1.9%	100%
分市 2000 年	數量	107	90	102	35	3	337
	比例	31.8%	26.7%	30.3%	10.4%	0.9%	100%
分市 2010 年	數量	114	82	105	32	4	337
	比例	33.8%	24.3%	31.2%	9.5%	1.2%	100%
分省 2000 年	數量	13	8	5	5	0	31
	比例	41.9%	25.8%	16.1%	16.1%	0	100%
分省 2010 年	數量	13	7	5	6	0	31
	比例	41.9%	22.6%	16.1%	19.4%	0	100%

4 中國人口分佈的不平衡度及密度函數的模擬預測

4.1 引言：人口分佈異質性如何度量

人口分佈的空間異質性是本研究的一個核心主題，第三部分關於中國人口分佈的空間特徵應該說很清楚地描述了其空間異質性的特點。不過我們瞭解的結果也僅是諸如「東部人口密度高，西部人口密度低」「最高的人口密度縣域單元是靜安區（2010年）」「分市尺度中，2000—2010年人口密度增長幅度最大的是海口市」「2010年LISA聚集圖中『高高聚集』和『低低聚集』的縣域個數分別是198個和784個」等類結果，產儘內容和數據都比較翔實，但依然沒有用一個具體的「標準」來定量說明中國人口分佈的不平衡性程度，就好比說，城市化程度用城市化率表徵、貧困程度用恩格爾系數表徵、收入差距用收入基尼系數表徵等。那用什麼指標來說明人口分佈不平衡性呢？另外，人口密度在衡量人口分佈時，其本身的分佈是否有一定的規律，比如是否符合正態分佈、伽馬分佈或威布爾分佈？

關於這兩個問題，本節進行專門探討。其實這兩個問題放在經濟學的收入分配差距研究中是一個問題的兩個方面（後文有討論），本節研究借鑑收入不平衡的研究範式分析人口分佈不平衡的問題。人口分佈的不平衡度及其密度函數的模擬分析不是割裂的，放在一起研究更具有意義和說服力。

對於第一個問題，本書借鑑度量收入差距等不平衡性常用指標「基尼系數」來表徵人口分佈的不平衡性或人口分佈的空間異質性程度，且稱其為「人口分佈基尼系數」（Population Distribution Gini Coefficient，PDGN）。當然，衡量不平衡性的指標有很多，比如泰爾指數（Theil Index）［又稱泰爾熵標準

(Theil's Entropy Measure)〕、區位商（專門化率）等。文娟秀、繆小清（2010）用泰爾指數研究了1999—2008年中國八大地區（東北、北部沿海、東部沿海、南部沿海、黃河中遊、長江中遊、西南和西北八區域）收入差距，指出中國地區收入差距總體上呈下降趨勢，這一趨勢主要由區域間差距的波動引起，並表示八大區域中波動最大的是西北地區和黃河中遊地區。夏華（2007）同樣使用泰爾指數研究了中國行業收入差距，指出其在應用過程中有它的優缺點，並提出應結合基尼系數和洛倫茨曲線一起考察收入差距。王偉（2010）用區位商研究了中國三大城市群（長三角、京津冀和珠三角）空間演變過程，指出三個城市群空間差異明顯、發育程度也存在差距。周璇（2014）在區位商視角下研究了環境污染與經濟增長的關係，指出中國各區域產業區位商較高的行業在拉動區域經濟增長的同時也帶來了很大污染。

　　產儘如此，本書還是以基尼系數為藍本進行分析，這主要是因為其常用，特別是其在經濟領域衡量收入差距的廣泛性，而且學者和普通百姓對基尼系數的數值有著特殊的敏感性。比如，西南財經大學教授甘犁主持、西南財經大學中國家庭金融調查中心發布統計報告，稱2010年中國家庭收入的基尼系數為0.61，其中城鎮家庭內部的基尼系數為0.58，農村家庭內部的基尼系數為0.61。報告認為財富分配非常不均，已跨入收入差距懸殊行列。該數據一經公布即引起廣泛討論甚至爭論，普遍認為該數據誇大了中國的收入差距，被很多業內學者質疑。首先，中國國家統計局面對國內的一片「混戰」，以官方身分公布基尼系數（2010年為0.481，2011年為0.477，2012年為0.474），以表示中國基尼系數沒有那麼大。然後，學者岳希明和李實2013年1月24日在《華爾街日報》專門撰文評論甘犁主持的報告：「該基尼系數估計所基於的住戶調查，無論在樣本抽樣上，還是在住戶收入的收集上，都存在明顯的缺陷，所以統計值過大。」甘犁翌日在《華爾街日報》撰文回應相應問題，包括抽樣設計的說明和收入數據準確性的問題，認為岳希明和李實的質疑存在「主觀臆斷」，並表示獲得的是「科學的結果」。2013年2月5日岳希明和李實再次在《華爾街日報》發表文章質疑甘犁的回應，認為其沒有很好地回答大部分的質疑，並在樣本和抽樣權重、收入數據偏差等問題上繼續進行駁斥。緊接著，甘犁對質疑再一次回應，對每個相關問題進行了再說明，並且指出歡迎更多研究機構和獨立調查隊伍參與其中。

　　經過如此幾個回合的反覆較量，收入分配差距和基尼系數進一步深入人心。筆者引用這個例子是想表明基尼系數在社會經濟社會中的作用及學者、百姓的高關注性，甚至達到了談基尼色變的程度，因此以人口分佈基尼系數來衡

量人口分佈的不平衡性是比較好的選擇。所以，本書研究選取人口分佈基尼系數測度人口分佈的異質性是比較接地氣的做法。

對於第二個問題，和收入分配差距研究類似，它本身和第一個問題是相關的甚至是一脈相承的。對收入密度分佈的研究成果也非常豐富，包括其與基尼系數的綜合研究。比如，陳建東、羅濤和趙艾鳳（2013）梳理了常用的收入分佈函數，介紹了各類函數擬合居民實際收入分佈的效果及其與基尼系數的關係。Ximing Wu 和 Jeffrey M. Perloff（2005）用最大熵原理實證了中國 1985—2001 的收入分佈和基尼系數，指出中國城鄉收入差距非常大而且差距還在繼續拉大。胡志軍、劉宗明和龔志民（2011）的研究表示廣義貝塔分佈 II 型比較適合於農村、城鎮居民的收入分佈擬合。他們在此基礎上計算了中國分農村、城鎮及總體的基尼系數，並指出城鄉差距是中國總體差距的主要原因。

類似的研究還有很多，不再列舉，不過從以上幾個例子我們可以清楚地看到收入分佈函數和基尼系數研究的相關性，即將兩者放在一起研究是互為補充的。鑒於此，有必要進行人口密度本身的密度函數模擬和分析。其實這個問題有學者已做過研究，但並不多見。Malcolm O. Asadoorian（2008）模擬研究了全球的人口分佈基尼系數和密度函數，並據此預測了 100 年後即 2100 年世界人口分佈和氮氧化物排放的分佈趨勢特徵。當然該文也包括中國的研究（劃分的 16 個研究區域之一），其對空間尺度的劃分是將全球（中國）分割成 1 度乘 1 度的統一單元。本書即遵循其主要的研究思路，但是空間尺度是以中國分縣為單元的非等分尺度的統一單元，這應該更貼近現實，也是與該文不同的地方。

4.2 人口分佈基尼系數

4.2.1 基尼系數測度原理

基尼系數作為常用的指標，在經濟生活中一般用來測度某個指標「差距」的程度，其中最多的就是收入分配差距基尼系數。如前文所述，對基尼系數及其應用研究的內容、深度都非常廣，所以這裡也以收入基尼系數為藍本來分析中國人口分佈基尼系數。不過，實證分析前，需要明白基尼系數對「不平衡」性或「差距」的測度原理。

眾所周知，基尼系數是義大利經濟學家根據洛倫茲曲線提出來的。這裡先以一般收入分配上研究的基尼系數進行理解，再引申到人口分佈基尼系數。如

圖 4.1 所示，橫軸 *OH* 表示人口（按收入由低到高分組）的累計百分比，縱軸 *OZ* 表示收入的累計百分比。當收入完全平等時，人口累計百分比等於收入累計百分比，洛倫茨曲線為通過原點的 45°線 *OM*。當收入完全不平等時，如 1% 的人口佔有 100% 的收入，洛倫茨曲線為折線 *OHM*。實際上，一般國家的收入分配，既不是完全平等，也不是完全不平等，而是在兩者之間，洛倫茨曲線為一條凸向橫軸的曲線（王薇，2012）。絕對平等線和洛倫茨曲線所包圍的面積 *A* 為不平等面積；絕對平等線與 *OH*、*HM* 所包圍的面積 $A+B=\triangle OHM$，為完全不平等面積。則收入分佈的基尼系數為 *A* 的面積除以 ($A+B$)，即 $\triangle OHM$ 的面積。

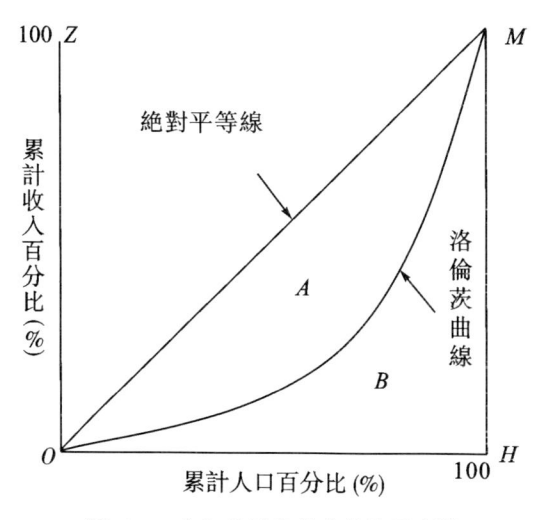

圖 4.1 收入分配洛倫茨曲線示意圖

依此推論，圖 4.2 中，橫軸 *OH* 表示土地面積（由大到小排列）的累計百分比，縱軸 *OZ* 表示人口的累計百分比。當人口分佈完全均衡時，土地面累計百分比等於人口累計百分比，洛倫茨曲線為通過原點的 45°直線。當人口分佈完全不均衡時，如 1% 的人口佔有 100% 的收入，洛倫茨曲線為折線 *OHM*。但顯然，一般人口分佈的洛倫茨曲線為一條凸向橫軸的曲線。則同理，*A* 為不平等面積；$A+B=\triangle OHM$ 為完全不平等面積。依此可以得到人口分佈的基尼系數為 *A* 的面積除以 ($A+B$) 的面積。

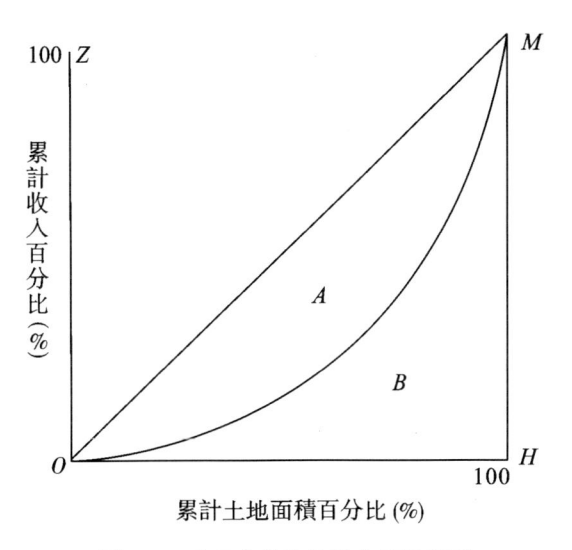

图 4.2　人口分佈洛倫茲曲線示意圖

洛倫茲曲線和基尼系數的基本原理清晰了，現在我們面臨的問題是如何求 A 的面積。這也是計算基尼系數的關鍵。常見的求解方法是擬合出洛倫茲曲線方程，然後積分求出 B 的面積，間接求出 A 的面積，即可得到基尼系數。另外大多數求解方法是跳過求 A 的面積，而是直接通過各種各樣的公式求解基尼系數。比如，張建華（2007）提出了一個簡便的公式[①]，原理比較簡單，應用比較廣泛。誠然，直接通過基尼系數公式得到結果簡化了計算過程，但或多或少會與基尼系數的最初本質有一定的區別，所以本書還是「傻瓜式」地從原始的基尼系數定義入手，通過擬合洛倫茲曲線方程並積分得到 B 和 A 的面積，最終得到基尼系數。

另外需要補充的是，基尼系數的大小反應的是差距程度，對現狀有一定的指導意義。以收入基尼系數為例，聯合國劃分的區段是：基尼系數小於 0.2 為收入絕對平均；0.2~0.3 為比較平均；0.3~0.4 為相對合理；0.4~0.5 為收入差距較大；0.5 以上為差距懸殊。現實中，通常把 0.4 作為收入分配差距的「警戒線」（劉曉，2012）。產盡這些數據不能直接套在人口分佈基尼系數上，但可以作為參考。

---

① 假設收入數據由低到高排列，將其分為人數相等的 n 組，從第 1 組到第 i 組人口累計收入佔全部人口總收入的比重為 w_i，則基尼系數為 $G = 1 - \frac{1}{n}(2\sum_{i=1}^{n-1} w_i + 1)$。該公式是利用定積分的定義將洛倫茲曲線的積分面積劃分成 n 個梯形的面積之和得到的。

4.2.2 中國人口分佈基尼系數

用基尼系數原理來研究中國人口分佈不均衡性的成果很早便有。韓嘉福、張忠和齊文清（2007）甚至用中國分鄉鎮的人口數據分析了中國人口分佈的洛倫茨曲線和基尼系數（其計算結果 2000 年為 0.79）。本節就緊隨分析 2000 年、2010 年中國分縣尺度、分市尺度和分省尺度的洛倫茨曲線和基尼系數（分省尺度的由於單元太少，僅為 31 個，計算的誤差會偏大，當然這裡的誤差即低估；但作為空間尺度的一種重要類型，有必要測算，以做參考和對比），同時分析分縣尺度下（2010 年）分區域（東、中、西和東北部四區域）的人口分佈基尼系數，探討區域間的人口分佈不均衡性。

4.2.2.1 分縣、市、省尺度的中國人口分佈基尼系數

先看分縣尺度下的中國人口分佈基尼系數。為了方便理解，這裡以 2000 年為例（2010 年類似）給出相對比較詳細的求解和分析過程（後面的分市、分省則直接給出結果）。首先將全國縣域土地面積按從大到小的順序排列，並求出對應的土地累計百分比和人口累計百分比，劃出洛倫茨曲線（如圖 4.3 左側子圖）。直觀看，基尼系數應該不會小，因為不平等面積 A 相對比較大。直觀看，土地面累積計比例達到 30% 以上時，人口累計百分比才有可見的變化；面累積計百分比達到 60% 時，人口累計百分比才有明顯的變化。這說明廣大的土地面積分佈著少數的人口，大多數人口集中在小面積土地上。具體的土地面累積計百分比和人口累計百分比可以通過準確的數據進行分析。

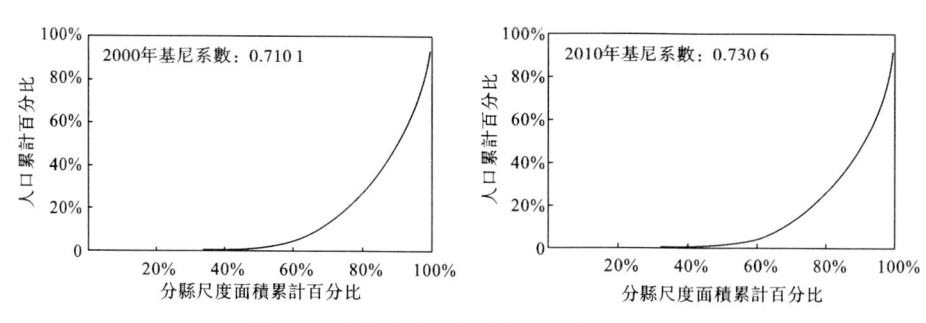

圖 4.3 分縣尺度下中國人口分佈基尼系數

為此，求出累計的土地面積百分比並求出相應的人口累計百分比（表 4.1，鑒於數據量過大，這裡僅給出 10 個分位數結果[①]）。表 4.1 顯示，土地面

---

① 由於不是等尺度空間單元，土地統計面累積百分比也不是等分累計的，這裡取距 10 個等分位最近的統計數據結果分析。

累積計比為10%左右時，2000年和2010年的人口累計百分比僅為0.02%和0.03%。土地面積比一直到50.04%時，人口累計百分比才為1.67%（2000年，後文同）。直到土地面積比達到70.00%時，人口累計百分比才上升比較快，不過也僅達到13.50%。當土地面積達到80.02%時也僅承載了中國人口的27.88%。而最後的10%的土地面積承載了50%的人口，最後的1%的土地面積承載了15%的人口（2010年更是接近於20%）。可見人口分佈集中程度和分散程度的對比十分明顯。從行政單元，即縣域個數來看，縣域累計百分比與人口累計百分比有近似的數據特徵，比如50%的土地面積，僅有2.64%的縣域行政單元，而最後1%的土地面積卻割分有20%的縣域行政單元。說句題外的話：有些縣長管理著偌大面積的土地，但極少的人口，而有些縣長管理著一「小塊」土地，但有著龐大的人口。

表4.1　　　　分縣尺度下土地面積、人口和縣域單元統計

土地面積累計百分比	2000年人口累計百分比	2010年人口累計百分比	縣域個數	縣域個數比例	縣域累計比例
10.32%	0.02%	0.03%	6	0.21%	0.21%
20.42%	0.17%	0.18%	15	0.53%	0.74%
30.05%	0.36%	0.38%	26	0.91%	1.65%
40.13%	0.84%	0.85%	47	1.65%	3.31%
50.04%	1.67%	1.69%	75	2.64%	5.94%
60.03%	4.62%	4.58%	138	4.85%	10.79%
70.00%	13.50%	12.80%	242	8.51%	19.30%
80.02%	27.88%	26.20%	363	12.76%	32.07%
90.01%	50.24%	46.93%	520	18.28%	50.35%
95.00%	66.16%	62.35%	379	13.33%	63.68%
99.00%	85.12%	81.95%	510	17.93%	81.61%
100.00%	100.00%	100.00%	523	18.39%	100.00%

然後擬合洛倫茲曲線方程，經多次實驗，邏輯斯蒂曲線（Logistic）擬合比較符合洛倫茲曲線的走勢：

$$y = \frac{1,571.6}{1 + 11,592.5e^{0.065x}}$$

其中 y 為人口累計百分比，x 為土地面累積計百分比。據此可再求出定積分，即 B 的面積 $B = \int_0^{100} y dx = 1,449.45$，即可求出不平等面積 $A = 3,550.55$，最

後就可以得到基尼係數 $G_{2,000} = A/(A+B) = 0.710,1$。同理可求出 2010 年分縣尺度的基尼係數 $G_{2,010} = 0.730,6$。

如果借用聯合國關於收入分配基尼係數劃分的結果進行比對，人口分佈基尼係數超過 0.7 則早已進入「超級」差距懸殊的行列了（收入分配基尼係數 0.5 以上統一為差距懸殊，沒有進一步細分）。可見中國人口分佈的不平衡性十分明顯，通過直接對這種不平衡性的度量也可以對比其變化，比如 2010 年的人口分佈基尼係數比 2000 年就要大，表明 2010 年的人口分佈不平衡性更加顯著。

同樣，可以得到分市尺度（圖 4.4）和分省尺度（圖 4.5）下的人口分佈基尼係數。分市尺度下，2000 年的人口分佈基尼係數為 0.669,8，2010 年為 0.677,2，同樣顯示中國人口分佈的不平衡性在增加。具體看分市尺度下面累積計和人口累計的統計數據（表 4.2），發現 2000 年約 60% 的土地面積僅分佈 8.12% 的人口，到約 80% 的面積時承載約 30% 的人口；而面積最小的約 5% 的土地面積分佈著約 25% 的人口。

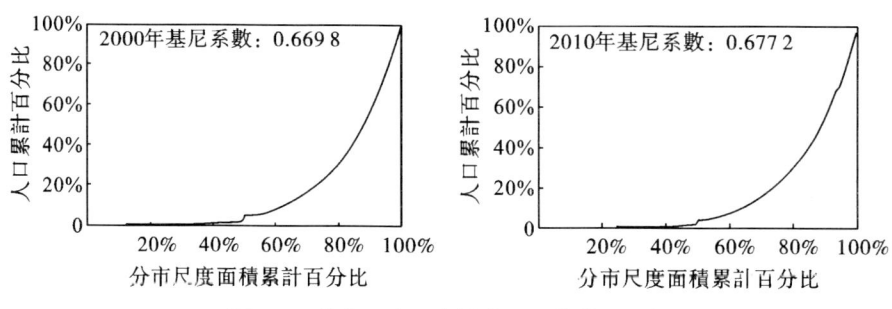

圖 4.4　分市尺度下中國人口分佈基尼係數

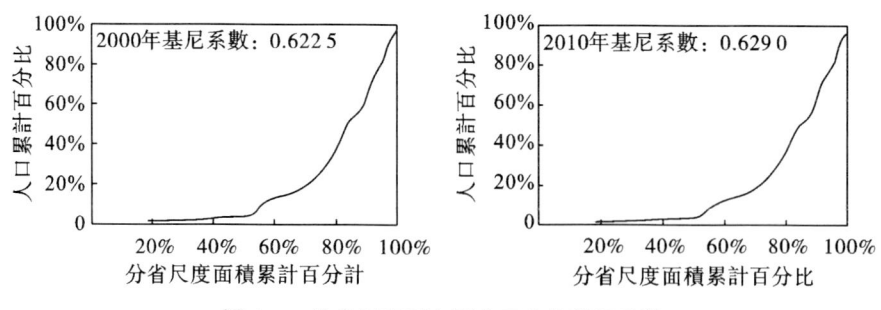

圖 4.5　分省尺度下中國人口分佈基尼係數

表 4.2　　　　　分市尺度下土地面積、人口和市域單元統計

土地面積累計百分比	2000年人口累計百分比	2010年人口累計百分比	市域個數	市域個數比例	市域累計比例
9.94%	0.09%	0.10%	2	0.59%	0.59%
20.77%	0.29%	0.33%	3	0.89%	1.48%
30.14%	0.59%	0.62%	4	1.19%	2.67%
40.02%	1.31%	1.39%	6	1.78%	4.45%
50.04%	4.66%	4.45%	10	2.97%	7.42%
60.29%	8.12%	7.85%	18	5.34%	12.76%
70.17%	16.41%	15.79%	31	9.20%	21.96%
80.08%	30.82%	29.72%	47	13.95%	35.91%
90.08%	56.75%	55.39%	70	20.77%	56.68%
95.00%	74.80%	73.25%	49	14.54%	71.22%
99.03%	93.73%	92.87%	86	25.52%	96.74%
100.00%	100.00%	100.00%	11	3.26%	100.00%

分省尺度下[①]（如圖4.5），2000年人口分佈基尼系數為0.622,5，2010年為0.629,0，略微增加，產儘幅度小，但同樣表明分佈的不均衡性加強。由於單元較少，這裡將31個省域單元按面積排序後的面累積計和人口累計的統計數據全部列出（如表4.3），新疆、西藏、內蒙古和青海四省、自治區總面積佔比超過中國大陸面積的50%，以省統計的80%的土地面積約分佈著全國38%的人口。面積最小的10%的省域土地面積承載了全國約35%的人口。

表 4.3　　　　　分省尺度下土地面積、人口累計百分比統計

省份	面積累計比	2000年人口累計百分比	2010年人口累計百分比	省份	面積累計比	2000年人口累計百分比	2010年人口累計百分比
新疆維吾爾自治區	18.32%	1.49%	1.64%	山西省	86.97%	55.51%	53.68%
西藏自治區	31.82%	1.70%	1.86%	遼寧省	88.60%	58.87%	56.97%
內蒙古自治區	43.72%	3.57%	3.72%	廣東省	90.23%	65.73%	64.79%
青海省	51.17%	3.96%	4.14%	山東省	91.84%	72.97%	71.98%

---

① 擬合發現，分省尺度下擬合曲線不再同分縣和分市尺度的Logistic模型，而是更符合Richards模型，比如2000年的擬合方程為：$y = \dfrac{159.1}{(1+e^{9.1-0.092x})^{(1/1.28)}}$；同樣求定積分並得到不平等面積 A 為3,112.62，即可得到基尼系數為0.622,5；2010年同理可得。

表4.3(續)

省份	面積累計比	2000年人口累計百分比	2010年人口累計百分比	省份	面積累計比	2000年人口累計百分比	2010年人口累計百分比
四川省	56.47%	10.59%	10.17%	江西省	93.43%	76.22%	75.32%
黑龍江省	61.44%	13.50%	13.05%	安徽省	94.82%	80.97%	79.79%
甘肅省	65.93%	15.53%	14.97%	福建省	95.97%	83.72%	82.56%
雲南省	69.51%	18.94%	18.41%	江蘇省	96.99%	89.59%	88.46%
吉林省	71.73%	21.09%	20.47%	浙江省	97.97%	93.29%	92.54%
廣西壯族自治區	73.92%	24.62%	23.93%	重慶市	98.78%	95.75%	94.71%
陝西省	76.05%	27.47%	26.73%	寧夏回族自治區	99.33%	96.19%	95.18%
河北省	78.09%	32.83%	32.12%	海南省	99.63%	96.80%	95.83%
湖南省	80.12%	37.93%	37.05%	北京市	99.81%	97.89%	97.30%
湖北省	81.95%	42.71%	41.34%	天津市	99.94%	98.68%	98.27%
河南省	83.63%	50.06%	48.40%	上海市	100.00%	100.00%	100.00%
貴州省	85.30%	52.89%	51.00%				

4.2.2.2 分縣尺度下中國區域人口分佈基尼系數比較

上述分析對全國的人口分佈基尼系數有了一個比較全面的瞭解，但對於「地大」的中國，其區域內部的差別也有必要進行深入一步的比較剖析。因此，本小節以分縣數據為基礎，按照傳統的區域劃分原則，即將中國劃分為東部、中部、東北和西部四個區域進行人口分佈的基尼系數比較分析。當然，測算的理論過程和前文分析一致，所以這裡直接給出結果。如圖4.6所示，總體上四大區域的人口分佈基尼系數的排序是西部>東北>東部>中部，而且西部是極端不平衡，中部相對非常平衡。

具體來看，2000年和2010年東部人口分佈基尼系數分別為0.367,6和0.403,6，這個結果如果按照收入分配基尼系數0.4的警戒線來說，中國東部的人口分佈還算是比較均衡的。2000年和2010年中部的人口分佈基尼系數分別為0.242,7和0.279,1，表明中國中部人口分佈幾乎不存在不平衡性，即幾乎每個縣域的平均承載人口密度是接近的；這主要是因為中部地理環境比較均衡，大多數區域都適合人口分佈，不像西部有大範圍的不適宜居住區，而且中部的經濟條件相對比較均衡，所以總體上人口分佈趨於「均等化」。2000年和2010年東北的人口分佈基尼系數分別為0.516,0和0.549,1，相對中國的東部和中部，其不平衡性更大，但相對於整個分縣尺度下中國人口分佈的基尼系數0.710,1（2000年）和0.730,6（2010年）來說，還不是那麼極端。2000年和2010年西部的人口分佈基尼系數分別為0.780,1和0.782,9，可見西部的人口

分佈極其不平衡，主要原因是西部的人口集中在以省會為主的大城市，而各二、三級城市是人口遷出、逃離的主要區域。

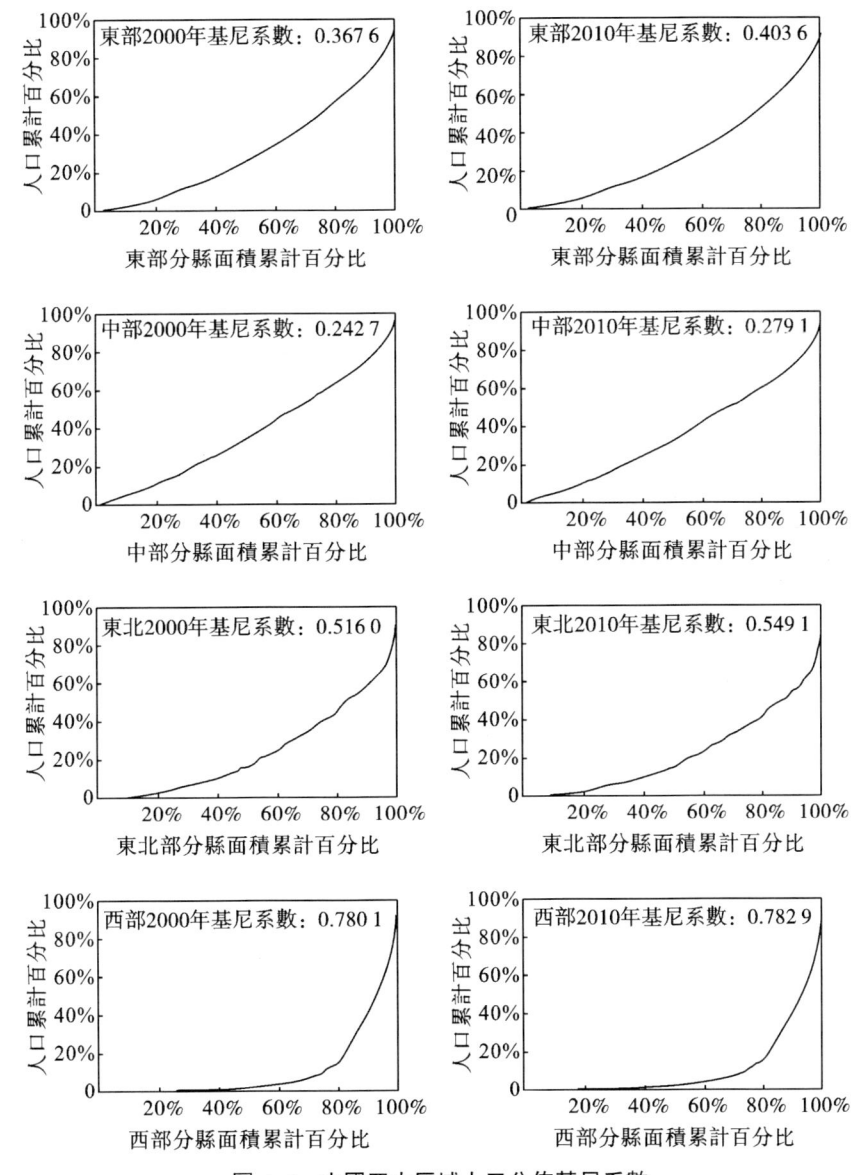

圖4.6 中國四大區域人口分佈基尼系數

同樣可以分析四大區域各自的土地面積、人口累計統計的數據。這不需要詳述，舉兩個節點數據說明即可。比如四大區域在50%的土地面積時，東部2010年的人口累計百分比為23.39%，中部為32.26%，東北為15.39%，西部

4 中國人口分佈的不平衡度及密度函數的模擬預測 | 71

僅為2.28%；再如四大區域最後1%的土地面積，東部2010年承載的人口比例約為11.5%，中部約為10.5%，東北約為12%，西部約為20%。這些數據表明，西部的人口更多依賴於面積相對較小、人口集中的區域來承載和分佈，導致了其人口分佈基尼系數測度結果比較大（表4.4）。

表4.4　　中國四大區域土地面積、人口累計百分比統計

東部			中部		
土地面積累計百分比	2000年人口累計百分比	2010年人口累計百分比	土地面積累計百分比	2000年人口累計百分比	2010年人口累計百分比
9.95%	2.25%	2.11%	9.96%	5.41%	5.06%
20.24%	6.32%	5.89%	20.22%	11.17%	10.43%
30.02%	12.34%	11.48%	29.96%	18.15%	17.10%
40.08%	17.86%	16.37%	40.01%	26.02%	24.61%
50.03%	25.50%	23.39%	50.00%	34.12%	32.26%
60.05%	34.83%	32.08%	60.03%	44.96%	42.69%
70.10%	44.76%	41.63%	70.07%	53.52%	50.92%
80.06%	57.27%	54.07%	79.99%	63.61%	60.36%
90.04%	70.76%	67.49%	90.06%	75.94%	72.28%
95.04%	79.27%	76.45%	95.02%	83.06%	79.54%
99.00%	89.91%	88.45%	99.01%	92.18%	89.58%
100.00%	100.00%	100.00%	100.00%	100.00%	100.00%

東北			西部		
土地面積累計百分比	2000年人口累計百分比	2010年人口累計百分比	土地面積累計百分比	2000年人口累計百分比	2010年人口累計百分比
10.44%	0.71%	0.66%	10.77%	0.04%	0.05%
20.26%	2.68%	2.53%	19.78%	0.25%	0.31%
30.24%	6.85%	6.39%	30.23%	0.70%	0.77%
40.23%	10.76%	9.98%	40.03%	1.23%	1.37%
50.16%	16.55%	15.39%	50.01%	2.13%	2.28%
59.95%	25.22%	23.47%	59.98%	3.96%	4.20%
70.10%	34.86%	32.48%	70.04%	6.97%	7.39%
80.03%	45.78%	42.22%	80.05%	15.23%	15.86%
90.01%	58.85%	54.41%	90.00%	41.65%	40.92%
95.04%	67.56%	63.15%	95.01%	59.31%	57.44%
99.00%	80.91%	78.38%	99.00%	83.35%	80.52%
100.00%	100.00%	100.00%	100.00%	100.00%	100.00%

4.3 人口分佈概率密度函數擬合與預測

4.3.1 人口密度的概率分佈

人口分佈顯然是一個隨機現象，具有不確定性，但這種隨機屬性有沒有統計規律呢？本節通過對人口密度的概率分佈（Probability Distribution）分析來回答這個問題。概率分佈有許多種，比如正態分佈、伽馬分佈、威布爾分佈、貝塔分佈等等。現實生活中，正態分佈是一種很重要的連續型隨機變量的概率分佈。許多變量是服從或近似服從正態分佈的，如人的身高、體重等。許多統計分析方法都是以正態分佈為基礎的。此外，還有不少隨機變量的概率分佈在一定條件下以正態分佈為其極限分佈。因此在統計學中，正態分佈無論在理論研究上還是實際應用中均佔有重要的地位。自然環境中也存在一些符合伽馬分佈和威布爾分佈的現象，如降水概率一般服從伽馬分佈，風速則更接近威布爾分佈。

如此多的概率分佈函數可以描述自然、社會、經濟現象，那麼人口分佈呢？它更可能接近哪種分佈呢？所以中國人口密度的概率分佈更符合哪種統計規律非常值得研究。Malcolm O. Asadoorian（2008）研究全球人口密度分佈（劃分成16個子區域）時發現用貝塔分佈（β分佈）擬合非常合適，並得到了比較理想的結果，其中包括中國單獨一個子區域的人口分佈。本書緊隨其研究路徑，但是不是和Malcolm的結論一致（即為貝塔分佈）暫且不論，本節先繪製出中國分縣尺度人口密度的頻率分佈圖，先從直觀上推測其可能的概率分佈。

先看繪製的頻率分佈圖，如圖4.7所示，2000年中國分縣人口密度頻率分佈直方圖直觀上沒有十分明顯的分佈特徵，至少與常見的正態分佈是不吻合的，但其基本規律是隨著人口密度的上升，頻率在不斷下降，推測這一特徵存在指數函數的變化特徵，為此可以將人口密度對數化後再進行繪圖分析。不過在此之前先在一般的頻率分佈圖的基礎上調整密度分段，變成不等分段頻率分佈圖，如圖4.8所示，這樣即可清晰看出每個不等分段的頻率分佈，相對於圖4.7有更好的數據特徵。圖中顯示，人口密度在10~100人/平方千米和100~200人/平方千米的範圍內最多，分別達到485和516個（2010年同樣如此，兩者的個數分別達到502和488個），然後隨著人口密度超過200人/平方千米的頻率基本呈現遞減的趨勢。

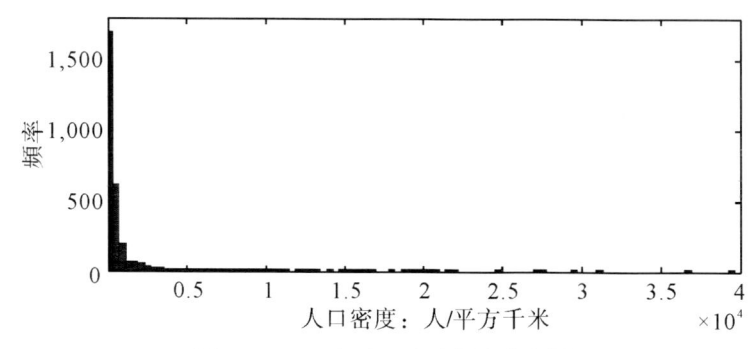

圖 4.7 2000 年人口密度頻率直方圖

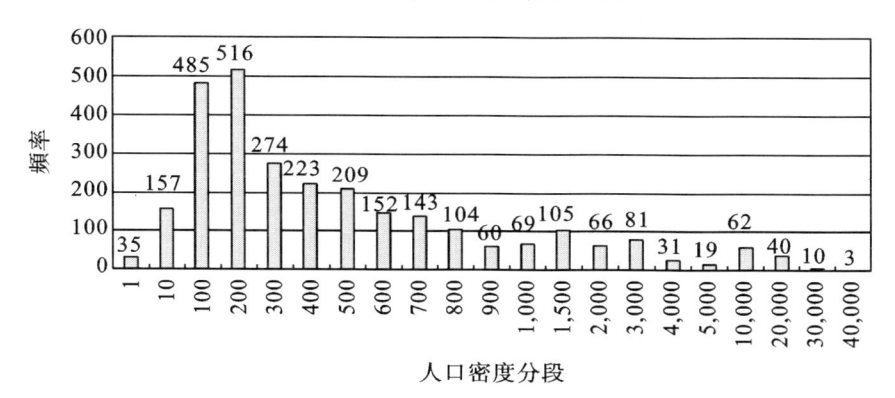

圖 4.8 2000 年人口密度不等分段頻率直方圖

根據圖 4.7 的推測，即頻率分佈有指數函數的特徵，將人口密度對數化後再繪製頻率分佈圖，如圖 4.9 所示，很明顯此時呈現正態分佈的趨勢。將數據按正態分佈函數擬合得到擬合曲線，應該說是比較符合之前的推測。由此，基本可確定對數正態分佈函數（Log Normal）比較符合中國人口密度分佈特徵，本書將以對數正態分佈為基礎進行後續的分析。

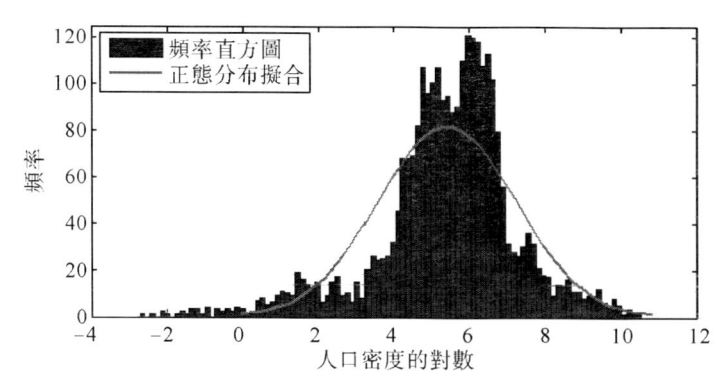

圖 4.9 2000 年人口密度的對數頻率直方圖和正態分佈擬合

2000 年如此，2010 年呢？按照同樣的分析過程，繪製圖 4.10，發現幾乎呈同樣的特徵：隨著人口密度的上升，頻率在不斷下降。因此對人口密度進行對數化處理，繪製出不等分段頻率直方圖（圖 4.11）並用正態分佈函數擬合，得到圖 4.12，發現 2010 年的特徵與 2000 年的特徵一致，僅有微小的變化。可見，用對數正態分佈函數為基礎進行分析是可行的。

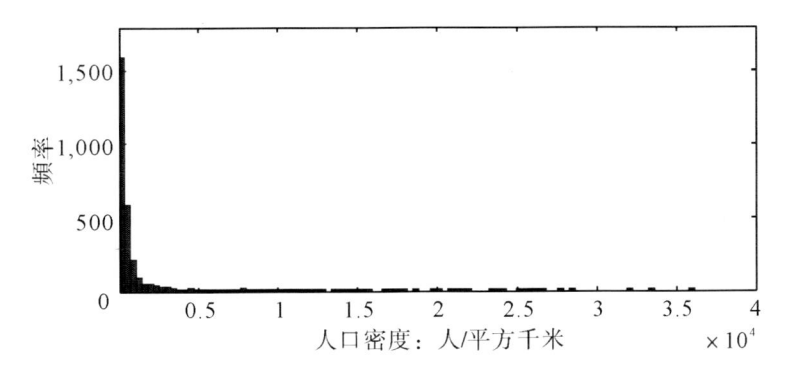

圖 4.10　2010 年人口密度頻率直方圖

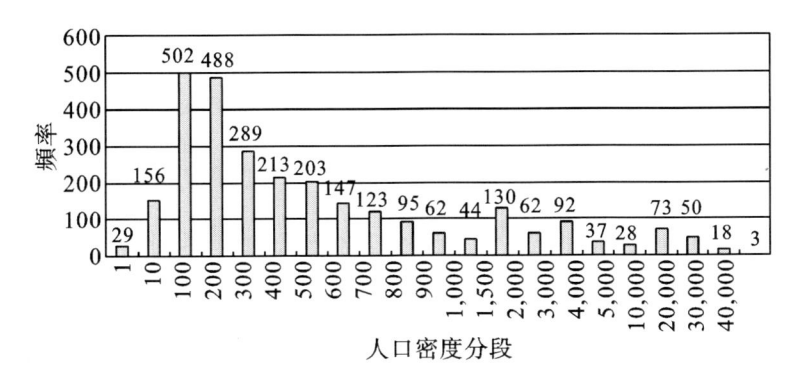

圖 4.11　2010 人口密度不等分段頻率直方圖

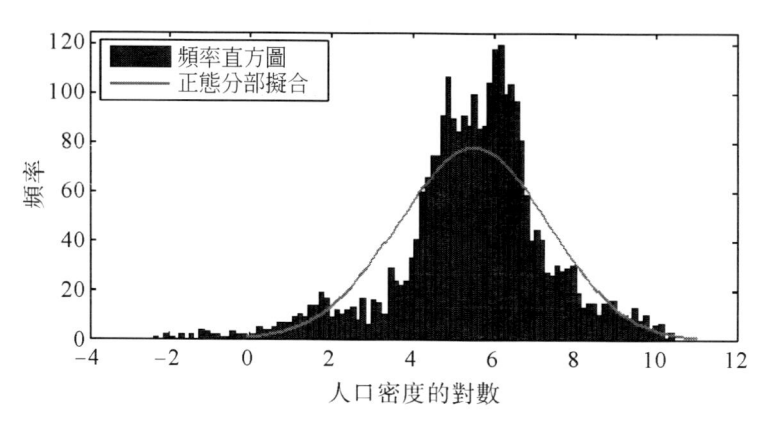

圖 4.12　2010 年人口密度的對數頻率直方圖和正態分佈擬合

另外有必要補充說明，前文已述，Malcolm O. Asadoorian（2008）的研究是以貝塔分佈為基礎的，與本書的對數正態分佈觀察結果存在差異。推測原因有兩點：一是空間劃分問題，這在前文研究人口分佈的空間自相關和基尼系數就有所論述。Malcolm 一文的空間尺度是將全球等面積劃分為 1°×1° 的統一單元（其中中國是 653 個單元①），而本書是按照行政單元進行劃分，每個行政單元的尺度都不一樣②。二是全局與局部的差異問題，Malcolm 一文中沒有給出全球的人口密度分佈函數，而是用貝塔分佈對 16 個區域進行擬合分析，而本書是對全國分析，發現對數正態更優越，但子區域呢，比如分省？實際上，分析發現，大部分省份依然更適合對數正態分佈，但也有些省份適用貝塔分佈③（當然威布爾分佈等也可）。為了統一分析，本書選擇全部用對數正態分佈，這對於後面的預測分析尤為重要，這與 Malcolm 一文統一用貝塔分佈的初衷是一致的。另外，正如 Malcolm 一文指出的那樣，貝塔分佈本身蘊含了自身的優良特性，在模擬和測算中會有很好的效果也是其選擇貝塔分佈函數進行分析的原因。

---

① 1°×1° 的空間單元的面積平均為 1 萬平方千米。所以 Malcolm 一文所說中國有 653 個空間單元不可理解：中國的總面積僅為 653 萬平方千米？這在文中沒有說明。推測的原因是該文研究全球尺度，誤差在所難免；另外投影方式也會影響空間大小即面積。但這不是本書研究的目的，暫且不討論這點。

② 實際上，本書也嘗試了沿襲 Malcolm 一文的做法，將中國人口密度空間柵格化，再劃分為 1°×1° 的空間單元，但發現依然更符合對數正態分佈，所以棄之。更重要的是按照行政單元進行研究更符合現實。

③ 根據研究需要，後文會舉個別實例進行分析。實際上，研究過程中發現，比如山東、遼寧、湖南、甘肅等可用貝塔分佈函數擬合。

4.3.2 基於對數正態分佈的擬合與預測

4.3.2.1 對數正態分佈簡介

顧名思義，對數正態分佈（Lognormal Distribution）指隨機變量的對數符合正態分佈。它和正態分佈的關係是：如果 X 是正態分佈的隨機變量，則 $\exp(X)$ 為對數正態分佈；同樣，如果 Y 是對數正態分佈，則 $\ln(Y)$ 為正態分佈。

對於 $x > 0$，對數正態分佈的概率密度函數為：

$$f(x;\alpha,\beta) = \frac{1}{x\alpha\sqrt{2\pi}}e^{-(\ln x - \alpha)^2/2\beta^2} \tag{4-1}$$

其中 α 為隨機變量 x 的對數的平均值，β 為其標準差。對數正態分佈的期望 μ 和方差 σ^2 分別為：

$$\mu = E(X) = e^{(\alpha+\beta^2)/2} \tag{4-2}$$

$$\sigma^2 = \text{Var}(X) = (e^{\beta^2}-1)e^{2\alpha+\beta^2} \tag{4-3}$$

同理，如果給定期望值與方差，也可以用這個關係求 α 和 β：

$$\alpha = \ln(\mu) - \frac{1}{2}\ln\left(1 + \frac{\sigma^2}{\mu^2}\right) \tag{4-4}$$

$$\beta = \sqrt{\ln\left(1 + \frac{\sigma^2}{\mu^2}\right)} \tag{4-5}$$

確定公式（4-1）對數正態分佈的概率密度函數重要的是估計參數 α 和 β，一般估計這兩個參數的方式是極大似然估計，不過這裡不做詳述。

4.3.2.2 基於對數正態分佈的人口密度分佈函數擬合

（1）全國擬合結果與分析

以 2010 年為例，依據式（4-1），將全國分縣人口密度數據進行擬合，結果參數 α 為 5.516,1，β 為 1.857,2，即可得到全國的人口密度對數正態分佈函數：

$$f(x) = \frac{1}{5.516,1x\sqrt{2\pi}}e^{-(\ln x - 5.516,1)^2/6.898,4} \tag{4-6}$$

將函數（4-6）繪製成曲線圖，得到圖 4.13，由於人口密度的巨大差異，僅能看到部分輪廓。不過我們知道，大部分縣域的人口密度小於 3,000 人/平方千米，為了更清楚地描述對數正態分佈曲線，將 X 軸的最大值控制在 3,000 以下，得到圖 4.14，這應該能更清楚地反應中國人口密度的對數正態分佈擬合現狀。2000 年擬合結果同理，不再詳述，參數擬合結果可見後文。

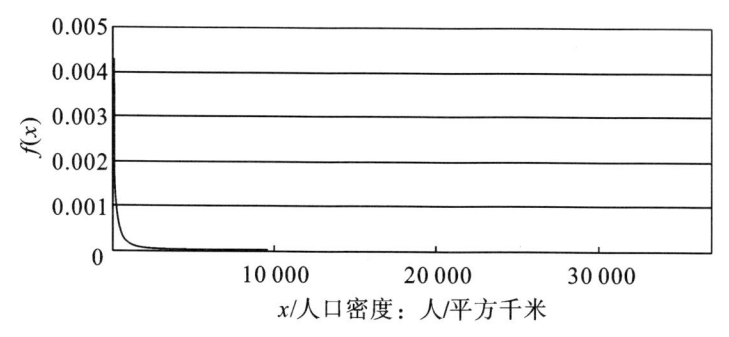

圖 4.13　2010 年對數正態分佈函數擬合

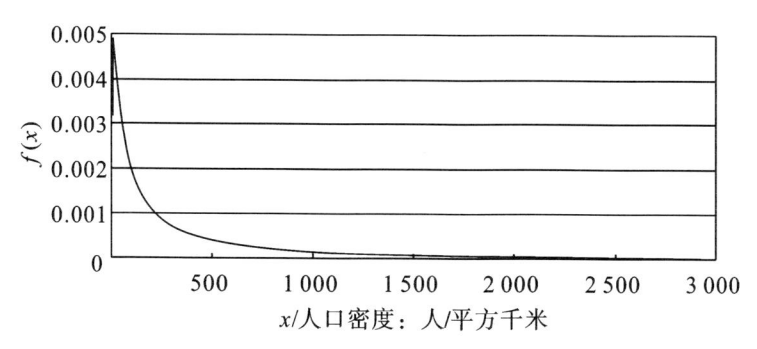

圖 4.14　2010 年對數正態分佈函數擬合（人口密度<3,000 人/平方千米）

（2）分省擬合結果與分析

同理，可以得到每個省域①的參數 α 和 β 估計結果，如表 4.5，有了這兩個關鍵的參數就可以得到分佈密度函數 $f(x)$。前面已經說明了 α 和 β 的意義，即 α 為人口密度對數的均值，所以每個省該值的大小就反應了人口密度本身的大小或者說人口分佈的多少，據此同樣可以判斷每個省的人口密度大小；β 為人口密度對數的方差，所以每個省該值的大小就反應了人口密度的差異或者說人口分佈的不均衡性，即該值越小越均衡，越大越不均衡。這樣依據該值可以判斷每個省內部人口分佈的不均衡性或差異性。

當然，從數據表格無法直觀觀測其函數的分佈狀態，這裡也可以繪製出每個省域對數正態分佈擬合曲線，以觀察省域的人口密度分佈函數特徵。篇幅有限，這裡僅舉四個簡單的實例：東部選取江蘇省、中部選取河南省、東北選取遼寧省、西部選取四川省（如圖 4.5 所示）。

---

① 估計省域的 α 和 β 值，除了掌握每個省域的對數正態分佈函數本身之外，更重要的是為後文的預測打下基礎，也是很重要的一步，具體見後文。

表 4.5　全國和各省人口密度對數正態分佈參數 α 和 β 估計結果

省域	2000 年					2010 年				
	α	α 的95%置信區間		β	β 的95%置信區間		α	α 的95%置信區間		β	β 的95%置信區間	
全國	5.451,3	5.363,4	5.539,2	1.818,6	1.758,4	1.882,7	5.516,1	5.426,4	5.605,9	1.857,2	1.795,7	1.922,7
北京	6.945,2	5.740,5	8.150,0	1.635,4	1.105,9	2.952,9	7.248,5	6.038,7	8.458,2	1.642,2	1.110,5	2.965,2
天津	7.738,7	6.365,6	9.111,7	1.863,8	1.260,4	3.365,4	7.961,5	6.648,1	9.274,8	1.782,8	1.205,6	3.219,1
河北	6.296,7	6.084,3	6.509,1	1.069,5	0.937,9	1.240,4	6.377,8	6.150,1	6.605,6	1.146,6	1.005,5	1.329,9
山西	5.398,8	5.120,2	5.677,3	1.155,7	0.987,8	1.385,9	5.473,9	5.183,3	5.764,4	1.205,5	1.030,3	1.445,6
內蒙古	3.625,0	3.105,8	4.144,2	1.987,0	1.678,3	2.421,6	3.658,8	3.124,1	4.193,5	2.046,4	1.728,5	2.494,0
遼寧	6.530,0	6.113,9	6.946,0	1.584,2	1.337,0	1.932,8	6.566,0	6.134,2	6.997,8	1.644,1	1.387,6	2.005,9
吉林	5.252,4	4.836,2	5.668,7	1.211,2	0.976,8	1.577,8	5.272,4	4.824,0	5.720,9	1.305,1	1.052,5	1.700,0
黑龍江	4.946,2	4.562,3	5.330,1	1.660,9	1.428,0	1.976,2	4.973,2	4.570,4	5.376,1	1.742,8	1.498,5	2.073,7
上海	8.442,1	7.305,0	9.579,2	1.605,2	1.096,8	2.831,4	8.325,8	6.803,4	9.848,2	2.228,6	1.537,5	3.849,7
江蘇	6.898,0	6.670,3	7.125,8	0.867,3	0.732,0	1.058,1	6.980,7	6.718,7	7.242,7	0.997,7	0.842,1	1.217,3
浙江	6.394,5	6.079,5	6.709,5	1.135,4	0.950,1	1.401,7	6.524,1	6.174,2	6.873,9	1.261,0	1.055,1	1.556,8
安徽	6.229,3	6.005,2	6.453,4	0.870,7	0.737,2	1.057,8	6.297,3	6.025,2	6.569,4	1.057,3	0.895,1	1.284,6
福建	5.924,8	5.534,3	6.315,3	1.357,5	1.129,3	1.689,7	5.964,5	5.535,9	6.393,1	1.489,9	1.239,5	1.854,6
江西	5.653,7	5.372,1	5.935,3	1.066,7	0.899,6	1.302,9	5.743,6	5.453,9	6.033,2	1.097,2	0.925,3	1.340,1
山東	6.469,7	6.322,6	6.616,9	0.659,3	0.569,5	0.779,5	6.538,7	6.378,0	6.699,4	0.720,0	0.622,0	0.851,3

4　中國人口分佈的不平衡度及密度函數的模擬預測 ｜ 79

表4.5(續)

省域	2000年 α	α的95%置信區間	β	β的95%置信區間	2010年 α	α的95%置信區間	β	β的95%置信區間
河南	6.620,4	6.453,8　6.787,0	0.805,9	0.703,2　0.940,7	6.678,0	6.493,0　6.863,1	0.894,9	0.780,8　1.044,5
湖北	6.069,1	5.760,1　6.378,1	1.194,6	1.010,6　1.452,8	6.030,9	5.702,4　6.359,3	1.269,9	1.074,3　1.544,4
湖南	5.922,3	5.694,0　6.150,6	0.963,6	0.825,7　1.151,8	5.984,9	5.736,9　6.232,9	1.046,7	0.896,8　1.251,1
廣東	6.310,7	6.016,0　6.605,4	1.238,5	1.060,6　1.481,7	6.488,7	6.170,2　6.807,1	1.338,3	1.146,0　1.601,0
廣西	5.298,0	5.064,4　5.531,6	0.925,8	0.786,1　1.120,3	5.362,7	5.105,0　5.620,4	1.021,3	0.867,2　1.235,8
海南	5.399,8	4.955,4　5.844,1	0.715,6	0.506,0　1.173,7	5.535,3	5.016,2　6.054,3	0.836,0	0.591,1　1.371,2
重慶	6.119,8	5.642,7　6.596,9	1.083,1	0.830,8　1.528,1	6.063,1	5.549,8　6.576,4	1.165,3	0.893,9　1.644,1
四川	5.174,5	4.825,6　5.523,4	1.803,1	1.586,1　2.082,9	5.190,4	4.846,7　5.534,0	1.776,0	1.562,3　2.051,6
貴州	5.325,0	5.083,2　5.566,7	0.856,0	0.714,2　1.061,0	5.265,7	5.004,1　5.527,3	0.926,2	0.772,9　1.148,1
雲南	4.650,4	4.463,7　4.837,0	0.810,6	0.697,4　0.963,8	5.265,7	5.004,1　5.527,3	0.926,2	0.772,9　1.148,1
西藏	0.988,9	0.539,8　1.437,9	1.450,1	1.191,5　1.837,4	1.115,0	0.674,1　1.555,9	1.423,9	1.170,0　1.804,2
陝西	5.287,3	4.933,4　5.641,1	1.395,7	1.184,1　1.690,4	5.323,9	4.958,5　5.689,3	1.441,0	1.222,6　1.745,4
甘肅	4.375,0	3.932,3　4.817,8	1.567,7	1.308,1　1.943,3	4.386,2	3.939,0　4.833,4	1.583,4	1.321,2　1.962,7
寧夏	4.699,8	4.135,4　5.264,2	0.935,0	0.665,9　1.511,7	4.959,1	4.417,8　5.500,5	0.896,8	0.638,7　1.450,0
青海	2.304,3	1.309,7　3.298,9	2.508,1	1.967,0　3.412,3	2.484,0	1.490,0　3.478,0	2.506,5	1.965,7　3.410,2
新疆	2.763,5	2.274,7　3.252,2	1.841,5	1.551,7　2.251,7	2.875,5	2.386,3　3.364,7	1.843,0	1.553,0　2.253,6

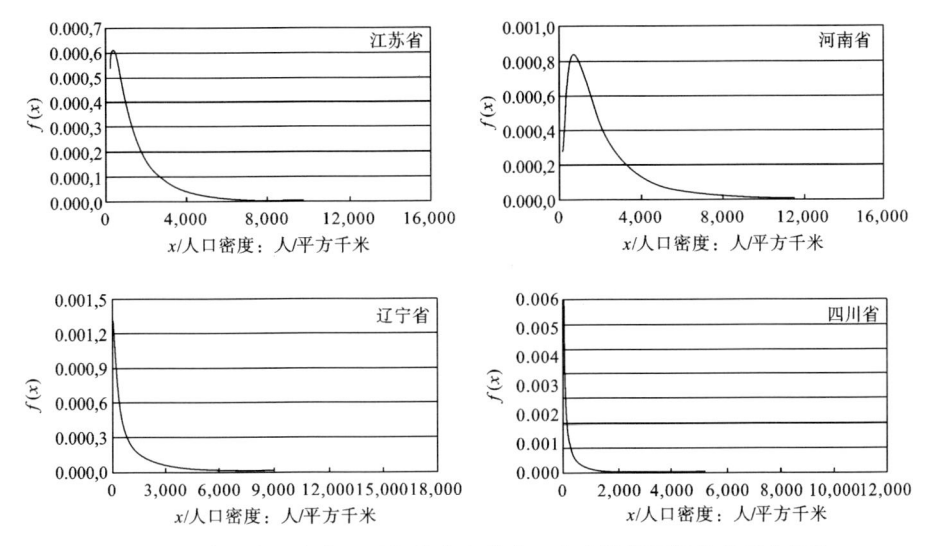

圖 4.15 東、中、東北、西部代表省份人口密度對數正態分佈擬合結果

圖 4.15 顯示每個省份的擬合曲線趨勢由於參數 α 和 β 估計結果的不同而不同,不過總體上中國 31 個省域的擬合曲線趨勢主要有兩類形狀[1]:形如江蘇省、河南省和四川省[2]的形狀,$f(x)$ 值隨著人口密度的增加先增加然後下降,此類形狀表明人口分佈相對來說更均衡;形如遼寧省的形狀,$f(x)$ 值隨著人口密度的增加直接下降,此類形狀表明人口分佈相對更不均衡。如此就可以根據表 4.5 的估計結果直接判斷每個省的擬合曲線的大致走勢,也即沒有必要繪製每個省的擬合曲線,這四個省域可以作為參考,形狀不相上下。

4.3.2.3 基於對數正態分佈的人口密度分佈預測

人口學方面的預測大多是圍繞總量和趨勢視角,比如人口總量、勞動力數量和老年人口比例等,在生育率相對低穩的情況下,總量預測的現實指導意義相對有所下降。隨著人口流動化加強、城市化加快和集中化加劇,人口密度的分佈預測就顯得很重要,這個視角與之前的研究是完全不同的。具體說就是預測公式(4-1)的 α 和 β 值,如果能預測到這兩個參數就能確定未來中國人口

---

[1] 判斷形狀的方式是:如果 α 和 β 為已知參數,以公式(4-1)對 x 求導,得到確定導數正負符號的因子(導數全部展開式比較複雜,這裡不展開)為 $-(\ln x - \alpha + 1)$,即僅與 α 有關。其判斷規則如下:將省域所有縣域的人口密度對數按照從小到大排列,並將排在首位的縣域人口密度對數代入上式。如果結果小於 0,即符號為負,則形如後文所指的第一類,如江蘇省;如果結果大於 0,即符號為正,則形如後文所指的第二類,如遼寧省。

[2] 四川省看似形如第二類,按照註[1]的判斷方法,其實為第一類,只是由於坐標跨度太大,顯示不出來而已,如果放大局部顯示,是可以明顯觀察到的。

密度的分佈函數,即進一步可以知道人口密度分佈範圍的比例。比如,可以知道2050年中國人口密度主要集中的範圍是多少(譬如80%或90%的比例集中在人口密度為 m 和 n 的範圍內),這對於掌握人口分佈有更大的新的意義。因為中國新一輪的城鎮化正在加速推進,而人口在大、中、小城市的分佈歷來不均衡,幾乎都是集中到大城市,而大城市的主城區即是人口密度高值區,偏遠山區的縣市則是人口密度的低值區。如果能對未來一段時間內這些區域的人口密度分佈變化進行估計,對於人口流動、遷移和分佈應該比單純的人口總量趨勢分佈更有意義。

(1)條件分佈預測模型

回到文中的公式(4-1),要預測人口密度的分佈函數,即要估計預測時刻的 α 和 β 值,因此與其說預測人口密度的分佈,不如說是預測 α 和 β,所以問題的關鍵就回到了估計這兩個參數。那如何預測這兩個參數呢?這裡可以利用「條件對數正態分佈」的理論求解,即決定 α 和 β 值的「條件」是什麼。如果進一步理解,可以這樣說,這兩個參數決定了人口密度的分佈,其中就包括人口分佈的不平衡性,那麼又是什麼條件決定了這種不平衡性?

為了方便計算,這裡用變量 Z 表示(向量)決定 α 和 β 的「條件」,所以可以記為 $\alpha(Z)$ 和 $\beta(Z)$。現在的問題是變量 Z 如何確定。顯然自然環境是一個方面,但經濟條件影回應該更為顯著(杜本峰,2011),所以尋找經濟方面的「條件」更為恰當。Henderson 和 Wang(2004)曾指出一些經濟因子是主要變量,比如城鄉工資水平、通勤成本、技術水平、教育水平、就業率等等。但正如 Malcolm(2008)所說,用這些變量難以進行長期的預測,最後其根據麻省理工學院的 EPPA 模型(Emissions Prediction & Policy Analysis Model)預測的兩個指標來分析:人均 GDP 和可利用土地人口密度。

本書遵循其基本觀點,但稍做修改:人均 GDP 指標保留,這是基本的經濟指標,是常用的指標,更重要的是長期預測相對比較豐富和容易;可利用土地人口密度替換為可利用土地的經濟密度(即單位可利用土地面積的生產總值產出),原因是 α 和 β 本身決定人口密度分佈,而又用另外一個人口密度指標來決定 α 和 β 本身,有循環決定、互為相關的嫌疑。所以本書的兩個指標是「人均 GDP」和「可利用土地的經濟密度」,可分別稱為人均產出和地均產出,這與本書研究的人口分佈與經濟增長的關係應該更為靠近主題。

當然這裡有必要解釋「可利用土地」的含義。眾所周知,不是每寸土地都適合人口生存和分佈,沙漠、戈壁等極度缺水區和高山高寒區都是無人區,就像中國,土地總面積居世界第三,但可利用的土地面積其實並不大,沙漠、

戈壁、高寒區面積比例很高，人均可利用土地面積非常小。而人口絕大多數都分佈在可利用土地上，可稱為「適宜居住區」，因此用「可利用土地」來限制經濟密度是很有必要的。

綜上，可以列出 $\alpha(Z)$ 和 $\beta(Z)$ 的「條件」方程（這裡按照常規的做法取對數）：

$$Ln\alpha_i = c_1 + a_1 LnGDPpc_i + b_1 LnED_i + \varepsilon_\alpha \qquad (4-7)$$

$$Ln\beta_i = c_2 + a_2 LnGDPpc_i + b_2 LnED_i + \varepsilon_\beta \qquad (4-8)$$

其中 GDPpc 是指人均 GDP，ED 是可利用土地即經濟密度（Economic Density on Arable Land Area）；c 是常數，a 和 b 是估計參數，ε 是誤差；i 為 31 個省市自治區。

（2）模型預測檢驗

相比於 Malcolm（2008）一文，本書先做一模型預測檢驗，以確保條件分佈預測的可行性，本書認為這是 Malcolm 一文的不足點。本書檢驗是以 2000 年的人口密度分佈參數數據（表 4.5）預測 2010 年的數據，並比較誤差。當然，首先估計方程（4-7）和（4-8）得到估計結果，如表 4.6；其中數據來源於中國統計年鑒①。表 4.6 顯示，所有系數都通過了 5% 的顯著性檢驗，甚至某些還通過 1% 的顯著性檢驗。擬合優度也顯示，α 的擬合優度為 0.7 以上，比較高；β 的擬合優度為 0.2 以上，稍微欠優；但 F 統計都顯示通過 5% 的顯著性檢驗，說明總體上用人均 GDP 和經濟密度兩個條件可以很好地「決定」和估計 α 和 β 的值。

表 4.6　　2000 年關於 α 和 β 的條件估計結果

變量	Ln α 系數	T 統計值	顯著性概率	Ln β 系數	T 統計值	顯著性概率
C	2.499,7***	3.093,2	0.004,5	-2.827,6	-2.543,0**	0.016,8
LnGDPpc	-0.242,9**	-2.326,0	0.027,5	0.409,6	2.850,4***	0.008,1
LnED	0.257,3***	7.386,5	0.000,0	-0.121,3	-2.530,0**	0.017,3
R^2	0.728,7			0.233,8		
Adjusted R^2	0.709,4			0.179,1		

---

① 本書可利用土地面積指農用地和建設用地兩個指標的總和；兩者的數據都是 2009 年中國土地普查數據。同時，這裡假定，在預測過程中假定可利用土地的面積總量是不變的。這與 Malcolm 一文的假定一致，事實上，這種假定是比較符合現實的，因為短時間內，可利用土地確實不會發生大的變化。

表4.6(續)

變量	Ln α			Ln β		
	系數	T統計值	顯著性概率	系數	T統計值	顯著性概率
F統計值	37.608,4			4.271,7		
F顯著性	0.000,0			0.024,0		
觀測值個數	31			31		

註：** 和 *** 表示5%和1%的顯著性概率

得到兩個參數的擬合方程後，即可進行預測檢驗，將2010年的人均GDP值和可利用土地經濟密度帶入表4.6的估計結果，計算出2010年的 α 和 β 預測值，並比較2010年 α 和 β 的實際值，得到預測誤差，如表4.7。結果顯示，從全國來講， α 和 β 兩個參數的預測誤差都非常小，表明用來預測全國尺度的人口密度分佈應該是很可靠的。再分省域來看，總體上 α 的預測誤差比較小，大多數誤差保持在10%以下，說明預測也是比較可靠的； β 預測誤差相對較大，僅3個誤差在10%以下，表明 β 預測不是太可信。但本書的主要目的是對全國尺度進行預測，從這點來說是比較可信的，當然如果非要預測省份尺度的，也可以選擇誤差相對較小的幾個省份進行預測分析，比如天津、遼寧、四川和甘肅等。

表 4.7　　2010年 α 和 β 的擬合值與預測值比較檢驗

地區	擬合值		預測值		誤差	
	α	β	α	β	α	β
全國	5.516,1	1.857,1	5.121,6	1.914,7	−7.15%	3.10%
北京	7.248,5	1.642,2	8.459,8	1.936,5	16.71%	17.92%
天津	7.961,5	1.782,8	8.273,2	1.934,3	3.91%	8.50%
河北	6.377,8	1.146,6	6.454,3	1.650,2	1.20%	43.92%
山西	5.473,9	1.205,5	5.803,3	1.691,1	6.02%	40.28%
內蒙古	3.658,8	2.046,4	3.057,5	2.721,2	−16.43%	32.98%
遼寧	6.566,0	1.644,1	5.968,2	1.921,3	−9.10%	16.86%
吉林	5.272,4	1.305,1	4.853,8	1.942,4	−7.94%	48.83%
黑龍江	4.973,2	1.742,8	4.279,6	1.969,3	−13.95%	13.00%
上海	8.325,8	2.228,6	11.029,6	1.709,9	32.48%	−23.28%
江蘇	6.980,7	0.997,7	7.675,7	1.821,6	9.96%	82.57%
浙江	6.524,1	1.261,0	6.752,5	1.922,7	3.50%	52.47%

表4.7(續)

地區	擬合值 α	擬合值 β	預測值 α	預測值 β	誤差 α	誤差 β
安徽	6.297,3	1.057,3	6.362,6	1.513,1	1.04%	43.11%
福建	5.964,5	1.489,9	5.865,4	1.905,0	-1.66%	27.86%
江西	5.743,6	1.097,2	5.671,3	1.605,6	-1.26%	46.34%
山東	6.538,7	0.720,0	7.094,7	1.755,4	8.50%	143.81%
河南	6.678,0	0.894,9	6.976,8	1.517,7	4.47%	69.60%
湖北	6.030,9	1.269,9	5.982,1	1.696,8	-0.81%	33.62%
湖南	5.984,9	1.046,7	5.883,3	1.650,1	-1.70%	57.64%
廣東	6.488,7	1.338,3	6.934,8	1.819,2	6.88%	35.93%
廣西	5.362,7	1.021,3	5.443,4	1.613,0	1.50%	57.94%
海南	5.535,3	0.836,0	5.596,7	1.671,2	1.11%	99.92%
重慶	6.063,1	1.165,3	6.089,6	1.677,1	0.44%	43.92%
四川	5.190,4	1.776,0	5.028,9	1.697,5	-3.11%	-4.42%
貴州	5.265,7	0.926,2	5.238,7	1.445,6	-0.51%	56.07%
雲南	5.265,7	0.926,2	4.671,7	1.610,4	-11.28%	73.86%
西藏	1.115,0	1.423,9	1.843,3	2.567,0	65.32%	80.28%
陝西	5.323,9	1.441,0	5.109,0	1.812,7	-4.04%	25.79%
甘肅	4.386,2	1.583,4	4.311,0	1.683,8	-1.72%	6.34%
寧夏	4.959,1	0.896,8	2.531,8	2.437,3	-48.95%	171.77%
青海	2.484,0	2.506,5	4.730,1	1.874,1	90.42%	-25.23%
新疆	2.875,5	1.843,0	3.257,0	2.188,5	13.27%	18.75%

(3) 預測結果與分析

根據前面的誤差檢驗發現，從全國來講，α 和 β 兩個參數的預測誤差都非常小，表明用來預測全國尺度的人口密度分佈應該是很可靠的，所以這裡可用2010年的數據進行未來的預測，但首先是 2010 年 α 和 β 的擬合估計。結果如表4.8（所有指標意義同表4.6，不再闡釋）。

表 4.8　　2010 年關於 α 和 β 的條件估計結果

變量	Ln α 系數	Ln α T統計值	Ln α 顯著性概率	Ln β 系數	Ln β T統計值	Ln β 顯著性概率
C	2.546,6**	2.278,7	0.030,5	-4.063,9	-2.830,4***	0.008,5

表4.8(續)

變量	Ln α 系數	T統計值	顯著性概率	Ln β 系數	T統計值	顯著性概率
LnGDPpc	-0.235,8*	-1.919,2	0.065,2	0.475,6	3.012,3***	0.005,4
LnED	0.235,5***	6.947,5	0.000,0	-0.087,4	-2.006,5*	0.054,5
R^2	0.708,3			0.245,9		
Adjusted R^2	0.687,5			0.192,0		
F統計值	34.000,1			4.564,2		
F顯著性	0.000,0			0.019,2		
觀測值個數	31			31		

註：*、**和***表示10%、5%和1%的顯著性概率

有了預測方程，現在的關鍵問題是對GDPpc和ED進行預測，而我們知道，GDPpc是GDP除以人口總量，即要預測GDP和人口總量；ED是GDP除以可利用土地面積，即要預測GDP和可利用土地面積。我們已經假定可利用土地面積在預測期內是保持不變的，所以實際上是預測GDP和人口總量兩個指標，而對這兩個指標數據很多權威機構有著長期的預測，這比個人重新預測更能被接受，因此本書就直接借鑑前人的成果。其中人口總量指標採用聯合國（2012年修訂版）預測數據。對於GDP數據，Malcolm一文的GDP數據以前文提及的EPPA預測的GDP增長率為基礎得到，但本書發現其數據是以1997年為基礎做出的預測，結果普遍偏低[1]，特別是2050年之前的，不可採用。鑒於此，本書採用匯豐銀行全球研究報告的數據（Karen Ward，2012），其預測的中國2010—2050年年均GDP增長率分別為：2010—2020年為6.5%，2020—2030年為5.7%，2030—2040年為5.1%，2040—2050年為4.6%；而2050—2075年和2075—2100年才採用EPPA預測數據，因為此時中國應該走入發達國家的行列，而理論和實際上都顯示發達國家的GDP增長率基本穩定在2%~3%。EPPA預測的結果分別是：2050—2075年為2.8%，2075—2100年為2%。這是比較合理的，因此採用該數據。

綜上，經相關計算並整理得到2020年、2030年、2040年、2050年、2075年和2100年的相關數據，如表4.9。

---

[1] 除了數據偏低外，Malcolm一文中的數據其實是2025年、2050年、2075年和2100年的各組之間的增長數據。本書以2010年為基礎做2020年、2030年、2040年、2050年和2100年的預測，也導致部分年份不可直接引用。

表 4.9　　　　　　　　中國 2020—2100 年相關數據預測

年份	GDP（億元）	人口（億人）	GDPpc（元）	ED（億/平方千米）	LnGDPpc	LnED
2020	753,111.31	14.328,68	52,559.71	1,091.57	10.869,7	6.995,4
2030	1,311,019.16	14.532,97	90,210.00	1,900.21	11.409,9	7.549,7
2040	2,155,937.67	14.354,99	150,187.33	3,124.85	11.919,6	8.047,1
2050	3,380,282.88	13.849,77	244,067.80	4,899.43	12.405,2	8.496,9
2075	6,741,878.36	12.058,12	559,115.21	9,771.77	13.234,1	9.187,3
2100	11,060,766.04	10.856,31	1,018,832.92	16,031.63	13.834,2	9.682,3

將表 4.9 最後兩欄數據直接代入表 4.8 的估計方程，得到 α 和 β 的擬合數據，如表 4.10。結果顯示，α 預測值基本保持不變，略微有所下降；β 預測值有顯著增加。本書的目的不只是預測這兩個參數而已，還要分析兩個參數預測值的變化對人口密度分佈函數有怎樣的影響。

表 4.10　　　　　　　2020—2100 年的 α 和 β 預測值

年份	2020	2030	2040	2050	2075	2100
α	5.105,0	5.121	5.105,1	5.061,3	4.897,4	4.776,7
β	1.639,1	2.019	2.463,5	2.983,8	4.166,5	5.307,8

將 α 和 β 值按年份代入對數正態分佈函數公式（4-1），便可繪製出每個預測年份的概率密度曲線。由於數量級別相差太大，這裡不給出完整的概率密度曲線（給出也無法有細節特徵），僅類似圖 4.14 那樣縮小橫軸範圍，展示部分數據，以便更清晰地對比分析它們的細節特徵和它們之間的區別，結合後文分區分析結論，給出三個部分的概率密度曲線（按後文表 4.12 中的無人區、核心分佈區及中度集中區分別展示分析），如下面幾幅圖（僅給出 2020 年、2050 年、2075 年和 2100 年預測圖，而 2010 年是已知現狀數據，是為了方便對比）。

如圖 4.16a，人口密度是在 0~1 人/平方千米範圍內，它們的區別是顯而易見的，2010 年和 2020 年的曲線完全沒有顯示出來，其數據量級過小無法在這一尺度內展現。即便如此，2050、2075 和 2100 年的概率密度曲線有明顯的區別，即隨著時間推移，低人口密度區範圍在加大（後文將具體分析）。看圖 4.16b，此時 2020 年的概率密度曲線位於最高點，2010 年位於次席，2100 年反而位於最下面，這與圖 4.16a 相反，也就是說在 100~2,000 人/平方千米這個中國核心人口密度分佈範圍內在未來將持續降低。再看圖 4.16c，與圖 4.16b 幾乎正好反過來（在一些曲線密集區沒法區分各條曲線的相對位置，所以用「幾乎」這個詞，這兩個圖肉眼直觀看是相反的），先是 2075 年的密度

4　中國人口分佈的不平衡度及密度函數的模擬預測

曲線最高，約在 18,000 人/平方千米處，2100 年密度曲線變為最高並一直持續下去。也就是說在未來，10,000~30,000 人/平方千米的高人口密度區會增加，人口集中性增強。

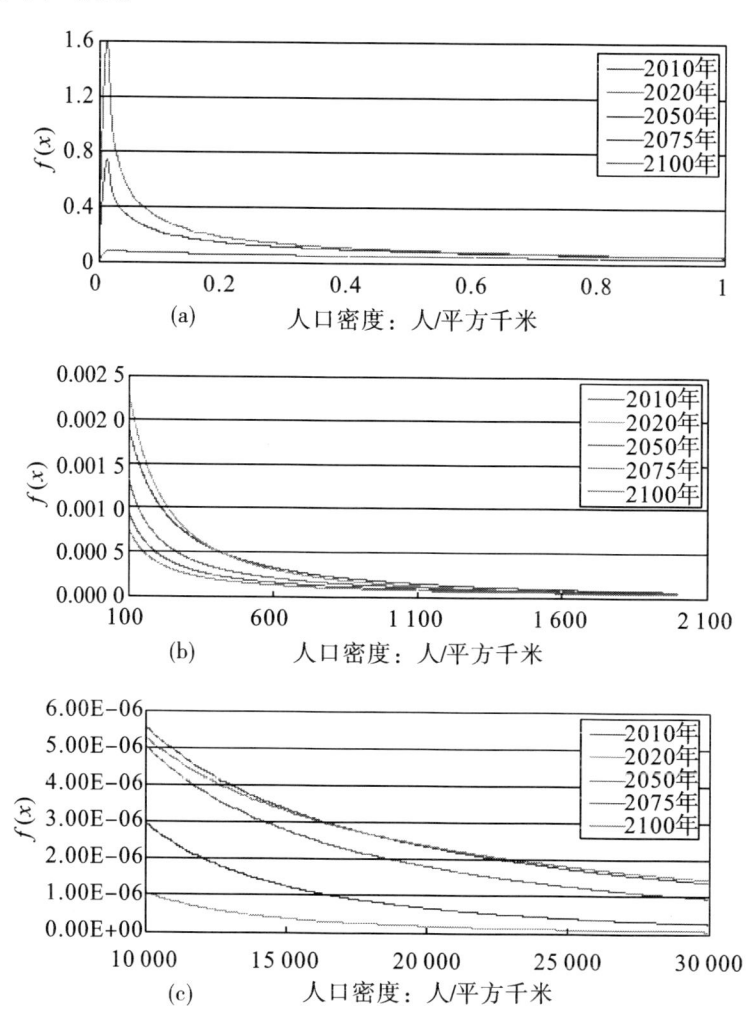

圖 4.16 中國人口密度對數正態分佈函數預測的分段曲線

　　以上結果意味著什麼呢？綜合圖 4.16a、4.16b、4.16c，發現它們在圖中的相對位置有交替的現象，不過基本規律是未來中國無人區（人口密度小於 1 人/平方千米）的區域增多，核心人口密度分佈區（100~2,000 人/平方千米）在收縮，高人口密度區（10,000~30,000 人/平方千米）在擴大。而仔細推敲，其實這三個特徵都表明中國人口在集中，聚集程度將不斷加大。下面將結合具體累計概率進行分析。

由前面三幅子圖可得出中國人口在集中、聚集程度將不斷加大的定性結論。為了定量分析這個結論，將圖中曲線的部分數值特徵表達出來，可以更有說服力，如表4.11。首先看人口密度小於1人/平方千米的無人區，2010年現狀的無人區縣域單元是1.02%，到了2100年已經達到18.41%，即許多極低密度人口區將因人口持續遷出變為無人區，因為當前中國許多區域確實不適宜人口分佈，但依然有人口聚落。隨著國家主體功能區實施，人口有序遷移流動將持續進行，相信許多不適宜居住區人口將遷出，這個預測結果與國家宏觀政策是吻合的。同樣小於10人/平方千米的超低密度區範圍也在持續擴大。從人口密度小於100人/平方千米開始，持續到小於800人/平方千米，未來沒有太大的變化，比如人口密度小於200人/平方千米的區域幾乎保持在53%左右長期不變，與當前中國人口密度的均值140人左右/平方千米最接近。到了人口密度1,000人/平方千米以上的較高密度時，隨著時間推移，累計概率開始持續下降，即表明近期人口密度集中在1,000人/平方千米以下較多，2010年達到83%，而2,000人/平方千米以下接近90%；到了遠期，比如2050年1,000人/平方千米的區域下降為73%，2100年下降為66%。再看最高的兩個人口密度累計概率，其都是在持續下降，2010年幾乎所有區域人口密度不超過30,000人/平方千米（該年僅為3個縣域），而到了2100年，接近15%的區域超過30,000人/平方千米成為超高密度區，甚至可稱為擁擠區。

表4.11　　　中國現狀和未來人口密度分佈累計概率（1）

人口密度	現狀累計概率	預測累計概率					
（人/平方千米）	2010	2020	2030	2040	2050	2075	2100
<1	1.02%	0.09%	0.56%	1.91%	4.49%	11.99%	18.41%
<10	6.50%	4.37%	8.14%	12.76%	17.76%	26.67%	32.06%
<100	24.16%	38.02%	39.92%	41.96%	43.93%	47.20%	48.71%
<200	41.28%	54.57%	53.40%	53.05%	53.10%	53.83%	53.91%
<500	66.10%	75.08%	70.60%	67.38%	65.05%	62.41%	60.68%
<800	78.94%	83.24%	78.07%	73.93%	70.68%	66.60%	64.04%
<1,000	82.67%	86.43%	81.19%	76.78%	73.20%	68.53%	65.60%
<2,000	89.38%	93.61%	89.03%	84.45%	80.27%	74.18%	70.27%
<10,000	97.50%	99.39%	97.86%	95.22%	91.78%	84.97%	79.82%
<30,000	99.89%	99.93%	99.49%	98.27%	96.07%	90.30%	85.14%

將表 4.11 稍作變換，首先把人口密度按大小分成六個區，即無人區（人口密度小於 1 人/平方千米）、稀疏分佈區（人口密度為 1~100 人/平方千米）、核心分佈區①（人口密度為 100~2,000 人/平方千米）、中位集中區（人口密度為 2,000~10,000 人/平方千米）、高位集中區（人口密度為 10,000~30,000 人/平方千米）和超高密集區（人口密度大於 30,000 人/平方千米），再做些融合和調整計算，統計得到表 4.12，則一些特徵更加明顯。

第一，無人區累計概率持續擴大，這一點前文已經分析，不再贅述。

第二，稀疏分佈區累計概率相對穩定，但佔有比較大的比例，換句話說就是人口稀疏的地域大，反襯出人口密集區集中了更多的人口。

第三，核心分佈區累計概率持續降低，表明密度分佈於此範圍的縣域不斷減少，言外之意是很多區域都「搖身」變成了下高密度級別分區（當然最可能就是中位集中區，但不排除直接上升到高位集中區或超高密集區）。

第四，中位集中區累計概率先上升，到 2050 年達到最大 11.52%，然後略微下降，不過基本穩定在 10% 左右。

第五，高位集中區先下降（在 2030 年甚至降低到 0.54%，下降的原因本書還無法給出解釋，理論上應該是上升才更合理，但也有發生的偶然性。而且畢竟這是預測結論，即使出現個別預測誤差也無可厚非，不妨礙總體趨勢），然後持續上升，在 2100 年累計概率為 5.33%，而 2010 該值為 1.75%。

第六，超高密集區累計概率持續擴張，即類似當前上海市虹口區、浦東新區、廣州越秀區、深圳羅湖區等城區內某些最擁擠的鬧市區在中國的比例將持續擴大，在 2100 年的累計概率達到 14.86%，如果換算成個數大約為 422 個（假定保持全國縣域個數 2,844 個不變）。不妨簡單做個假設，假設屆時中國有 422 個類似的區域（不一定是行政單元，比如類似於香港中環區域），每個區域的面積為 20 平方千米（基本相當於當前中國一些最稠密人口城區的面積）、人口密度為 40,000 人/平方千米，則可推算這些地區將承載中國約 3.4 億人口，約占屆時中國人口的 1/3。如果 2100 年太遙遠而不可信，那我們這代人可觀測的 2050 年累計概率比例也已經接近 4%，也將大約有 113 個超高密集區，而在 2010 年僅有 3 個，比例僅為 0.11%。這就不難解釋為何稀疏分佈區累計概率持續上升、核心分佈區累計概率持續下降的原因了。屆時超高密集區將集中中國大量人口，類似日本東京、中國香港中央商務區的超高密度區將在中國

---

① 核心分佈區的含義是指中國縣域的人口主要分佈在這個範圍內，2010 年統計得到超過 65% 的縣域人口集中分佈於此，所以姑且將其命名為核心分佈區。

內地持續出現。

表 4.12　中國現狀和未來人口密度分佈累計概率（2）

人口密度 x （人/平方千米）	密度分區	現狀累計概率 2010	預測累計概率 2020	2030	2040	2050	2075	2100
x<1	無人區	1.02%	0.09%	0.56%	1.91%	4.49%	11.99%	18.41%
1<x<100	稀疏分佈區	23.14%	37.93%	39.36%	40.05%	39.43%	35.21%	30.30%
100<x<2,000	核心分佈區	65.22%	55.59%	49.12%	42.49%	36.34%	26.98%	21.56%
2,000<x<10,000	中位集中區	8.12%	5.78%	8.83%	10.77%	11.52%	10.79%	9.56%
10,000<x<30,000	高位集中區	1.75%	2.39%	0.54%	1.63%	3.05%	4.29%	5.33%
x>30,000	超高密集區	0.11%	0.08%	0.51%	1.73%	3.93%	9.70%	14.86%

除了以上分析，還可以換個角度來說明中國人口分佈的不平衡趨勢。將累計概率按照 1%，10%，20%，…，90% 切割，然後分別尋找它們所對應的每個年份人口密度的切割點，以觀察它們之間的數據變化特徵，如表 4.13。

表 4.13　中國人口密度切割點及對應的對數正態分佈累計概率切割點

單位：人/平方千米

累計概率 切割點	現狀人口密度切割點 2010	預測人口密度切割點 2020	2030	2040	2050	2075	2100
1%	0.97	4	2	0.54	0.15	0.01	0.000,6
10%	28.3	20	13	7	3	0.64	0.14
20%	81.7	41	31	21	13	4	1
30%	128.4	70	58	45	33	14	8
40%	190.5	109	100	88	74	47	31
50%	282.5	165	168	165	153	165	158
60%	413.8	250	279	308	336	385	456
70%	570.8	389	483	600	753	1,190	1,918
80%	849.2	653	916	1,311	1,943	4,460	10,400
90%	2,152	1,357	2,240	3,900	7,220	27,900	29,100①

---

① 這個是 85% 的切割點。根據分佈函數推算，90% 的切割點數據量過大，未作測算，估計在 10 萬以上，這裡就未給出 90% 的切割點。按照前文表 4.11 的分析，人口密度為 30,000 人/平方千米時，2100 年累計概率約為 85%，超過超高密集區人口密度 30,000 人/平方千米時本書暫不做討論，但這不影響本節的分析。

这種分析的基本原理是：隨著累計概率切割點上升，人口密度切割點數值變化小則表明範圍集中，即相對分佈更平衡，反之變化大則分散，即相對分佈更不平衡。比如，2010年現狀人口密度切割點隨著累計概率從1%到90%，其值由0.97人/平方千米變為2,152人/平方千米，到了2050年則由0.15人/平方千米變為7,200人/平方千米，而到了2100年則由0.000,6人/平方千米變為29,100人/平方千米。顯然隨著時間推移，未來的密度切割變化越大，即其分佈的跨度會越來越大，表明人口分佈越來越不平衡。我們還可以換一個視角分析，比如累計概率切割點從1%到50%時，其各自對應的人口密度切割點隨著時間的變化越來越小，累計概率切割點從60%到90%時，其各自對應的人口密度切割點隨著時間的變化越來越大。換句話說就是近期低密度區累計概率小、中密度區累計概率大、高密度區的累計概率小[①]；而遠期則相反，低密度區的累計概率增大、中密度區累計概率收縮、高密度區累計概率亦增加。結果同樣表明未來中國人口分佈趨於不平衡。

4.3.3 模擬預測結果的政策性評論

以上預測及其結果分析表明，中國人口分佈的不平衡性將會持續加大。這並非是本書預計的個例，王露、楊豔昭和封志明（2014）選取1982年、1990年、2000年和2010年人口普查數據，運用Logistic模型系統預測了2020年和2030年中國分縣人口規模，定量分析了未來中國人口分佈的基本佈局、各地區人口增減變化情況以及城市群人口聚集度變化情況，其結論是「人口聚集態勢將更加明顯」。另外，本書預測兩個極端，即無人區和超高密集區的範圍都在擴大，表明人口分佈的兩極化越來越明顯，人口將越來越向人口密集區集中，人口分佈和流動存在顯著的路徑依賴性。這種路徑依賴是現實的，要正視這種現實，所以我們可以根據以上數據做好前瞻性的規劃工作，既然趨勢無法阻擋，就應該提前把握，做好宏觀規劃。比如根據本書預測，估計到了未來有多少無人區或多少超高密集區域的話，就該做好設想和評估，究竟哪些區域會成為這兩類區域，更應該依據國家發展戰略如主體功能區規劃做好無人區的人口遷出工作，做好未來可能成為超高密集區的城市規劃等工作。

基於此，本書欲表達的觀點是，人口集中化的趨勢是必然的、不可阻擋的，所以我們政策的重點不僅是在控制北京、上海等城市的外來人口流入，更

[①] 比如可定義低密度區人口密度為100人/平方千米以下，中密度區100～2,000（或1,000）人/平方千米，高密度區為2,000（或1,000）人/平方千米以上。

是如何選擇性地評估、規劃、塑造新的北京和上海。

事實上，2009 年世界發展報告《重塑世界經濟地理》的主題正好表明了全球經濟發展和財富分佈的地理不平衡：人口、生產和財富向城鎮、大城市和發達地帶聚集和集中（The World Bank，2009）。本書預測的中國未來發展與其不謀而合。不過我們當前的學術觀點依然普遍在強調「更平衡的增長」，強調空間、區域的均衡。而不管學者如何偏好這個觀點，全球範圍的證據卻表明，人的經濟活動所包含的邏輯就是在流動中聚集，然後再流動、再聚集，直至人口、經濟和財富在地理上集中到一個個面積奇小的地方去（周其仁，2012）。這是人口理想的自然選擇結果（理性地選擇聚集經濟及效益），不會改變，只要邊際聚集效應還在，除非有無法越過的屏障，否則就一定還會不斷吸引更多的人口聚集。

以日本東京為例，其早在 30 多年前就開始擔憂其人口太密、「承載力」不堪負荷。有關的立法和政策，也在很長時間裡圍繞「東京疏散」和「平衡增長」的思路推進。可是直到今日，實際趨勢還是人口聚集度依然在增加，東京的聚集效應仍然很大，「向東京聚集」的進程還是勢不可擋（周其仁，2012）。最新也有數據和報告證實了這點。據《日本經濟新聞》2015 年 2 月 6 日報導①，日本總務省發表的《人口移動報告》表明，2014 年日本首都圈（東京都及周邊三縣）的流入減去流出的淨流入人口為 109,408 人，比上年增長 12,884 人，連續 19 年增加。這表明日本人口從村鎮以及地方城市流入大城市的速度進一步加快。報告顯示：東京市區是淨流入人口最集中的地區，流入約 7.3 萬人，且主要是 15~29 歲的年輕人；農村和小城鎮是人口流出最明顯的地區，全國有 70%以上的村鎮為淨流出，其中有 200 多個村鎮的淨流出人口超過當地總人口的 1%。造成這種局面的原因是中小地方城市經濟長期低迷不振，就業形勢嚴峻，而首都地區的經濟恢復勢頭明顯好於地方中小城市，很多年輕人為了尋找適合自己的職業，紛紛從中小城市流入東京等大城市。為扭轉這種狀況，日本政府曾制定了經濟成長戰略，努力「振興地方經濟與增強地方活力」，倡導在東京的大企業將總部部分職能部門或者生產基地遷移到地方城市，並為此制定了優惠的稅收政策，但尚未取得明顯的效果。

同樣，中國北京也在多年前擔憂人口密度將過高，出抬的政策也提出在 2020 年控制在 1,800 萬人以內，但該目標早在 2010 年之前就被突破，「六普」

---

① 樂紹延. 日本人口因經濟問題加快向東京等大城市集結 [EB/OL]. (2015-02-06) [2018-02-01]. http://www.chinanews.com/gj/2015/02-06/7043498.shtml.

顯示北京 2010 年常住人口達到 1,961.2 萬（北京市城市總體規劃，2005）。而政策還是沒有根本改變，依然在強調「控制人口聚集」，然而依然沒有控制住，「向北京聚集」的勢頭持續升溫。鑒於此，政策何不做出調整？與其將大量資源放在如何應對未來北京越來越擁擠的問題上，不如轉移部分資源，讓有潛力的其他大的中心城市提前做好成為「類北京」超高密集區的準備，未雨綢繆，防範「北京病」在未來其他潛在的特大中心城市蔓延。可喜的是，似乎本質的政策改變來了，「疏解北京非首都功能」出現在 2015 年 2 月 10 日的中央財經領導小組第九次會議上。會議關於這點的闡釋是「疏解北京非首都功能、推進京津冀協同發展，是一個巨大的工程。目標要明確，通過疏解北京非首都功能，調整經濟結構和空間結構，走出一條內涵集約發展的新路子，促進區域協調發展，形成新增長極」。2017 年 4 月 1 日，中共中央、國務院決定設立雄安新區。這是以習近平同志為核心的黨中央做出的一項重大的歷史性戰略選擇，是繼深圳經濟特區和上海浦東新區之後又一具有全國意義的新區，是千年大計、國家大事。雄安新區規劃建設以特定區域為起步區先行開發，起步區面積約 100 平方千米，中期發展區面積約 200 平方千米，遠期控制區面積約 2,000 平方千米。設立雄安新區，對於集中疏解北京非首都功能、探索人口經濟密集地區優化開發新模式、調整優化京津冀城市佈局和空間結構、培育創新驅動發展新引擎具有重大現實意義和深遠歷史意義。本書對於「疏解北京非首都功能」「設立雄安新區」等新式城市規劃政策的制度化理解是「資源轉移」，將資源轉到有潛力的「新增長極」上，這樣對於人口再分佈、緩解人口擁擠應該說是更為理想之策，本書的研究及隱含結論能很好地支撐當前的政策。具體到未來特大城市的人口調控中，政策走向應該是「疏」而非「控」。

5 人口密度影響機制分析
——中國川西微觀區域實證

5.1 對傳統研究的評述及本研究的視角

對於人口分佈和人口密度的影響機制分析（本節的主要內容來源於筆者已發表的相關論文，詳見腳註）①②③④，其實一直是學者們探討的熱點問題，國內外關於人口分佈及其自然、社會和經濟影響因子的研究成果非常豐碩。一些大師級學者的經典研究成果基本將人口分佈及影響機制研究透澈。比如國外學者從人口地理學的宏觀角度分析了人口分佈規律及其與自然、社會的關係，如 J. I. Clarke（1965），Huw Jones（1990），Bailey 和 Adrian（2005）等。在國內，相關研究也十分豐富，胡煥庸、張善餘（1984）全面分析了中國人口分佈及其與自然環境的關係。張善餘（1996）對中國人口垂直分佈規律和山區人口合理再分佈進行了系統研究，為中國山區人口管理提供理論支持。

縱觀這些經典研究，它們從不同學科切入，尤其是在與人口空間分佈緊密相關的人口學和地理學範疇內的研究較多。它們從定性描述到定量分析兩個層面界定了世界人口和中國人口分佈的一般規律，而且這些結論人們已耳熟能

---

① 曾永明. 高原高山區人口分佈特徵及影響機制研究——基於空間計量經濟學視角 [J]. 南方人口，2014，29（3）：1-9.

② 王學義，曾永明. 中國川西地區人口分佈與地形因子的空間分析 [J]. 中國人口科學，2013（3）：85-93.

③ 譚遠發，曾永明. 中國低生育水平穩定機制的時空演變及空間差異研究 [J]. 人口學刊，2014（2）：5-18.

④ 楊成鋼，曾永明. 空間不平衡、人口流動與外商直接投資的區域選擇——中國 1995—2010 年省際空間面板數據分析 [J]. 人口研究，2014（6）：25-38.

詳：「人口分佈的影響因素有距離海岸線的距離、海拔高度、地形地貌、氣候條件、經濟活動等」「人口密度與地形指數、土地利用、道路網密度、河網密度之間明顯相關」「地形起伏度與人口密度呈顯著負相關」「海拔每上升 $a\%$，人口密度下降 $b\%$」等等。

應該說這些經典研究的結論經得起檢驗，不過同時也有一個共同的弱點：空間自相關性。當然，在理論上忽視空間依賴性並不會對其經典理論造成影響，而事實上空間依賴理論只是對這些經典研究的補充。不過在實證上，如果缺乏空間自相關的考慮，就可能對研究結果有影響，因為這是技術問題，對模型結果是有影響的，這在後文還會進一步討論。所以作為實證研究部分，本節緊緊抓住空間異質性和空間自相關這一問題的核心，充分考慮空間依賴性進行建模分析，試圖在經典研究上進一步提升研究精確度。另外，本書不在於要做大而全的創新，而是研究一個典型的微觀區域、一個不常研究但地理環境惡劣的地區——複雜地形的高原高山區（中國川西），以增加微觀研究案例，跳出宏觀常態化的人口分佈或人口密度研究視角和結論，甚至試圖找到人口分佈悖論。所以本節分為兩個問題進行分析：一是純粹複雜地形（自然）對人口密度的影響機制分析；二是加入社會、經濟因素的綜合影響機制分析（曾永明，2014）。

細化問題後，有必要對文獻做進一步梳理和評述。其實，對於這兩個問題有很多研究成果，但純粹對高原或山區的人口分佈特徵，特別是對這些地區複雜地形與人口分佈的關係的研究還比較鮮見，含核心詞「人口分佈」和「地形」的題名的文獻從中國知網僅搜索到 10 餘篇。李旭東、張善餘（2006）通過相關分析和迴歸分析研究了貴州喀斯特高原地區人口分佈的特徵，文章指出人口分佈明顯受海拔高度、地貌類型、地形坡度等環境因素的影響；更重要的是他們還指出該地區人口分佈並不完全遵循隨海拔升高而減少、隨海拔降低而增加的規律，表明複雜地形區隱含人口分佈的複雜性，甚至出現人口分佈悖論現象。這與我們通常瞭解的人口分佈隨高程而減少，甚至比指數形式還衰減得快的結論衝突（Joel E. Cohen & Christopher Smalls，1998）。封志明、唐焰（2007）應用 GIS 技術從比例結構、空間分佈和高度特徵三個方面系統分析了中國地形起伏度的分佈規律及其與人口分佈的相關性，同時也表達了兩者相關性的區域差異顯著性。程曉亮、呂成文（2008）分析了安徽黃山市海拔、坡度和坡向三個常見地形因子對其人口空間分佈的影響。孫玉蓮、趙永濤（2011）分析了川滇黔接壤高原山區人口分佈與環境要素的定量關係。

關於人口分佈的綜合影響機制的成果相對更豐富。比如 Lv Chen、Fan Jie

和 Sun Wei（2012）的研究顯示：氣候和高程是人口分佈主要的和長期的自然影響因素，但因技術進步其影響會削弱；產業結構和產業轉移是人口分佈的顯著影響因素。他們還指出，短期內經濟發展水平是人口分佈的主要影響因子。方瑜、歐陽志雲等（2012）研究了中國人口分佈與自然因素的關係，重點探討了自然因素組合對人口分佈的影響以及人口分佈與年均溫度、年均降水量、干燥度、淨初級生產力、地表粗糙度、距海岸線距離等16個指標的相互關係；結果顯示氣候因子（年均溫度、溫暖指數、降水量變異、淨初級生產力）、地形因子（地表粗糙度、相對高差）和水系因子（河網密度）為影響人口分佈的主要自然因素。T. X. Yue 和 Y. A. Wang 等（2005）在人口分佈趨勢面模擬（Surface Modeling of Population Distribution，SMPD），考慮影響人口分佈的因素主要包括海拔高程、水網系統、淨初級生產力、城市化和交通設施等。

聚焦人口分佈及其影響機制的相關研究結論，產生很多結論和成果是通過定性和定量方法得出的，科學性和現實性都經得起推敲，但依然有商榷的空間。

第一是空間尺度問題。上述人口分佈的「一般規律」相關結論大多都是宏觀層面的，即人口分佈在宏觀上遵循基本的約束條件，比如地形、海拔等自然約束條件，但宏觀與微觀是否有一致的結論？因為微觀尺度影響因素顯然更為複雜，在特定條件下可能存在「人口分佈悖論」現象，比如日本為地震多發區，島國面積也小，但其人口密度卻遠高於世界平均水平，這就需要更為微觀地剖析，剖析結果可能與通識化理論不符，所以要因地制宜地判斷「一般規律」的適用性。

第二是空間自相關性（Spatial Autocorrelation）。研究人口分佈的特徵，就是研究人口分佈在空間上的不平衡性，但大多數研究都假定地理空間的均質性和空間相互獨立，沒有考慮空間相關性或空間依賴性，產生是以相關分析、迴歸分析等科學方法為研究手段，但結論是否真的精確？這一問題類似於時間序列自相關問題。比如在考慮了空間相關後，海拔每上升 $a\%$，人口密度依然下降 $b\%$ 嗎？

第三是特定空間區域研究的缺乏。比如本書研究的複雜地形區，在大尺度上誠然是複雜地形區人口分佈少，但複雜地形區內部人口分佈特徵沒有細究，特別是中國西部的高原高寒山區，不僅是自然條件比較惡劣的地區，也是貧困人口的主要發生地，在新一輪西部大開發和扶貧攻堅階段，認清高原高寒山區人口分佈特徵是新形勢下的需要。

第四是研究細節問題。比如非常規統計數據選擇的遺漏，因為地理數據不

同於常規的統計數據，它主要依靠遙感技術和空間統計學獲取。如大多數研究採用的地形因子僅為海拔和坡度，但地形因子遠不止二者，還包括坡向、地形起伏度、高程變異系數、地表粗糙度等，容易造成地形因子變量遺漏。對這些細節問題的忽略，直接導致研究結論的可靠性問題和研究成果的實踐價值問題，對制定人口合理分佈、資源有效配置、人口可持續發展的差異化政策產生影響。

人口分佈是綜合的時空過程，研究僅基於空間（分佈）或時間（演變）過程、缺乏對時空的綜合考察是不足的。在考慮以上不足之後，本書在微觀尺度下，對人口分佈影響機制進行時空綜合分析，並盡可能為現實的政策實踐提供一定的參考。應該說，本書的研究意圖不僅在於理論拓展或研究技術的推進，更重要的在於為現實問題提供微觀實證，比如為中央和地方政府推進集中連片特殊困難地區扶貧開發（付敏，2012），綜合解決連片貧困地區貧困人口生活生產問題，創新扶貧機制和扶貧模式，促進災害移民或生態移民科學實施，提高人口管理、資源配置及人口政策制定的適用性、有效性等，提供合理的、科學的決策參考。

5.2　研究區概況及其人口分佈的基本空間計量特徵

5.2.1　中國川西自然概況與人口分佈特徵

川西地處中國四川西部，包括甘孜藏族自治州、阿壩藏族羌族自治州、涼山彝族自治州（確切地說，一般所指的「川西」還應包括攀枝花市，但鑒於攀枝花市與這三個州的自然環境和社會經濟都存在較大區別，本書所指川西不包括攀枝花，圖5.1），是中國少數民族特別是藏族、羌族和彝族的主要聚集地。總面積為29.04萬平方千米，占四川省面積的60%，整個川西地區地形複雜，環境惡劣。從地貌和氣候條件可以將川西分為川西高原區和川西南山地區。前者包括甘孜、阿壩和涼山西北部，處於青藏高原與四川盆地之間，是中國大陸第一臺階與第二臺階過渡地帶的重要組成部分，也是長江的源頭，海拔大約4千米，地形複雜，有湍急的河流、低海拔冰川、高寒草原等，氣溫較低，屬典型的高寒山區。後者包括涼山州的東南部，是雲貴高原的一部分，海拔相對川西高原要低，大約2.5千米，該區河谷發育，峽谷深切，絕大部分屬於山地，氣候干燥炎熱，溫差較大，是典型的干熱河谷氣候。可以說整個川西地區是中國地形最為複雜的地區之一，其人口分佈受到地形因子的極大影響。

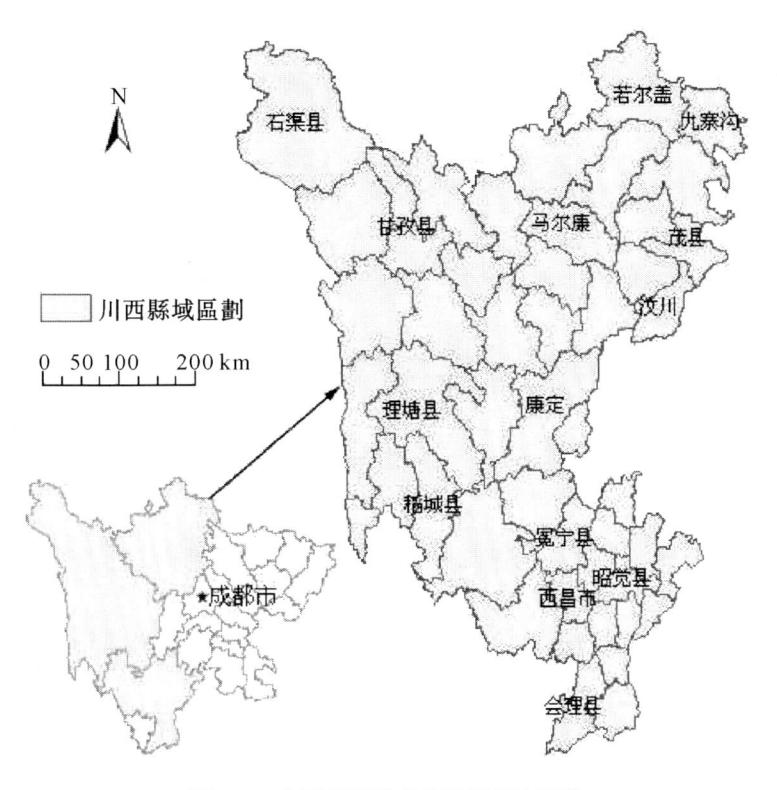

圖 5.1 中國川西地理位置及行政區劃

「六普」數據顯示，2010 年川西地區所轄 48 個縣域單元的總人口為 670.9 萬，占四川人口總數的 8%；總面積為 29.04 萬平方千米，占四川面積的 60%。人口密度為 23.24 人/平方千米，遠低於四川省的 166 人/平方千米和全國的 139 人/平方千米。其中最大的為西昌市 233.6 人/平方千米，最小為石渠縣 4.2 人/平方千米；川西 GDP 總和為 1,040 億元，人均 GDP 為 15,400 元，約為四川人均 GDP 的 73%。受自然環境和經濟發展的約束，人口分佈稀少，內部分佈不平衡。圖 5.2 顯示川西人口密度空間分佈基本呈東南向西北依次減少的特徵，高密度區位於以西昌市為中心的川西南山地區，低密度區位於川西高原高寒區，中密度區基本是四川盆地和青藏高原東緣的交叉過渡區，也是地質斷裂帶。從圖中看川西人口分佈呈現出一定的空間集群特徵，要進一步分析這一特徵，可採用空間自相關工具進行實證。

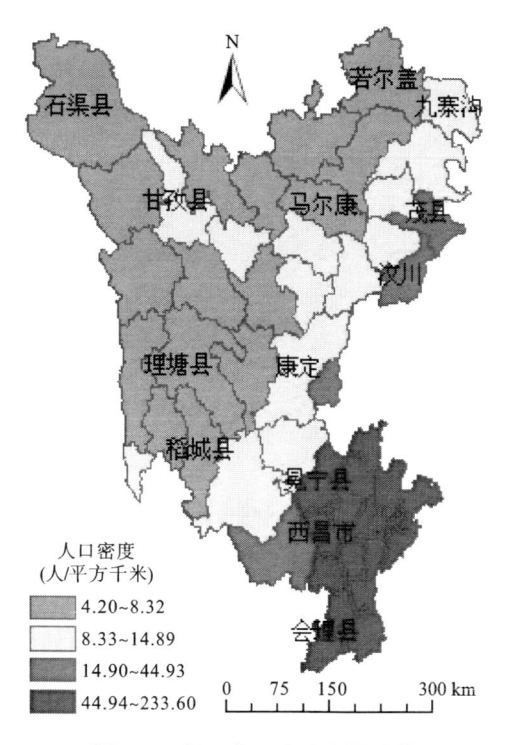

圖 5.2 川西人口密度空間分佈

5.2.2 中國川西人口分佈的空間自相關分析

空間自相關理論和模型在前文已做了介紹，這裡不再重複，直接進行分析。而且為了從時間序列上認識川西人口分佈的空間動態發展規律，選取21世紀近十年（2000—2010年）即西部大開發以來川西各縣人口密度數據測算連續年份的全域 Moran's I（圖 5.3），結果顯示川西人口分佈的空間集群特徵非常明顯。以 2010 年為例，該指數達到 0.740,4，Z 統計檢驗量為 9.74，在顯著性概率 $p<0.01$ 的雙側檢驗閾值 2.58 的檢驗下通過檢驗，拒絕不存在空間自相關原假設，表明川西人口分佈存在顯著的空間自相關性和空間依賴性，即川西地區人口分佈並不是隨機分佈，而是有一定的空間規律，主要表現出空間聚集性（cluster），人口分佈很不均衡，這與圖 5.2 顯示的特徵一致，也為後續的空間計量模型分析提供了依據。另外，從時序來看，全域空間自相關指數呈明顯的上升趨勢（除了 2002 年和 2006 年略微下降），表明西部大開發以來，川西人口分佈的集群特徵越來越明顯，即川西這些年人口遷移和再分佈存在路徑依賴特徵，也就是說人口自發遷移或在政府引導下的再遷移不約而同地選擇

本已存在的人口聚集區，使人口分佈的集群效應越來越明顯。可以預測，隨著國家主體功能區的實施，川西地區人口遷移和再分佈的路徑依賴將持續，遷移出生態脆弱區和不宜居住區是人口遷移的自然規律，也是引導人口有序遷移從而實現人口合理分佈的重要目標。

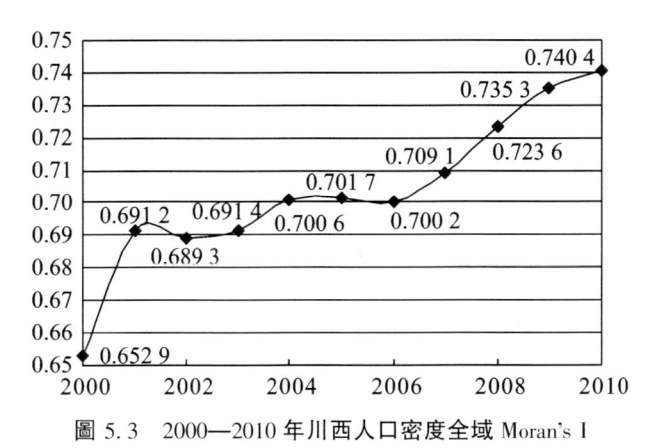

圖 5.3　2000—2010 年川西人口密度全域 Moran's I

另外，通過測算繪製出川西人口分佈的 Moran 散點圖（圖 5.4）。

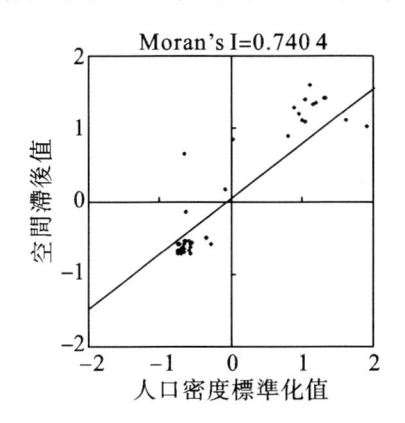

圖 5.4　2010 年川西局部 Moran 散點圖

統計得到，位於第一象限的縣域單元 16 個，位於第三象限的縣域單元 30 個，分別占川西縣域總數的 33.3% 和 62.5%，兩者共占 95.8%，說明川西幾乎就是由一個人口聚集片區和一個人口稀少片區構成的，人口分佈的「兩極化」空間特徵十分明顯，而且「低低」聚集區比「高高」聚集區多出近一半。將從 Moran 散點圖轉成 Moran 聚集圖（圖 5.5 左），發現「高高」聚集區與「低低」聚集區的空間特徵十分明顯。人口分佈「兩極化」空間在 Moran 聚集圖中形成強烈的對比；其中東南是「高高」聚集區，西北是「低低」聚集區。

另外，位於第二象限的「高低」聚集區為2個，位於第四象限的「低高」聚集區為0個，兩者僅占川西縣域的4.2%，即發展出現異質性或孤立性的縣域有兩個，分別是九龍縣和瀘定縣，它地處東南向西北的過渡區。

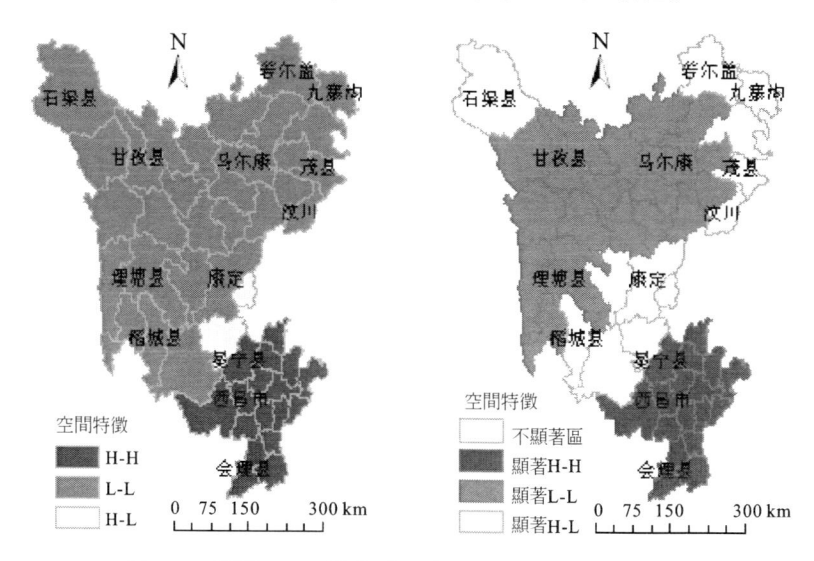

圖 5.5　川西 Moran 聚集圖（左）和 LISA 聚集圖（右）

接下來進行 LISA 聚集圖分析。以上對 Moran 散點圖和 Moran 聚集圖的分析，找出了人口聚集片區和人口稀少片區聚集特徵的均質性地域及人口分佈過渡區、零散區等異質性地域，使我們對整個川西人口分佈和聚集特徵有了清晰的認識。為了進一步揭示這種聚集特徵的顯著性，繪製出 Z 檢驗顯著性概率 $p<0.05$ 的 LISA 聚集圖（圖5.5右）。對比圖5.5左右兩子圖，「高高」聚集區內的縣域都通過顯著性檢驗，「低低」聚集區大部分縣域也非常顯著，「高低」聚集區的九龍縣也通過檢驗，而「低高」聚集區不存在。其中形成的以西昌市為中心的川西人口聚集區與西昌市的區位優勢有關，西昌市作為國家重要的衛星發射中心及四川攀西地區的政治、經濟、文化、交通中心，一直受到國家及省政府的高度關注，其投資規模和經濟發展水平遠比其周邊地區高，吸引人口遷移到西昌及周邊聚集。同時前面已分析川西人口遷移存在路徑依賴，現在來看，這種遷移路徑依賴的目的地在川西範圍內顯然就是西昌及其腹地。

5.3 自然影響機制分析——基於純粹複雜地形的研究

前文已述，本節研究不是要追求大而全的創新，而是以微觀實證研究為核心。文獻梳理時已經指出關於人口分佈的自然影響機制研究非常多，本節研究僅就純粹地形因素對人口分佈的影響進行分析，這是微觀和細節研究的出發點，而不是對諸如水文、氣候、植被等所有因素都窮盡考慮。因為這是一般研究經常做的，如果再雷同，就與常規研究沒有本質區別。因此僅僅研究地形因子對高原高山的複雜地形區的人口分佈的影響能把問題細化和深入。事實上，地形本身是一個非常大的概念，常規統計數據無法獲得全面的數據，一般研究也容易在地形因子選擇上有遺漏，因為地理數據不同於常規的統計數據，它主要依靠遙感技術和空間統計學獲取，所以大多數研究採用的地形因子僅為海拔和坡度，但地形因子遠不止二者，還包括坡向、地形起伏度、高程變異系數、地表粗糙度等，容易造成地形因子變量遺漏。本節就應用地理信息系統（GIS）技術等非常規統計數據獲取工具挖掘多種地形因子。另外，本研究不是用傳統研究方法進行分析，而是充分考慮空間異質性，採用地理加權迴歸（Geographically Weighted Regression，GWR）進行分析，在方法上進行創新。

5.3.1 地形因子與空間高程數據

在川西這種複雜的地形地貌區，地形對其人口分佈會產生極其重要的影響，這些影響在常規統計數據中難以挖掘，空間統計數據便提供了重要補充，因此本書專門就地形因子數據和人口分佈進行空間計量學分析。地形是一個綜合概念，需要細化到具體的地形因子，比如海拔高程、坡度、地表粗糙度、地形起伏度、地表切割深度等。因此分析人口分佈與地形的關係必須先確定主要地形因子。參考前人研究成果，人口研究中常用的地形因子是海拔高程和坡度兩項，偶爾也有其他地形因子與人口分佈關係的研究，但都帶有局限性。本書在此基礎上增加其他幾個重要的地形因子，最終確定研究的變量。

地形因子有許多類別，本書僅選取六個比較重要、容易獲取且通俗易懂的地形因子，分別為海拔（Average Elevation，AE，米）、坡度（Average Slope，AS，度）、地形起伏度（Terrain Relief，TR，米）、地表切割深度（Cutting Depth，CD，米）、高程變異系數（Variance Coefficient in Elevation，VCE）、坡度變率（坡度之坡度，Slope of Slope，SOS）。除了海拔之外，需要對其他幾個

因子的內涵和計算原理加以解釋。

　　坡度，是指地表任意一點上過該點的切平面與水平面的夾角，表示地表坡面在該點的傾斜度。坡度的大小直接影響著地表物質流動與能量轉換的規模和大小，也影響著人口生存的可能性和適宜度。

　　地形起伏度，是指確定的區域內最大高程和最小高程的差，即海拔落差。地形起伏度能夠直觀反應地表的起伏落差，起伏落差越大越不適宜人口生存。

　　地表切割深度，是指一定範圍內平均高程與最小高程的差。地表切割深度主要反應地表被侵蝕切割的情況。侵蝕程度越深，自然條件上表現為水土流失嚴重，社會條件上表現為人口分佈少。

　　高程變異系數，是指區域內單元網格的高程標準差與平均高程的比值。它反應的是海拔高程的變異程度，數值越大地形越複雜。

　　坡度變率，是指地表坡度在微分空間的變化率，是在所提取的坡度值基礎上對地面每一點再算一次坡度，即坡度之坡度。它是對坡度指標的豐富，比如當兩個區域的坡度相同時，可以結合坡度變率繼續分析兩地的地形複雜程度。

　　這些指標數據，需從數字高程圖（Digital Elevation Map，DEM）中進行直接提取或間接測算（如圖5.6），本節研究數據來源於地球系統科學數據平臺，空間分辨率為90m×90m。在ArcGIS軟件中基於Spatial Analysis（空間分析）模塊下的Zonal Statistics（分類區）統計工具獲得各縣域的相應值。

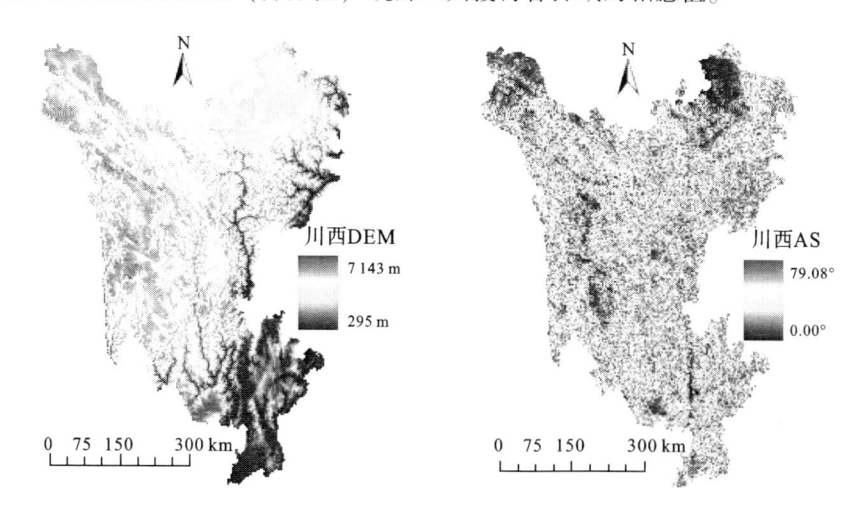

圖 5.6　川西數字高程 DEM 圖和坡度圖

　　另外，本書的解釋變量是人口密度（Population Density，PD，人/平方千米），其中數據從《四川統計年鑒2011》計算獲得，經整理得到了描述性統計

結果（表5.1）。從統計結果的平均值來看，人口密度最大的是西昌市所在的涼山州，甘孜州的平均海拔、地形起伏度和高程變異系數最大，而阿壩州的平均坡度、地表切割深度和坡度變率最大，粗略看，川西地區的涼山州地形相對占優。

表5.1　　川西所屬縣域人口密度與地形因子描述性統計

區域	統計量	人口密度	海拔高程	坡度	地形起伏度	地表切割深度	高程變異系數	坡度變率
川西	最大值	233.6	4,486	31.30	6,169.00	2,617.51	17.14	3.47
	最小值	4.20	1,809	10.23	1,739.00	561.23	2.60	1.63
	平均值	43.07	3,352	22.86	3,358.58	1,635.69	7.23	2.87
	標準差	51.79	800	4.81	894.35	463.24	4.02	0.37
阿壩州	最大值	28.57	4,062	31.30	5,345.00	2,507.37	16.58	3.47
	最小值	6.6	2,977	10.23	2,116.00	961.28	3.00	1.63
	平均值	13.12	3,572	25.27	3,511.67	1,822.10	7.71	3.04
	標準差	7.00	350	6.16	1,024.99	477.45	4.19	0.51
甘孜州	最大值	39.28	4,486	29.72	6,169.00	2,617.51	17.14	3.28
	最小值	4.20	3,134	13.54	1,853.00	973.38	2.65	1.96
	平均值	9.28	4,062	22.93	3,404.17	1,696.20	9.15	2.88
	標準差	7.99	320	4.37	1,109.80	477.99	3.88	0.31
涼山州	最大值	233.60	3,486	25.73	3,964.00	2,011.41	6.71	3.23
	最小值	10.20	1,809	16.73	1,109.80	477.99	2.60	0.31
	平均值	102.22	2,423	21.74	3,297.53	1,503.25	4.34	2.81
	標準差	44.89	395	2.86	361.77	331.53	1.17	0.24

5.3.2　人口分佈與地形因子的常規建模分析

5.3.2.1　人口密度與地形因子的相關分析

為了檢驗地形因子對人口分佈的影響程度，先通過人口密度與地形因子的相關關係進行量化測度。為了從動態上揭示兩者的關係，同樣選取西部大開發以來的2000—2010年數據進行時序分析，以分析其動態發展過程和趨勢。計算得到如下結果（表5.2）。從整體上看，所有的地形因子都與人口密度負相關，表明隨著地形複雜程度的加深，人口分佈漸趨稀少，這符合基本邏輯。從橫向上看，與人口密度相關係數最大，即影響人口分佈的最重要地形因子是海拔高程，相關係數達到0.86左右，其次是高程變異系數，達到0.55左右；需

要指出的是，最常見的兩個地形因子中，海拔高程的相關係數要遠大於坡度，說明在川西地區海拔要比坡度的影響更大，甚至坡度的影響相比其他地形因子還要小，這也說明了如果僅用海拔和坡度兩個地形因子來研究川西地區的人口分佈則不完善。從縱向上看，2000—2010年，除了高程變異係數與人口密度的相關係數有下降的趨勢外，其他相關係數幾乎都有上升的趨勢。這表明川西地區人口在遷移和再分佈時受地形因子的影響有增加的趨勢，即人們自發或政府引導來選擇遷移和再分佈時考慮地形越來越多，但是這種趨勢上升幅度非常小，表明地形對人口分佈的影響根深蒂固，很難受到其他因素的大幅度影響。

表5.2　　　　　　　　川西人口密度與地形因子的相關係數

年份＼係數	海拔高程	坡度	地形起伏度	地表切割深度	高程變異係數	坡度變率
2000	−0.858,8	−0.130,5	−0.004,5	−0.246,8	−0.554,2	−0.131,2
2001	−0.859,0	−0.130,3	−0.004,7	−0.246,7	−0.554,8	−0.131,1
2002	−0.857,1	−0.132,1	−0.005,9	−0.247,8	−0.552,6	−0.133,3
2003	−0.857,7	−0.132,9	−0.005,9	−0.247,8	−0.552,6	−0.133,7
2004	−0.859,2	−0.137,0	−0.008,0	−0.247,7	−0.551,4	−0.135,9
2005	−0.858,0	−0.140,9	−0.010,8	−0.248,5	−0.548,9	−0.139,6
2006	−0.855,6	−0.142,8	−0.012,0	−0.250,4	−0.546,7	−0.141,4
2007	−0.856,0	−0.148,7	−0.014,5	−0.251,1	−0.544,7	−0.146,2
2008	−0.857,5	−0.154,3	0.017,8	−0.251,0	−0.543,9	−0.149,6
2009	−0.860,1	−0.153,9	−0.017,8	−0.246,6	−0.544,7	−0.147,4
2010	−0.860,1	−0.156,5	−0.020,2	−0.246,1	−0.543,2	−0.149,5

5.3.2.2　基於普通最小二乘法的建模分析

相關分析很好地解釋了各地形因子與人口分佈的相對影響，但由於其不是確定的函數關係，不能直接得出定量的影響度。為此，有必要尋求一種確定的函數關係表達方法來解決此問題，最經典的方式就是線性迴歸分析。本書先建立普通最小二乘法迴歸模型（Ordinary Least Square，OLS），以人口密度為因變量，各地形因子為自變量，得到如下估計結果（表5.3）。

表 5.3　　　　　　　　普通最小二乘估計結果

變量	系數	標準誤差	t 統計量	p 概率值	VIF
C	373.23	47.910,9	7.790,1	0.000,0	
AE	-0.020,4	0.010,1	-2.025,3	0.049,3	6.096,8
AS	-4.682,7	2.615,3	-1.790,5	0.080,8	14.825,4
TR	-0.000,6	0.007,5	-0.076,1	0.939,7	4.212,7
CD	-0.026,4	0.013,8	-1.918,6	0.062,0	3.827,9
VCE	-10.092,9	2.647,8	-3.811,8	0.000,4	10.657,6
SOS	-12.713,6	28.948,7	-0.439,2	0.662,8	10.983,9

$R^2 = 0.837,2$　　Adjusted $R^2 = 0.813,4$　　$F = 35.13$

註：C 表示截距，即方程的常數，下同

　　從 OLS 模型看，調整後的可決系數達到 0.81，擬合較好，F 通過 0.05 顯著性水平檢驗。除了地形起伏度和坡度變率兩個指標外，都通過了 10% 的系數顯著性檢驗，特別是海拔和高程變異系數對人口分佈有顯著的影響，系數顯著性水平通過 5% 的檢驗，各系數符號符合實際意義。由於有多個自變量，而且自變量之間本身相關性也很強，所以可能產生多重共線性問題，會影響估計結果，因此需要進行檢驗。一般通過方差膨脹因子（Variance Inflation Factor，VIF）進行檢驗，當 VIF 大於 10 時表明存在多重共線性。經檢驗發現坡度、高程變異系數和坡度變率的 VIF 值都大於 10，表明變量之間存在多重共線性。

　　為了消除多重共線性，提高估計精度，採取常用的補救措施——逐步迴歸，剔除一些變量，並得到表 5.4 的估計結果。此時方程還剩海拔高程、坡度和高程變異系數三個地形因子，分析發現，海拔和坡度是最常用的兩個地形因子，同時從表 5.2 的相關分析看，高程變異系數與人口密度的相關係數比較大並排在第二位，表明它在川西人口分佈中很重要，因此剩下的三個因子是很合理而且重要的。另外系數顯著性檢驗和擬合度檢驗都顯示方程通過檢驗且擬合較好，而且 VIF 都小於 10，方程不再存有多重共線性，優於之前的方程。

　　如果不考慮空間依賴性或空間權重，即假定各區域為空間均質性，這個方程完全可以刻畫主要地形因子與人口分佈的關係，而且事實上之前許多關於人口分佈的研究中空間均質性的假定是通常的做法。隨著空間計量方法的成熟，空間異質性被更多地考慮，這也更符合空間不均衡的事實。對於本研究，前面已經說明川西人口分佈存在空間依賴性，為進一步考慮川西 48 個縣域的差異性，有必要建立空間計量模型。需要指出的是，這並不否認表 5.4 逐步迴歸的

結果和現實意義，只是對問題的更深入闡釋。

表 5.4　　　　　　　　　　逐步迴歸估計結果

變量	系數	標準誤差	t 統計量	p 概率值	VIF
C	332.63	28.762,5	11.564,7	0.000,0	
AE	-0.033,7	0.008,8	-3.847,7	0.000,4	4.297,8
AS	-5.595,1	1.394,2	-4.013,1	0.000,2	3.935,2
VCE	-6.739,1	2.294,9	-2.936,6	0.005,3	7.477,8
	$R^2=0.813,0$		Adjusted $R^2=0.800,2$		$F=63.73$

5.3.3　人口分佈與地形因子的 GWR 建模分析

5.3.3.1　GWR 模型簡介

空間計量模型可以彌補忽視空間依賴性的缺陷，提高估計優度，對地理空間不平衡和異質性做出合理解釋。其中地理加權迴歸模型（Geographically Weighted Regression，GWR）考慮了不同空間單元迴歸係數的差異，對空間異質性的刻畫具有很好的說服力，用於人口分佈與地形因子的研究，在地形極為複雜、空間異質性突出的川西地區，差異化特徵將得到解釋。

（1）GWR 理論

我們知道，經典迴歸模型為：

$$y_i = \beta_0 + \sum_{j=1}^{n}\beta_j x_{ij} + \varepsilon_i \quad i=1, 2, \cdots, m; j=1, 2, \cdots, n \quad (5-1)$$

其中，x、y 分別為自變量和因變量；ε 為迴歸模型的隨機誤差項；β 為自變量迴歸係數，一般採用普通最小二乘法（OLS）估計得到，其表達式的矩陣形式為：

$$\hat{\beta} = (X'X)^{-1}X'Y \quad (5-2)$$

GWR 模型在經典迴歸模型的基礎上考慮了空間權重，不再利用全域信息獲得相同的迴歸係數，而是結合鄰近空間數據進行局域迴歸得到隨空間位置變化而變化的迴歸係數。GWR 模型可表示為：

$$y_i = \beta_0(\mu_i, \nu_i) + \sum_{j=1}^{n}\beta_j(\mu_i, \nu_i)x_{ij} + \varepsilon_i \quad (5-3)$$

其中，(μ_i, ν_i) 是第 i 個樣本點的空間位置，$\beta_j(\mu_i, \nu_i)$ 為迴歸係數在 i 點的值。如果 $\beta_j(\mu_i, \nu_i)$ 在任意一點都相同，那麼 GWR 模型就回到了經典迴歸模型。迴歸係數通過加權最小二乘法（WLS）對鄰近位置 i 的局域加權獲得的估計得到：

$$\hat{\beta}_j(\mu_i, \nu_i) = (X'W_{ij}X)^{-1}X'W_{ij}Y \qquad (5-4)$$

其中，W_{ij} 為空間權重矩陣，實際研究中常用的空間距離權值為高斯距離權值（Gaussian Distance），另外還有指數距離權重和三次方距離權重。

（2）空間自相關檢驗

雖然前文已經證實川西人口分佈存在顯著的空間依賴性，但那僅是人口密度的空間屬性，放到 GWR 模型中則理由不充分，因為 GWR 模型是方程的範疇，是經典迴歸方程的擴充，所以要回到表 5.4 的方程估計結果，檢驗其是否有空間自相關性，如果有則可應用 GWR 模型進行擴展分析。檢驗的對象是方程的隨機誤差項 ε，檢驗發現 ε 的 Moran's I 為 0.133,2，Z 統計檢驗量為 2.12，在顯著性概率 $p<0.05$ 的雙側檢驗閾值 1.96 的檢驗下通過檢驗，拒絕不存在空間自相關原假設，表明隨機誤差項 ε 存在顯著的空間自相關性，空間異質性的存在為 GWR 模型的應用提供條件，也證實了這樣的觀點：人口分佈不會在空間上沒有關係而相互獨立存在。

5.3.3.2 GWR 建模實證分析

GWR 模型可以考察每個縣域的地形因子對人口分佈的影響並比較其空間差異性。以高斯距離權值為基礎獲得空間權重後的 GWR 實證估計結果如表 5.5。

表 5.5　　　　　　　　　GWR 模型估計結果

區域	C	AE	AS	VCE	區域	C	AE	AS	VCE
汶川縣	334.79	-0.032,6	-5.729	-7.135	石渠縣	315.96	-0.035,5	-4.931,9	-5.630,7
理縣	332.88	-0.032,6	-5.666,5	-7.052,8	色達縣	323.74	-0.034,5	-5.246,6	-6.209,7
茂縣	333.36	-0.032	-5.728,4	-7.239,7	理塘縣	331.82	-0.035,7	-5.413,9	-6.190,9
松潘縣	330.44	-0.031,7	-5.662,1	-7.208,3	巴塘縣	330.3	-0.036,5	-5.311,1	-5.926,7
九寨溝	328.74	-0.031	-5.664,7	-7.325,1	鄉城縣	333.08	-0.036,4	-5.409,3	-6.051,4
金川縣	330.33	-0.033,7	-5.512,2	-6.684,8	稻城縣	334.77	-0.036	-5.487,4	-6.198,6
小金縣	333.1	-0.033,3	-5.625,4	-6.886,1	得榮縣	333.55	-0.036,9	-5.390,7	-5.925,6
黑水縣	330.97	-0.032,4	-5.631,5	-7.065,3	西昌市	340.83	-0.034,8	-5.778,8	-6.765,9
馬爾康	329.12	-0.033,2	-5.506,3	-6.752,1	木里縣	337.41	-0.035,6	-5.606,3	-6.413,2
壤塘縣	326.31	-0.033,9	-5.368,3	-6.461,4	鹽源縣	340.11	-0.035,4	-5.714,1	-6.569
阿壩縣	325.32	-0.032,9	-5.411,7	-6.679,1	德昌縣	342.08	-0.034,8	-5.818,1	-6.79
若爾蓋	324.75	-0.031,9	-5.498,8	-7.009,2	會理縣	343.65	-0.034,9	-5.868	-6.816,9
紅原縣	327.95	-0.032,3	-5.536,8	-6.939,2	會東縣	344.59	-0.034,6	-5.926,6	-6.962,7
康定縣	335.01	-0.034,4	-5.608,7	-6.661,8	寧南縣	343.57	-0.034,4	-5.895,4	-6.951,3
瀘定縣	336.34	-0.034,2	-5.667,6	-6.771,1	普格縣	342.37	-0.034,4	-5.852,2	-6.904,5

表5.5(續)

區域	C	AE	AS	VCE	區域	C	AE	AS	VCE
丹巴縣	332.03	−0.034	−5.543	−6.666,1	布拖縣	342.87	−0.034,2	−5.887,4	−6.999,3
九龍縣	337.45	−0.034,9	−5.657,3	−6.620,8	金陽縣	343.28	−0.033,9	−5.920,7	−7.096,4
雅江縣	333.42	−0.035,1	−5.510,4	−6.422,6	昭覺縣	341.92	−0.034,1	−5.858,3	−6.983,1
道孚縣	331.12	−0.034,5	−5.478,3	−6.497,6	喜德縣	340.76	−0.034,4	−5.800,6	−6.866,5
爐霍縣	327.97	−0.034,5	−5.372,5	−6.355,1	冕寧縣	339.29	−0.034,4	−5.735,2	−6.751,3
甘孜縣	323.97	−0.035	−5.213,9	−6.077,3	越西縣	340.24	−0.034,1	−5.800,4	−6.921,4
新龍縣	328.86	−0.035,2	−5.355,8	−6.223,6	甘洛縣	339.63	−0.033,9	−5.795,5	−6.964,4
德格縣	322.05	−0.035,6	−5.109,9	−5.843,6	美姑縣	341.52	−0.033,8	−5.867,6	−7.065,8
白玉縣	326.38	−0.035,9	−5.223,9	−5.931,5	雷波縣	342.69	−0.034	−5.927,3	−7.190,5
阿壩州	329.85	−0.032,6	−5.580,1	−6.956,8					
甘孜州	329.88	−0.035,3	−5.385,1	−6.233,6					
涼山州	341.58	−0.034,4	−5.826,6	−6.883,1					

從表5.5看，由於GWR模型調整後的R^2為0.805,6，略微優於經典迴歸模型的0.800,2，這表明考慮了地理空間位置的地理加權迴歸模型的整體擬合效果要優於OLS全域估計模型，假定迴歸系數β固定不變是不完全符合空間效應實際的，也就是說，地形因子對人口分佈的影響在空間上具有顯著的異質性。GWR估計結果證實地形因子對不同區域的影響程度不完全相同。

從局域迴歸系數來看，海拔高程的迴歸系數在[−0.031,0，−0.036,9]區間，其均值和標準差為−0.034,2和0.001,3，影響系數絕對值高於均值的縣域有26個，且大數集中於甘孜州（16個），說明海拔高度對甘孜州的影響程度相對較大。坡度的迴歸系數在[−4.931,9，−5.927,3]區間，其均值和標準差為−5.594,3和0.235,8，影響系數絕對值高於均值的縣域有27個，且大多數集中於涼山州（17個），說明坡度對涼山州的影響程度相對較大。高程變異系數的迴歸系數在[−5.630,7，−7.325,1]區間，其均值和標準差為−6.659,5和0.422,9，影響系數絕對值高於均值的縣域有30個，基本集中於阿壩州（12個）和涼山州（15個），說明坡度對阿壩州和涼山州的影響程度相對較大，特別是阿壩州總共13個縣域，就有12個縣域影響系數絕對值高於均值。

以上數據表明不同空間的地形因子對人口分佈的影響確實存在而且差異比較明顯。比如對於汶川縣，海拔每上升100米，其人口密度下降3.26人/平方千米；而對於西昌市，海拔每上升100米，其人口密度下降3.48人/平方千米。從表5.5最後的平均值來看，海拔高程對甘孜州的影響程度最大，坡度對

涼山州的影響最大，而高程變異系數對阿壩州的影響最大。這種微觀化的結論為進一步從微觀上認識和研究人口分佈提供了理論支持，也為差異化的政策服務提供依據。對比以上研究結果，常參數估計方法（OLS）未能反應參數在不同區域的空間異質性，而依據所得結論提出的趨同化政策建議在實踐過程中就缺乏因地制宜的措施。變系數估計方法（GWR）在中國川西的實證表明，在考慮人口再分佈和遷移時應該尊重地理規律並充分考慮空間異質性。

5.4 綜合影響機制分析
——基於自然、社會和經濟複合研究

同理，關於人口分佈的綜合影響機制研究，在實證方面有許多成果，如果依然用全國的數據，結論可能依然是「經濟越發展，人口密度則越高」等，但微觀區域是不是如此呢？本節研究的目的是要挖掘微觀的人口分佈悖論證據和現象。研究方法上採用考慮了空間效應的空間常系數迴歸模型，相較於傳統分析，在方法上同樣是創新。

5.4.1 變量確定與描述性統計

因變量依然為人口密度（PD，人/平方千米）。影響人口密度（分佈）的因素很多，包括自然環境和經濟社會條件，參考其他相關研究文獻，且考慮到模型不存在多重共線性又不至於遺漏重要變量，再結合研究區域複雜的自然環境，確定三個自然環境因素、兩個經濟因素、三個社會因素並由此綜合組成本研究的自變量——分別為平均海拔（Average Elevation，AE，米）、平均坡度（Average Slope，AS，度）、歸一化植被指數（Normalized Difference Vegetation Index，NDVI）、人均 GDP（GDP per capita，GDPpc，元/人）、耕地面積（Cultivated Land Area，CLA，公頃）、職業醫生人數（Number of Doctors，NOD，人）、師生比（指中學和小學，Teacher-Student Ratio，TSR）、少數民族比例（Minority Ratio，MR）。

筆者所選指標大都容易理解，但有必要解釋一下歸一化植被指數（NDVI）這一指標。NDVI 是反應地面植物生長和分佈的一種方法，它被廣泛用來定性和定量評價植被覆蓋及其生長活力，它反應出植物冠層的背景影響，如土壤、潮濕地面、枯葉、粗超度等，是一種綜合評價植被環境的典型指標。所以選擇 NDVI 能在很大程度上綜合反應區域的自然環境。NDVI 的計算公式是：

$$NDVI = (NIR-R)/(NIR+R)$$

式中 NIR 為遙感多波段圖像中的近紅外波段，R 為紅波段。$-1 \leqslant NDVI \leqslant 1$。其中，負值表示地面覆蓋為雲、水、雪等，對可見光高反射；0 表示有岩石或裸土等，NIR 和 R 近似相等；正值，表示有植被覆蓋，且隨覆蓋度增大而增大。

上述指標中，AE、AS、NDVI 數據來源於地球系統科學數據平臺（包括數字高程 DEM 和植被指數 NDVI，圖 5.7），在 ArcGIS 軟件工具輔助中獲得各縣域的相應數據值。GDPpc、CLA、NOD、TSR 數據來源於《四川統計年鑒》，MR 數據來源於第六次人口普查資料。經整理獲得描述性統計結果（表 5.6）。

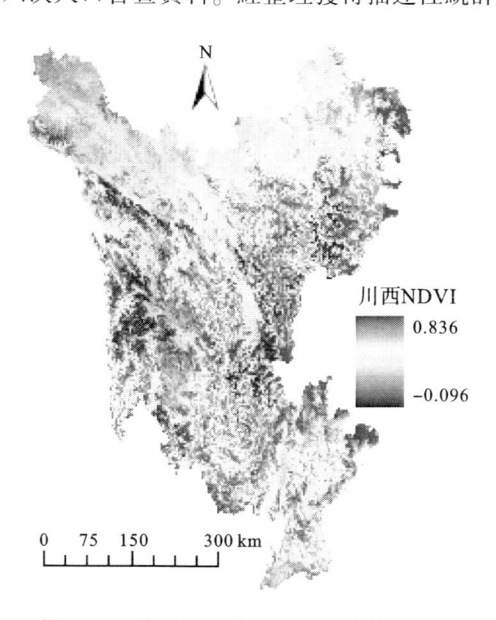

圖 5.7　川西地區歸一化植被指數 NDVI

表 5.6　　　　　　　　　川西地區縣域相關指標描述性統計

區域	統計量	人口密度	平均海拔	平均坡度	歸一化植被指數	人均GDP	耕地面積	醫生人數	中小學師生比	少數民族比例
川西	最大值	233.60	4,486	31.30	0.612,9	33,125	36,950	1,910	0.115,8	98.36%
	最小值	4.20	1,809	10.23	0.194,7	4,785	112	43	0.038,1	8.18%
	平均值	43.07	3,352	22.86	0.376,6	12,932	10,451	194	0.058,2	74.55%
	標準差	51.79	800	4.81	0.108,6	6,969	9,313	271	0.017,4	0.254,1

表5.6(續)

區域	統計量	人口密度	平均海拔	平均坡度	歸一化植被指數	人均GDP	耕地面積	醫生人數	中小學師生比	少數民族比例
阿壩州	最大值	28.57	4,062	31.30	0.547,5	31,801	8,502	162	0.115,8	94.05%
	最小值	5.25	2,977	10.23	0.346,4	7,175	112	43	0.042,0	31.67%
	平均值	12.51	3,586	24.23	0.423,4	14,077	4,584	77	0.071,7	77.00%
	標準差	7.05	339	6.98	0.057,0	6,684	2,542	37	0.019,9	0.183,7
甘孜州	最大值	39.28	4,486	29.72	0.436,0	26,666	13,815	418	0.089,0	97.96%
	最小值	4.20	3,134	13.54	0.194,7	4,785	1,188	54	0.038,1	17.92%
	平均值	9.28	4,062	22.93	0.275,7	10,797	5,045	151	0.061,8	85.03%
	標準差	7.99	320	4.37	0.063,3	6,215	2,918	86	0.013,7	0.196,75
涼山州	最大值	233.60	3,486	25.73	0.612,9	33,125	36,950	1,910	0.053,1	98.36%
	最小值	10.20	1,809	16.73	0.273,4	5,876	13,282	100	0.038,3	8.18%
	平均值	102.22	2,423	21.74	0.447,7	14,318	20,662	330	0.044,5	61.58%
	標準差	44.89	395	2.86	0.096,6	7,739	8,322	417	0.004,7	0.304,2

5.4.2 基於普通最小二乘法的建模分析

為了克服橫截面數據經常存在的異方差問題，按照計量經濟學的一般處理方法將所有變量取自然對數進行建模（SLM 和 SEM 建模同理）。為了便於比較，先不考慮空間依賴性而直接用 OLS 構建模型（表5.7）。由於有8個自變量，可能產生多重共線性問題，需要進行檢驗，一般通過方差膨脹因子（Variance Inflation Factor, VIF）進行檢驗：當 VIF 大於10時表明存在多重共線性（龐皓，2007），應該剔除該變量，否則會影響估計結果；當 VIF 小於10時則不存在多重共線性。檢驗發現所有的 VIF 值都遠小於10，表明所選的7個指標比較合理，不存在多重共線性。同時，Breusch-Pagan 異方差檢驗的概率值 P_{BP} 為0.139,2，通過5%顯著性檢驗，表明不存在異方差。

表 5.7　　　　　　　　普通最小二乘估計結果

變量	系數	標準誤差	t 統計量	p 概率值	VIF
C	32.009,8	4.709,7	6.796,5	0.000,0	
LnAE	-3.522,5	0.461,0	-7.641,3	0.000,0	5.218,3
LnAS	0.239,1	0.310,4	0.770,3	0.445,8	1.926,4
LnNDVI	0.589,7	0.286,7	2.057,3	0.046,4	2.694,0
LnGDPpc	-0.337,2	0.165,6	-2.036,6	0.048,5	2.256,7

表5.7(續)

變量	系數	標準誤差	t 統計量	p 概率值	VIF
LnCLA	0.210,2	0.088,9	2.365,3	0.023,1	3.068,7
LnNOD	0.232,1	0.114,6	2.024,6	0.049,8	2.560,4
LnTSR	0.174,7	0.328,4	0.532,0	0.597,8	2.958,7
LnMR	0.009,0	0.141,3	0.063,7	0.949,6	2.125,1
R^2	0.930,9				
adj. R^2	0.916,7				
P_{BP}	0.139,2				
LogL	−14.223				
AIC	46.443				
SC	63.283				

從 OLS 模型看，調整後的擬合優度達到 0.92，擬合較好。除了平均坡度、師生比和少數民族比例三個指標外，都通過 5% 的系數顯著性檢驗。其中海拔高程的彈性最大，其次是植被指數，後面是人均 GDP 和坡度，表明在川西地區自然環境是人口分佈的最主要決定因素，經濟發展緊隨其後。但從系數看，坡度、人均 GDP 和少數民族比例的系數符號與預期的相反，可能存在人口分佈悖論現象。比如一般來說，坡度增加，人口密度降低；少數民族比例增加，人口密度降低；而此處三者 OLS 估計結果與一般現象相反，但由於 OLS 分析沒有考慮到空間依賴性，是否真的存在人口分佈悖論現象，要在 SLM 和 SEM 分析後再下定論和解釋，本小節不急於分析。

5.4.3 基於空間常系數迴歸的建模分析

5.4.3.1 空間常系數迴歸模型簡介

空間常系數迴歸模型是空間計量模型的重要方法，它主要納入了空間效應（空間自相關），即考慮了空間依賴性和空間權重。按照空間依賴性體現的不同方式，空間常系數迴歸模型可分為空間滯後模型（Spatial Lag Model，SLM）和空間誤差模型（Spatial Error Model，SEM）兩種。

（1）空間滯後模型（SLM），它探討變量在一地區是否有擴散現象（溢出效應）。其模型為：

$$y = \rho W y + \beta X + \varepsilon \quad (5-5)$$

其中，y 為因變量，X 為 $n \times k$ 的自變量矩陣（n 為區域個數，k 為自變量

個數），W 為 $n \times n$ 空間權重矩陣，ρ 為空間滯後係數，β 為自變量迴歸係數，ε 為隨機誤差項。

（2）空間誤差模型（SEM），探討誤差項之間是否存在序列相關。其模型為：

$$y = \beta X + \varepsilon$$
$$\varepsilon = \lambda W\varepsilon + \mu \tag{5-6}$$

其中 λ 為空間誤差係數，μ 為服從正態分佈的隨機誤差項，其他參數與 SLM 中的含義相同。

（3）SLM 和 SEM 模型選擇。因為 SLM 和 SEM 都考慮到了空間模型，一般情況下模型都要優於簡單迴歸分析，但兩者哪個更好，還需要甄別。其中 Anselin 等（2004）提出了如下判別準則：如果在空間依賴性的檢驗中發現，拉格朗日乘數（Lagrange Multiplier, LM）及其穩健（Robust-Lagrange Multiplier, R-LM）形式下的 LMLAG 較之 LMERR 在統計上更加顯著，且 R-LMLAG 顯著而 R-LMERR 不顯著，則可以斷定適合的模型是空間滯後模型；相反，如果 LMERR 比 LMLAG 在統計上更加顯著，且 R-LMERR 顯著而 R-LMLAG 不顯著，則可以斷定空間誤差模型是恰當的模型。另外的判別方法（姜磊，季民河，2011）還有自然對數似然函數值（Log Likelihood，LogL）、赤池信息量準則（Akaike Information Criterion，AIC）、施瓦茨準則（Schwartz Criterion，SC）等，LogL 越大、AIC 和 SC 越小，模型效果越好。

5.4.3.2 空間常係數迴歸實證建模與分析

（1）基本結果分析

由於事先無法憑經驗判定是應該建立空間滯後模型還是空間誤差模型，所以先同時建立，再檢驗孰優孰劣。為此建立兩個模型並得到估計結果（表 5.8）。從結果看，首先是空間滯後係數 ρ 和空間誤差係數 λ 都通過了 1% 的係數顯著性檢驗，說明人口分佈確實存在空間依賴性。從擬合優度 R^2 來看，SLM 和 SEM 都優於 OLS，從 LogL 和 AIC 和 SC 來看，同樣要優於 OLS 估計結果，表明在考慮到空間相關性和異質性時能更好地解釋人口的空間分佈特徵。同時從 Breusch-Pagan 異方差檢驗的概率值 P_{BP} 都顯著大於 5%，特別是 SLM 結果遠優於 OLS 檢驗值，接受不存在異方差的假設，表明模型沒有異方差，也表明兩個方程確實比較優越。同時對 OLS 估計結果的殘差進行空間自相關檢驗（表 5.9），結果 Moran's I（error）為 0.066,4，概率值為 0.003,82，拒絕不存在空間自相關的假設，進一步表明忽視空間自相關的 OLS 模型存在不足，應該選擇空間計量模型進行分析。

表5.8　　　　　　　　　　　SLM 和 SEM 估計結果

變量	SLM 系數	SLM 標準差	SLM t 統計量	SLM p 概率值	SEM 系數	SEM 標準誤差	SEM t 統計量	SEM p 概率值
C	21.529,9	4.062,3	5.299,9	0.000,0	25.346,4	4.797,6	5.283,1	0.000,0
LnAE	-2.080,0	0.443,6	-4.688,8	0.000,0	-2.477,1	0.525,8	-4.711,5	0.000,0
LnAS	0.082,2	0.231,4	0.355,2	0.722,4	-0.042,5	0.265,3	-0.160,3	0.872,7
LnNDVI	0.525,5	0.213,9	2.456,4	0.014,0	0.725,0	0.369,6	1.961,8	0.049,8
LnGDPpc	-0.392,2	0.123,6	-3.172,8	0.001,5	-0.322,6	0.153,2	-2.106,4	0.035,2
LnCLA	0.199,2	0.066,0	3.017,1	0.002,6	0.187,7	0.064,2	2.922,4	0.003,5
LnNOD	0.208,8	0.085,2	2.451,7	0.014,2	0.160,7	0.100,2	1.603,5	0.108,8
LnTSR	0.654,9	0.262,6	2.493,7	0.012,6	0.350,8	0.301,1	1.165,5	0.243,9
LnMR	-0.058,9	0.105,3	-0.559,4	0.575,9	-0.092,3	0.118,1	-0.781,4	0.434,5
ρ/λ	0.435,7	0.092,3	4.722,2	0.000,0	0.756,1	0.100,0	7.558,6	0.000,0
R^2	0.953,1				0.944,3			
P_{BP}	0.504,7				0.124,8			
LogL	-5.786				-12.473			
AIC	31.573				42.945			
SC	50.285				59.786			

表5.9　　　　　　　SLM 和 SEM 估計模型判別檢驗

檢驗指標	MI/DF	檢驗值	P 概率
Moran's I (error)	0.066,4	2.072,5	0.003,82
LMLAG	1	13.734,7	0.000,21
R-LMLAG	1	14.345,7	0.000,14
LMERR	1	0.610,4	0.441,91
R-LMERR	1	1.221,4	0.258,50

(2) 是否存在人口分佈悖論

我們可以看到，SLM 結果與 OLS 一樣，坡度和人均 GDP 的系數符號與預期的相反，可能存在人口分佈悖論現象，其中人均 GDP 的系數在三個模型中都顯示為負，而坡度在 SEM 模型中系數為正。特別需要指出的是，在 OLS 模型中少數民族比例系數為正，被認為是人口分佈悖論現象之一；而 SLM 和 SEM 模型中少數民族的比例系數為負，否定了之前的結論，表明川西地區少

數民族比例與人口分佈關係並沒有太多異樣。可是 SLM 和 SEM 中究竟選擇哪個模型，需要進一步加以檢驗。首先依照 Anselin 等提出的判別準則得到如表 5.9 的檢驗結果，可以看出，空間滯後模型的拉格朗日乘數及其穩健形式下的 LMLAG 和 R-LMLAG 都顯著，而空間誤差模型下的 LMERR 和 R-LMERR 都不顯著，表明 SLM 優於 SEM 模型；其次看 LogL（越大越好）、AIC 和 SC（越小越好）三者的值，顯示 SLM 相應的檢驗都優於 SEM；再看擬合度 R^2 和異方差檢驗的 P_{BP} 值也顯示前者優於後者；最後看系數顯著性檢驗，空間滯後模型中僅有平均坡度 AS 和少數民族比例 MR 兩個指標未通過 5% 的 t 顯著性檢驗，而空間誤差模型中有 4 個指標未通過 5% 的 t 顯著性檢驗，其 t 檢驗結果甚至劣於 OLS 模型；所有檢驗結論都表明空間滯後模型 SLM 是最佳模型。

前文提到的少數民族比例系數在空間計量模型中為負，否定了 OLS 模型中為正的結果，但是三個模型都顯示，少數民族比例系數的 t 檢驗都未通過顯著性檢驗，表明少數民族比例對川西人口分佈的影響並不顯著，原因可能在於整個川西地區本身就是少數民族聚集區，大部分縣域少數民族人口占多數，平均比例達到 74.55%，比例最高的美姑縣達到 98.36%，幾乎都為少數民族。也就是說，少數民族地區的少數民族比例本身對人口分佈影響不明顯，產儘從整個四川省或者全國來說少數民族比例對人口分佈具有重要影響。

另外，對比 SLM 與 OLS 的系數符號，除了少數民族比例外，發現兩者對應的所有系數正負號都一致，表明在 OLS 建模時特別提及的平均坡度和人均 GDP 的符號問題及由此提出的可能存在人口分佈悖論的結論得到了證明，即研究區的人口密度與平均坡度和人均 GDP 的關係確實同人口分佈的「一般規律」相悖，因此正如引言所述那樣要「因地制宜加以判別一般規律的適用性」。但導致川西地區人口密度隨平均坡度增大而增大、隨人均 GDP 增大而減少的這種特殊現象的原因是什麼呢？本書認為川西地區這種人口分佈悖論的現象並非什麼神奇的現象，而是有其特定的內因。前面已述川西地區是中國第一階梯與第二階梯的過渡地帶，自然條件極其複雜，從坡度來看所有縣域平均坡度為 22.86 度，而且其三個州的平均坡度也集中於該值周圍——阿壩州 24.23 度、甘孜州 22.93 度、涼山 21.74 度，沒有哪一個州像四川盆地那樣平坦，也就是說川西地區的人口分佈都在坡度較高的地區。這就決定了川西地區人口選擇平坦地勢的機會很小，就算他們有遷移到相對平坦地方的動機，也難以實現，除非要遷移出川西地區進入四川盆地，而這對於高原山地的人們來說幾乎是不可能的——一是因為少數民族地區人民對於家鄉生活環境的習慣，二是因為這些地區的人民對於自然的崇拜和信仰像無形的手拉住他們不能離開這些天

賜的環境。也就是說，他們在川西高原和高山地區陳年累月地生存和繁衍形成了天然而特殊的隨坡度增加而增大的人口密度「悖論」現象。不過這種「悖論」現象並不明顯，因為從系數大小來看，LnAS 的系數在 8 個指標中彈性僅次於少數民族比例，為 0.082.2。雖影響甚微，但這種天然存在的「悖論」現象仍不可忽視。

同樣，從人均 GDP 來看，也存在人口分佈悖論的現象，本書認為原因是川西地區經濟發展相對落後，貧困人口分佈廣泛，並且呈現出典型的連片貧困人口分佈的現象。換句話說，就是川西地區越貧困的地區反而出現相對較多的人口分佈，貧困人口有集群特徵，就是這種連片貧困的特徵導致了川西地區人口密度隨著人均 GDP 增加反而減少這一「悖論」現象。順便指出，2010 年中央提出的集中連片特殊困難地區扶貧開發正是基於貧困地區貧困人口的聚集特徵而提出的，其實這已經隱含了貧困區人口相對集中的區域經濟落後的事實，只是沒有定量表述有些貧困區「人口密度隨人均 GDP 增加而減少」的人口分佈悖論現象，本書為此對川西予以實證。

另外，前文確定了空間滯後模型 SLM 為最優模型後，表明相對於 OLS 模型，SLM 模型能更精確地反應各個自變量對於人口密度的影響。對比 OLS 和 SLM 模型的係數（絕對值）大小，發現 OLS 模型高程、坡度和植被指數三個自然因素的係數大於 SLM 模型，而人均 GDP、耕地面積、職業醫生人數三個係數估計值相差不大，但師生比和少數民族比例估計值遠小於 SLM 估計值，綜合起來表明 OLS 模型總體上高估了自然因素對人口分佈的影響，而低估了經濟社會因素對人口分佈的影響。事實上人口分佈受自然條件的影響越來越小，受到經濟社會的影響則越來越大（杜本峰，2011），而 SLM 模型恰好糾正了 OLS 模型高估自然因素、低估經濟社會因素的不足，進一步表明 SLM 更能精確反應川西地區人口空間分佈的特徵。其中彈性最大的依然是平均海拔，而且其值遠大於其他指標的彈性，表明海拔高程是影響川西人口分佈的主要因素。

（3）模型可能存在的不足——變量遺漏的考證

眾所周知，影響人口分佈的因素非常多，除了本書模型中選擇的 8 個指標外，還有其他一些重要變量，比如礦產資源分佈、水資源分佈等，但這些變量在縣域尺度上存在數據獲取難的瓶頸。因此不得不放棄這些變量，可是這樣做可能會遺漏重要變量，雖然主觀上不能判斷這些變量是否對川西人口分佈存在非常顯著的影響，但遺漏就可能會影響模型的精度，甚至影響結論的準確性。不過從另一個角度講，模型的精度與變量本身的多少也有關，同樣面臨變量選

取過多導致自由度過小而影響模型進度的問題。變量越多,自由度越小,模型精度就可能越差,對於本書而言,研究的對象是川西48個縣域,即有48個樣本數據,自變量8個,加上因變量,變量個數為9個,也就是說自由度已經降了9個,模型精度也會受到影響。所以變量的選取本身成了雙刃劍。

需要說明的是,本書進行遺漏變量檢驗的初衷是基於研究發現川西人口分佈悖論現象的存在,這個微觀研究結果與通常的人口分佈研究結論不一致,所以一般很難讓人信服,所以有必要檢驗遺漏變量。當然,本節的研究絕不是自我否定「人口分佈悖論」的研究成果,而是抱著質疑的學術態度,為今後擴大變量進行研究提供證據。

就本研究而言,對於是否存在遺漏變量本研究通過拉姆齊一般性檢驗(Regression Specification Error Test,RESET檢驗,即迴歸設定誤差檢驗)來驗證。拉姆齊一般性檢驗的過程可參考相關文獻(龐浩,2007),本書僅給出檢驗的統計量 F 即檢驗結果。

$$F = \frac{(R_U^2 - R_R^2)/j}{(1 - R_U^2)/[n-(k+j)]} \sim F(j, [n-(k+j)]) \quad (5-7)$$

其中 R_U^2、R_R^2 分別為無約束模型迴歸和受約束模型迴歸的可決系數,j 為約束變量的個數,n 為樣本數,k 為變量數(本書中 R_R^2 即為 OLS 模型中的 R^2,n 為48,k 為9)。若 F 統計量大於 F 臨界值,表明存在遺漏變量,反之則不存在遺漏變量。

對於 j 的確定:對比 j 分別為 1、2、3 時的計量結果,發現當 j=2、3 時,許多指標的現實意義即系數符號與預期相反,模型明顯有誤,而 j=1 時與 OLS 估計的符號一致,說明 j 確定為 1(所以這裡僅給出 j=1 時的結果)。當 j 為 1 時,由表 5.10 得到 R_U^2=0.939,4。因此求得 F 為 5.39。

表 5.10　　　　遺漏變量考證(j=1 時的計量結果)

變量	Coefficient	Std. Error	t-Statistic	Prob.
C	67.592,51	15.977,94	4.230,365	0.000,1
AE	-7.651,827	1.833,213	-4.173,999	0.000,2
AS	0.530,574	0.320,032	1.657,878	0.105,6
NDVI	0.824,151	0.289,985	2.842,049	0.007,2
GDPPC	-0.686,491	0.217,542	-3.155,673	0.003,1
CLA	0.278,972	0.089,322	3.123,224	0.003,4
NOD	0.511,561	0.162,275	3.152,437	0.003,2

表5.10(續)

變量	Coefficient	Std. Error	t-Statistic	Prob.
TSR	0.164,717	0.311,445	0.528,881	0.600,0
MR	0.082,770	0.137,710	0.601,045	0.551,4
YE^2	-0.150,534	0.064,902	-2.319,420	0.025,8
R^2	0.939,430			
Adjusted R^2	0.925,084			
Log L	-11.044,82			
F-statistic	65.485,80			
Prob (F-statistic)	0.000,000			

經檢驗,j取1時無約束模型的擬合結果和變量意義與預期相符,即j取1時為佳。在5%的顯著性水平下最後測算得到$F = 5.39 > F_{0.05}(1, 38)$,產儘5.39沒有一般的$F$檢驗那麼顯著大,但依然表明本書的模型確實存在遺漏變量。可是對於具體遺漏了哪些變量拉姆齊一般性檢驗不能回答,主觀上來說本書可能會遺漏礦產資源分佈、水資源分佈等重要變量,但鑒於數據的可獲得性,難以考證。從研究的完整性特別是對於重要變量來說,對於遺漏變量和自由度之間的權衡,本研究既然存在遺漏變量,理應考慮礦產資源分佈、水資源分佈等變量,可是由於數據獲取原因沒有引入,可能會影響模型的精度,這也是本研究的主要不足之處。

5.5 微觀化人口分佈影響機制研究結論總評

人口分佈是一個空間現象,內含空間關係和空間規律,因此缺乏空間視角或者說空間均質化假設下的人口分佈研究結論值得商榷。基於川西高原高山區人口分佈的研究表明:區域人口分佈特徵不是獨立生成的,而是受其他空間相互影響;地形因子對人口分佈的影響不僅是「地形會影響人口的分佈」或「海拔越高人口密度越低」等簡單的定性關係,而且存在顯著空間異質性。同時,人口分佈的普遍規律可能因為空間尺度不同而產生「人口分佈悖論」現象,所以摒棄空間相互獨立的假設、考慮空間權重成為研究人口分佈特徵新的選擇,空間計量模型便是有效方式。特別是對於受自然環境約束較強的複雜地形區人口分佈特徵更應考慮空間異質性的影響。

因此，本節關於微觀化人口密度影響機制的研究意義就在於對人口分佈空間屬性的再認知，特別是對傳統研究中有關人口分佈研究建模過程中忽視空間自相關的不足做出了梳理。具體來說主要有以下幾個方面的研究意義或研究突破：一是放鬆傳統人口分佈研究中隱含的空間相互獨立假設條件的約束，利用空間計量模型能更精確反應人口分佈特徵；二是本書進行了學科交叉研究，結合了其他相關學科理論和知識，特別是地理學理論和 GIS（地理信息系統）技術，使一些傳統研究難以克服的困難得到了很好解決（王學義，曾永明，2013；楊成鋼，曾永明，2014）。本書並非要否定前人的研究成果，也並非要否定其研究方法，而是在具有共識的基礎上考慮空間因素、利用空間計量模型研究川西人口分佈的空間特徵，實證研究發現空間計量迴歸模型明顯優於普通最小二乘法迴歸模型，表明考慮了空間依賴性的估計方法能更好地刻畫人口空間分佈特徵。更重要的在於實踐，因為這對於重新認識高原高山區人口分佈特徵、實施新一輪西部大開發和扶貧攻堅具有更為精確的參考意義。

基於以上考慮，實證分析中國川西地區人口分佈特徵後，得出的主要結論有：一是複雜地區的人口分佈存在顯著的空間依賴性，研究這類地區的人口現象時應該考慮空間效應；二是複雜地區的人口分佈規律與一般的人口分佈規律會有差異，可能出現「人口分佈悖論」的現象；三是空間計量模型在解釋人口空間異質性現象時比普通迴歸模型更具優勢，結論更符合實際。本書提出的政策措施有：一是在管理和引導人口分佈時應該結合空間差異因地制宜制定措施；二是政府在集中連片特殊困難地區扶貧開發時應在充分瞭解貧困地區貧困人口的聚集特徵的基礎上進行，本節即為中國川西地區扶貧開發提供了一定的參考。當然，本節對遺漏變量的考證，表明模型可能遺漏了礦產資源分佈、水資源分佈等一些重要變量，但鑒於數據的可獲得性，沒能將這些變量納入模型加以考證，這是本書的不足，同時也是未來進一步研究的方向。

通過本節研究引申到現實環境，眾所周知，隨著氣候變化加劇、自然災害頻發尤其是龍門山地震斷裂帶地震引發的一系列災變人口問題，中國人口分佈異質性問題將成為人口分佈、遷移問題研究的一個熱點，其對減災防災、創新扶貧政策具有重要意義。在中國尤其是西部山區，受氣候變化影響大、自然災害頻發的區域往往與生態脆弱區域重疊（而生態脆弱區域又往往是高原或山區人口空間分佈異質性顯著的區域），這些年產生了越來越突出的因災致貧、因災返貧的複雜人口問題。過去，中央和政府投入大量人力、物力和財力來扶持貧困人口，但效果欠佳。從汶川地震到蘆山地震的教訓告訴我們，山區地帶或貧困區域實施災害移民或生態移民，是降低災害成本、綜合解決災害人口問

題、開闢扶貧新路徑的科學選擇。因此，遷移氣候貧困人口、促進人口合理分佈已經成為學者和政府的共識。但怎樣制定政策、採取什麼舉措、如何取得更佳效果，都必須考慮災害區域、生態脆弱區域、高原或山區人口空間分佈異質性顯著區域的聯繫，對人口空間分佈異質性的深入研究或研究成果成為遷移氣候貧困人口、促進人口合理分佈、統籌解決高原或山區貧困人口的重要參照和依據。

6 人口分佈與經濟增長的理論機制研究

6.1 人口密度影響經濟增長嗎?——對現實的觀察和解釋

在具體探討人口分佈與經濟增長的理論機制之前,必須先回答一個最基本的問題——人口密度是否影響經濟增長,否則就陷入「強加性」研究兩者關係的嫌疑。當然,對本研究來講,關於這個問題其答案是肯定的,不然後續所做都是無用功,或者說沒有必要進行研究了。話雖如此,那現實生活中,能否找到合理的解釋呢?這裡就所觀察的現實做出直觀解釋,如圖 6.1 所示。

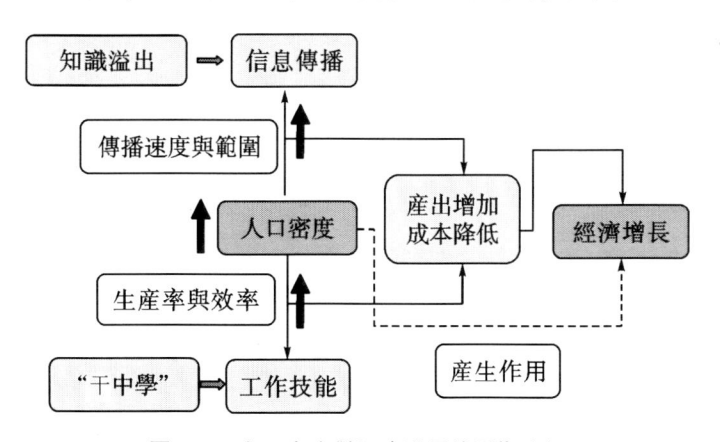

圖 6.1 人口密度對經濟增長的影響路徑

經濟增長過程中有兩個比較重要的概念,分別是知識溢出(Knowledge Spillover)和「干中學」(Learning by Doing),前者表示知識、技術和信息的外部性和傳播,後者表示工人會在工作中學習以提高工作技能。那麼人口密度在

其中如何發揮作用呢？不妨假設某一區域人口密度提高（用黑色粗箭頭表示），一方面信息傳播的速度和範圍都將增加，知識溢出的影響將更大；另一方面在「干中學」的作用下，工人將學習到更多知識和技術，學習效率和生產率將提升。因此在知識溢出和「干中學」的作用下產出增加而成本降低，從而促進經濟增長。這樣人口密度將對經濟增長產生作用，因此人口密度是會影響經濟增長的。

另外，儘管我們觀察到了人口密度對經濟增長的影響路徑，但是，這是人口的作用還是人口密度的作用？這就回到了本書第一節提出的問題。如果僅按上面的分析，看起來似乎是人口的作用，而非人口密度的作用，儘管人口密度在此能合理地進行解釋。為此還需進一步為人口密度「正名」，當然，這種「正名」不是要否定人口的作用，而是要強調人口密度的作用。事實上，對人口在經濟增長中的作用絕不能否認。為瞭解釋人口密度的作用，不妨做一些抽象的假設，以簡單的方式進行說明，如圖 6.2 和圖 6.3 所示。

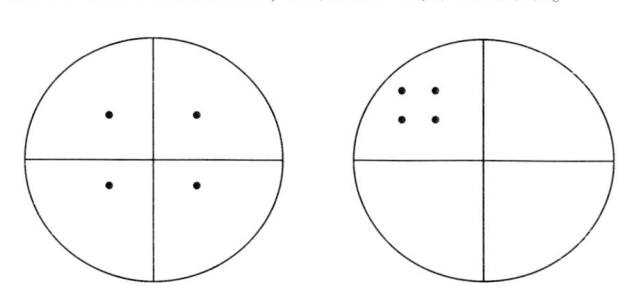

圖 6.2 人口密度的作用示意：聚集效應

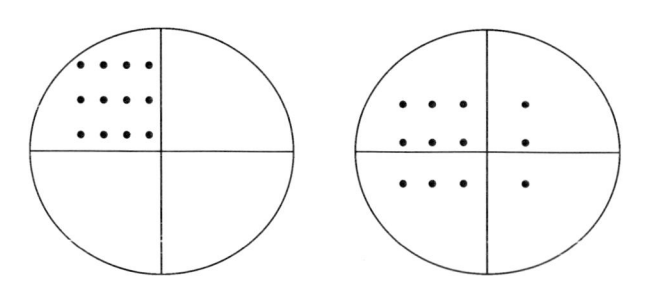

圖 6.3 人口密度的作用示意：擁擠效應

先看第一種情形，如圖 6.2，假設某個區域（比如全球）有四個子區（國家），全區只有四個人（四個點，每個點表示一個人，這是極端的假設，用以表示人口或人口密度較低）。當四個人分佈在四個子區（圖 6.2 左）時，則由

於地理距離、交流成本的存在，知識和技術傳播受阻，學習效應幾乎不存在，那麼空間外部性為零，顯然整個區域經濟增長速度都會很慢，這就如原始社會的狀態。當四個人分佈在其中一個子區（圖6.2右）時，則會產生知識溢出效應，交流、學習成本都非常低，這顯然會大大促進經濟增長，這就產生了第一種空間外部性：聚集效應。這就回答了以上的問題，就是說人口密度在發生作用。即同樣的人口數（四個人），但人口密度由於人口的分散分佈或聚集分佈而發生改變，從而對經濟增長產生影響，也即是空間的作用。

再看第二種情形，如圖6.3，分析過程基本一致，但是這裡假設某個子區（比如超大城市）集中了非常多的人口（圖6.3左，12個人，這裡僅是一種假設人口過多的表示），人口密度非常大，其他三個子區則沒有分佈。此時儘管知識溢出效應存在，交流、學習成本也非常低，但人口聚集過密所帶來的交通擁擠、環境污染、時間成本等等都非常大，甚至會超過聚集效應，這時產生第二種空間外部性：擁擠效應。擁擠效應顯然阻礙經濟增長，人口也會因擁擠效應發生分散（圖6.3右），這時12個人口分佈在整個區域，而不是僅集中在一個子區（比如像從超大城市分散到副中心城市或衛星城市），此時原來聚集最多人口的子區擁擠效應解除，經濟恢復快速增長，同時其他子區也會有人口聚集而增長。

有了以上對社會現實的觀察和解釋，表明人口密度對經濟增長確實是有影響的。但對於經濟增長[①]，人口密度是高好還是低好？依據以上分析和國際經驗數據，沒有一個所謂標準人口密度存在。舉個簡單例子對比，如表6.1，全球GDP增長率差異明顯，至少從這幾個國家的數據無法找出規律。2012年人口密度較低的地區如澳大利亞、俄羅斯、巴西等低密度區，GDP增長率為3%~4.5%，而密度稍高的美國、南非增長率又降到2%~3%；中等密度的中國GDP增長率卻達到7.65%，而更高密度的德國、日本又降低到1%左右，例子中最高人口密度的印度GDP的增長率又上升到4.74%。這些數據說明人口密度與GDP的關係絕不是越大越好或越少越好，應該有更為複雜的非線性關係。

---

① 「經濟增長」的指標不局限於總產出的增長率，其實人均GDP及增長率、GDP及增長率、資本及增長率、工資及增長率等都可以是反應經濟增長的指標，根據研究需要選取不同的指標。

表 6.1　　　　　　　　典型國家人口密度與 GDP 增長率

國家	人口密度（人/平方千米）	GDP 增長率（%）
澳大利亞	2.95	3.61
俄羅斯	8.74	3.43
巴西	14.21	4.02
美國	34.31	2.78
南非	43.09	2.47
中國	143.87	7.65
德國	230.75	0.69
日本	349.91	1.44
印度	415.95	4.74

　　通過上面的分析，可以看出人口密度在一定程度上會促進經濟增長，可稱為「聚集效應」；但人口密度過大，則會阻礙經濟增長，可稱為「擁擠效應」。後面從聚集效應和擁擠效應兩個點分析人口分佈與經濟增長的理論機制，主要通過理論模型進行分析，分析基礎是引用和擴展經典模型，因為直接分析人口分佈（人口密度）與競爭增長的模型還不多見。其中 6.2 節分析聚集效應，因為新古典經濟學與新經濟地理學的基本假設存在本質差異，前者假設規模收益不變，後者假設規模收益遞增，因此本節從兩個理論模型進行分析。6.3 節分析擁擠效應，也分為兩個點進行。首先是在 6.2 節的基礎上進一步假設外部性的動態性進行推導，得到倒「U」形曲線，這類似於威廉姆假說。該假說雖然不是嚴謹的理論推導，而是通過實證推論出來的，但其結論是受到很多實證研究驗證的，該節主要提供一個理論基礎，借鑑該假說的核心觀點闡釋人口密度的擁擠效應。其次基於新經濟地理學下地區溢出模型進行理論分析，解釋人口密度的擁擠增長機制。

6.2　人口密度與經濟增長理論機制分析之一：聚集效應

　　關於聚集效應或人口聚集與經濟增長等相關文獻綜述見本書的 2.4 節，文獻綜述分析了聚集效應無處不在的事實，理論和實證都表明聚集效應是普遍存在的。人口密度作為反應人口聚集的典型指標，相關文獻也證明了人口密度對經濟增長的正向作用。世界銀行報告（The World Bank, 2009）指出：人口密

度其實表示的是經濟活動的「聚集程度」，如果滿足三個條件那麼人口密度對經濟增長將有顯著意義：一是產出有規模經濟；二是運輸成本降低；三是資本和勞動的可流動性。而事實上這三個條件現實中是可滿足的，甚至這三個條件本身也可以說成是人口密度對經濟增長的理論機制。

另外，新經濟地理學視角下的人口密度聚集效應的相關文獻綜述見本書第2.5節，文獻綜述分析了將空間因素納入主流經濟學的新經濟地理學在處理人口分佈及人口密度和經濟增長的理論和實證模型發展過程，相關文獻也表明了再規模收益遞增的假設下人口密度對經濟增長同樣存在聚集效應機制。

不管是新古典經濟學還是新經濟地理學，聚集效應的意思說白了就是人口密度上升會促進經濟增長。不過文獻分析將其歸為簡單描述和評論研究的成果，而不是微觀推導和證明聚集效應的存在。本節以相關的經典模型為基礎，或進行引用探討或進行擴展分析，對理論機制的微觀基礎進行分析論證，使得理論機制分析更嚴密、有邏輯性和可靠性，最終證明人口密度的上升會促進經濟增長。

6.2.1 新古典經濟學視角下的理論模型

基本模型設定：本模型在「標準的」生產函數模型中考慮人口密度因素，生產函數採用 Cobb-Douglas 方程。

$$Y = f(K, \hat{L}, d) = AK^{\alpha}\hat{L}^{1-\alpha}d^{\beta} = AK^{\alpha}\hat{L}^{1-\alpha}(L/T)^{\beta} \qquad (6-1)$$

其中 $d = L/T$ 表示人口密度，這種分開寫法是要強調不僅是人口，而且還有土地或空間及兩者綜合的作用；L 為總（勞動）人口，$\hat{L} = Le^{xt}$ 表示有效（勞動）人口（即穩態情形，其他要素亦為此意義），$x \geq 0$ 為技術進步率；A 為技術進步等其他因素；K 為資本；T 為土地面積，對於一個區域來說土地面積保持不變，即為一常數。人口密度納入生產函數後，產出則會受到人口密度 $d = L/T$ 的影響。另外，本書不做 $0 < \beta < 1/(1-\alpha)$ 以得到總報酬遞減的假定（Braun, 1993）①。事實上，本節的最終目的是證明和探討人口密度促進經濟增長，即得到人口密度與經濟增長的反饋模型，而總報酬的假定不是重點。不過要假定的是 $\beta > 0$，表示人口密度的邊際產出為正。

由以上設定，可以通過有效勞動形式表示有效人均產出和有效人均資本：

---

① 本節模型類似於 Braun（1993）的分析框架，但其模型重點討論的是移民與增長的關係。本節與其模型的根本區別是，本書用人口密度，其文用人均土地（空間資源），兩者其實互為倒數關係，不過其實兩者強調的都是土地（空間資源）資源的有限性和對經濟增長的影響。其文要做總收益遞減的假設是為了強調人均資源對產出的制約。

$$\hat{y} = Y/\hat{L}, \quad \hat{k} = K/\hat{L}$$

則可分別推導出要素的邊際產出：

$$\partial Y/\partial K = f'(\hat{k}) \tag{6-2}$$

$$\partial Y/\partial L = [f(\hat{k}) - \hat{k}f'(\hat{k})] \cdot e^{xt} \tag{6-3}$$

按照新古典經濟學規模收益不變的假定，在完全經濟競爭的環境下，廠商為了得到最大化利潤，則資本的邊際產出資本的收益率，即 $f(\hat{k}) = R$，其中資本的收益率 $R = r + \delta$，r 為真實利率，δ 為折舊率；而勞動的邊際產出為工資率 w。則得到：

$$f(\hat{k}) = r + \delta \tag{6-4}$$

$$[f(\hat{k}) - \hat{k}f'(\hat{k})] \cdot e^{xt} = w \tag{6-5}$$

綜合公式 (6-1)、(6-4) 和 (6-5) 得到：

$$\alpha A \hat{k}^{\alpha-1} \cdot (L/T)^{\beta} = r + \delta \tag{6-6}$$

$$(1-\alpha) \cdot A\hat{k}^{\alpha} \cdot (L/T)^{\beta} \cdot e^{xt} = (1-\alpha) \cdot \hat{y} = w \tag{6-7}$$

解以上方程可得：

$$\hat{k} = \left[\frac{\alpha A \cdot (L/T)^{\beta}}{r + \delta}\right]^{1/(1-\alpha)} \tag{6-8}$$

$$w = \frac{(1-\alpha)\alpha^{\alpha/(1-\alpha)} \cdot A^{(1/1-\alpha)} \cdot (L/T)^{\beta/(1-\alpha)}}{(r+\delta)^{\alpha/(1-\alpha)}} \cdot e^{xt} \tag{6-9}$$

$$\hat{y} = \frac{\alpha^{\alpha/(1-\alpha)} \cdot A^{(1/1-\alpha)} \cdot e^{xt}}{(r+\delta)^{\alpha/(1-\alpha)}} \cdot (L/T)^{\beta/(1-\alpha)} \tag{6-10}$$

其中式 (6-9) 和 (6-10) 的工資方程和產出方程是本節研究人口密度和經濟增長的關鍵方程。不做其他進一步推導之前，直接可以看出人口密度 $d = L/T$ 對工資和人均產出都有正向影響，即如果人口密度增加，即人口聚集效應增加，則人均產出增加，反之亦然。這就很簡單地證明了人口密度聚集效應的存在。當然，由以上方程也可以看出人均產出還與技術進步、利率、資本折舊率等有關，不過這不是本節的關注內容，無須詳述。

前文已註記，宏觀經濟學中人均產出、人均資本、工資率等都是經濟增長範疇的代表指標，不過一般情況下還是以「增長率」更為切合「增長」最基本的意義，因此對產出的增長率或工資的增長率有必要進一步分析。基於產出和工資方程，發現兩者結構是一致的，這裡就以代表性更強的產出方程進行後續分析，即分析產出增長率。嚴格來說，要分析產出增長率或資本增長率等需要從微觀的用戶效用、企業利潤最大化等著手並以一般均衡分析為框架進一步分析，比如可以拉姆齊模型為分析框架進行分析從而得到消費、資本和產出的

增長率，對於本節也是可行的。不過本節不那麼按部就班地進行複雜化處理，而是直接簡化分析，進行線性近似處理即可，達到分析目的即可。眾所周知，自然對數的差分處理是「增長率」的近似替代，對人均產出方程取對數和差分即可近似求得人均產出的增長率。為此，對式（6-10）取對數並作差分處理得到產出的增長率 g：

$$\begin{aligned}
g &\cong \ln[1+(\hat{y}_t-\hat{y}_{t-1})/\hat{y}_{t-1}] = \ln[(\hat{y}_{t-1}+\hat{y}_t-\hat{y}_{t-1})/\hat{y}_{t-1}] = \ln(\hat{y}_t/\hat{y}_{t-1}) \\
&= \ln\hat{y}_t - \ln\hat{y}_{t-1} \\
&= \ln\left[\frac{\alpha^{\alpha/(1-\alpha)} \cdot A^{(1/1-\alpha)} \cdot e^{xt}}{(r+\delta)^{\alpha/(1-\alpha)}} \cdot (L/T)_t^{\beta/(1-\alpha)}\right] \\
&\quad -\ln\left[\frac{\alpha^{\alpha/(1-\alpha)} \cdot A^{(1/1-\alpha)} \cdot e^{x(t-1)}}{(r+\delta)^{\alpha/(1-\alpha)}} \cdot (L/T)_{t-1}^{\beta/(1-\alpha)}\right] \\
&= \alpha/(1-\alpha) \cdot \ln[\alpha/(r+\delta)] + (1/1-\alpha) \cdot \ln A + xt + \beta/(1-\alpha) \cdot \ln(L/T)_t \\
&\quad -\alpha/(1-\alpha) \cdot \ln[\alpha/(r+\delta)] + (1/1-\alpha) \cdot \ln A + x(t-1) + \beta/(1-\alpha) \cdot \ln(L/T)_{t-1} \\
&= x + \gamma \cdot \ln(L/T)_t - \gamma \ln(L/T)_{t-1} = x + \gamma \cdot \ln d_t - \gamma \cdot \ln d_{t-1} \\
&= x + \gamma \cdot (\dot{d}/d) \quad\quad\quad\quad\quad\quad\quad\quad\quad\quad\quad\quad\quad\quad (6\text{-}11)
\end{aligned}$$

上式用到 $n \cong \ln(1+n)$（當 n 很小時）。假定相關參數為定值，於是根據式（6-11）可知人均產出的增長率與人口密度的增長率成正比關係，而實際上人口密度的增長率恰能反應人口聚集效應，人口密度增長率越大，則聚集效應越強，模型顯示的結果則是產出的增長率也越大；反之亦然。所以經此對數近似處理即可簡單明了地闡釋人口密度對經濟增長的聚集效應。簡單說就地人口密度的增加有利於經濟增長，這即是聚集效應的通俗化理解，而模型簡單描述了這一理論機制。

6.2.2　新經濟地理學視角下的理論模型

規模收益遞增是新經濟地理學的基礎假設，本節引用 Ciccone（1996，2002）的理論模型進行分析（具體可參見兩篇原文，這裡主要是總結性地展示該文的模型思想和關鍵推導）。該文分析的是就業聚集（就業密度）與產出的關係，本節依然強調人口聚集（人口密度）的作用，所以從就業密度擴展為人口密度，當然這其實並未改變模型本質，只是將勞動人口定義成總人口。不過需要指出的是，該理論的推導不完全是新經濟地理學的理論分析框架，甚至與第 6.1 節的框架有些許相近的地方，最大的區別是其生產函數是從單位面積的產出出發，與新古典經濟學從人均產出出發有著本質差異，更強調土地面

積和空間的作用。當然其基本假設之一為規模收益遞增,為新經濟地理學的基本假設之一,所以暫且稱為「新經濟地理學視角下的理論模型」(後文探討擁擠效應時則完全遵循新經濟地理學的框架,以示區別)。

基本模型設定:假設某一區域的產業具有規模報酬遞增的特徵,區域總面積分成若干個子地區 i, 區域單位面積的產出為區域總產出除以總面積。設第 i 個地區單位面積的生產函數為:

$$q_i = Af(nH, k; Q_i, T_i) = A\left[(nH)^\beta k^{(1-\beta)}\right]^\alpha \left(\frac{Q_i}{T_i}\right)^{(\lambda-1)/\lambda} \quad (6-12)$$

其中 q 為單位面積的產出水平,強調的是土地和空間的作用,這一點是與前節分析的框架最根本的區別,所以不再用 y(人均產出)表示,以示區別。A 為全要素生產率,包括諸如技術、國際貿易等。n 為每單位土地面積上勞動力人口數量,H 為每一人口所含的人力資本數量;可見該模型考慮到了人力資本,因此 k 僅表示單位面積上的物質資本數量。Q_i 為第 i 個地區的總產出水平,T_i 為第 i 個地區的總面積。β 是資本中人力資本的比例分配參數,$1-\beta$ 則為物質資本分配參數;α 為資本對單位面積產出的彈性系數。模型中另外重點要關注的是 Q_i/T_i,即總產出除以總面積,其可稱為經濟密度或生產密度,這是聚集經濟效應或空間外部性的指徵,而經濟密度的產出彈性為 $(\lambda-1)/\lambda$。顯然,當且僅當 $\lambda > 1$ 時才有正向的聚集效應。

由單位面積產出 q 和面積 T 可得到地區總產出水平:

$$Q_i = T_i \cdot q_i = T_i A \cdot \left[\left(\frac{L_i H}{T_i}\right)^\beta \left(\frac{K_i}{T_i}\right)^{(1-\beta)}\right]^\alpha \left(\frac{Q_i}{T_i}\right)^{(\lambda-1)/\lambda} \quad (6-13)$$

其中 L_i 為地區總人口,K_i 為地區總物質資本。將上式進一步整理可得:

$$\frac{Q_i}{L_i} = A^\lambda \cdot \left[H^\beta \left(\frac{K_i}{L_i}\right)^{(1-\beta)}\right]^{\alpha\lambda} \left(\frac{L_i}{T_i}\right)^{\alpha\lambda-1} \quad (6-14)$$

顯然 L/T 即為人口密度 d,Q/L 為人均產出。推導到這一步基本結論已經可以得出了:上式表明人口密度對經濟增長有聚集效應。不過還可進一步分析,消除物質資本的影響。我們知道,資本的邊際產出為物質資本利率 r 和折舊率 δ 之和〔這遵循 Ciccone(1996,2002)的處理方法,不過其文沒有考慮折舊,本書加以考慮〕,由式(6-14)對 K 求導可得:

$$K_i = \frac{\alpha(1-\beta)}{r+\delta} Q_i$$

將上式帶入（6-14）得到：

$$\frac{Q_i}{L_i} = A^\lambda \cdot \left[H^\beta \left(\frac{a(1-\beta)/(r+\delta)}{L_i} \cdot Q_i \right)^{(1-\beta)} \right]^{\alpha\lambda} \left(\frac{L_i}{T_i} \right)^{\alpha\lambda-1} \quad (6-15)$$

進一步整理便可得到：

$$y = Q_i/L_i = \left[\frac{\alpha(1-\beta)}{r+\delta} \right]^{1/[1-\alpha\lambda(1-\beta)]} A^{\lambda/[1-\alpha\lambda(1-\beta)]} \cdot \left[\left(\frac{L_i}{T_i} \right) H \right]^{(\alpha\lambda-1)/[1-\alpha\lambda(1-\beta)]}$$

$$(6-16)$$

此公式便是人口密度與人均產出方程。同樣遵循上節的處理方式，取對數並差分做線性近似處理，同時對全要素生產率做定義，$A = A(\text{Trade}, G, t)$，其中，Trade 表示貿易或開放度，$G$ 表示政府服務，t 為時間趨勢，則得到產出的增長率 g：

$$g \cong \ln y_t - \ln y_{t-1}$$

$$= \lambda/[1-\alpha\lambda(1-\beta)] \ln A(\text{Trade}, G, t) + \frac{\alpha\lambda-1}{1-\alpha\lambda(1-\beta)} \left[\ln\left(\frac{L_i}{T_i}\right)_t + \ln H_t \right]$$

$$-\lambda/[1-\alpha\lambda(1-\beta)] \ln A(\text{Trade}, G, t-1) - \frac{\alpha\lambda-1}{1-\alpha\lambda(1-\beta)} \left[\ln\left(\frac{L_i}{T_i}\right)_{t-1} + \ln H_{t-1} \right]$$

$$= \mu \ln \left\{ A(\text{Trade}, G, t) - A(\text{Trade}, G, t-1) + \gamma(\ln H_t - \ln H_{t-1}) + \gamma \left[\ln\left(\frac{L_i}{T_i}\right)_t - \ln\left(\frac{L_i}{T_i}\right)_{t-1} \right] \right\}$$

$$= \mu \ln[A(\text{Trade}, G, t) - A(\text{Trade}, G, t-1) + \gamma \ln(H_t/H_{t-1}) + \gamma \cdot (d/d)] \quad (6-17)$$

假定相關參數為定值，$\mu = \lambda/[1-\alpha\lambda(1-\beta)]$，$\gamma = (\alpha\lambda-1)/[1-\alpha\lambda(1-\beta)]$。顯然，當 $\alpha\lambda > 1$ 時保證人口密度的邊際效應為正①，即產生聚集效應。自此，從空間產出水平（單位面積產出）出發，同樣推導出人口密度的增長率對經濟增長率的聚集效應，且增長方程的結構類似於前節，但該理論模型還強調了人力資本的作用，因為人口聚集和人力資本聚集還有區別——人口聚集是人口密度本身或人口數量的增加，而人力資本聚集是知識和技能的聚集。另外，具體定義了全要素生產率後，在實證研究中可以適度擴展相關影響變量，使研究更為充分。

---

① 實際上還要設定 α 才更為準確，Ciccone（2002）沒有考慮過此情形，不過不影響基本結論。

6.3 人口密度與經濟增長理論機制分析之二：擁擠效應

顧名思義，「擁擠」即為過度、過多或過大的意思，放在人口空間方面，即人口分佈過多、人口密度過大；「擁擠效應」就是由於人口分佈過多、人口密度過大而產生的副作用，比如城市交通擁擠、環境污染、資源短缺、成本上升等等，進而對經濟增長有負向作用。所以人口密度其實是把雙刃劍：適度的人口聚集有利於經濟增長，猶如前文所論述；而人口聚集過多又不利於經濟增長。不過對於後者，文獻綜述章節並未討論，但人口密度過大對經濟增長產生副作用的事實早有相關理論和實證研究。在此才討論擁擠效應，並不是文獻綜述時被「遺漏」，而是因為擁擠效應和聚集效應很多時候是孿生體，其中以文獻綜述形式先對之前的聚集效應理論進行質疑和補充，之後再以理論模型分析，使得銜接更加緊密。所以前文就算是有「遺漏」，也是故意為之，別無他意。因此 6.3.1 節先對擁擠效應進行文獻綜述，之後兩小節亦從兩個視角進行擁擠效應的機制分析。

6.3.1 關於擁擠效應的文獻綜述

眾所周知，在生物學上隨著種群增長，密度加大，增長速率趨緩，最後趨於零，說明密度本身自動限制了種群的進一步增長。關於種群的研究有一個詞叫「密度制約」（Density Dependent），即種群的動態發展與種群密度有密切關係（Grant & Benton, 2003）。我們熟知的競爭、捕食、寄生、疾病和種內調節等生物因素，都是密度制約範疇。比如當種群密度過大時，個體間的接觸就很頻繁，傳染病也容易蔓延。再比如，老鼠種群過大，密度超過某一臨界值時，經常有老鼠集體自殺。此類「報導」時有出現。

當「密度制約」引申到人口密度時常稱為「擁擠效應」，比如資源短缺、交通擁擠、環境污染、成本上升等等，即人口密度過大產生擁擠效應時不利於經濟增長。其實馬爾薩斯的經典人口爆炸理論便是擁擠效應的直觀描述。馬爾薩斯論題的基本思想是人口增長有超過食物供應增長趨勢，認為食物供應只有算術增長的趨勢，而人口有幾何增長的趨勢。馬爾薩斯在其著作《人口原理》中這樣描述：「世界人口將按照 1、2、4、8、16、32、64、128、256……的幾何倍數增長，而資源則按照 1、2、3、4、5、6、7、8、9、10……的算數倍數增加。」仔細分析馬氏的思想，可以簡單理解為人口多、密度大以致資源嚴重

短缺，這顯然就是擁擠效應的本質內涵。產儘現實中馬氏的人口爆炸和資源短缺的矛盾沒有如此「玄乎」，但隨著人口遷移、分佈和聚集，特別是工業化和人口城鎮化的推進，各種擁擠效應和問題接踵而至，尤其是各種環境問題、貧困問題，比如倫敦菸霧事件、南美洲過度城鎮化的貧民窟問題等，人口擁擠就算不是這些問題的根本原因，也算主要原因之一。

擁擠問題發生後，學術上開始將擁擠效應理論化並討論其與經濟增長的負向關係。其中從擁擠的第一影響——交通擁擠入手分析的居多。Graham（2007）應用 Translog 生產函數分析了聚集效應和公路交通擁擠效應對產出的影響，發現製造業、建築業和服務業聚集效應明顯，而交通擁擠、以距離和交通成本表示的城市密度對經濟下行有顯著影響，特別是在高度城市化的地區更為明顯。

具體到人口聚集過多產生的擁擠效應的研究也頗豐。其中過度人口城鎮化就是經典案例，而以南美洲一些國家為典型，比如巴西、阿根廷和烏拉圭等，城鎮化率甚至超過了 80%，但經濟發展水平嚴重滯後（趙培紅，孫久文，2011），而以貧民窟為代表的人口擁擠區的環境最為惡劣，這已成為標誌性的擁擠效應案例。

所以以人口城鎮化為背景的擁擠效應研究理論頗豐，而其中威廉姆森假說（Williamson Hypothesis）則是最為人所熟知的理論之一。

威廉姆森假說最初的成果是研究區域發展差異和收斂時提出的，指出經濟發展初期差距擴大，而後會縮小。威廉姆森其實是把庫茲涅茨的收入分配倒「U」形假說應用到分析區域經濟發展方面，提出了區域經濟差異的倒「U」形理論，就像其應用到環境領域形成熟知的環境庫茲涅茨倒「U」形曲線。1955 年庫茲涅茨在美國經濟協會的演講中提出了這一著名的假說：在經濟發展過程中，收入差別的長期變動軌跡是「先惡化、後改進」。威廉姆森通過實證分析指出，無論是截面分析還是時間序列分析，結果都表明發展階段與區域差異之間存在著倒「U」形關係。所以威廉姆森假說其實還可以歸結為威廉姆森倒「U」形理論（Williamson's Inverted-U Theory）。不過該理論也尚存爭議，而爭議的關鍵點之一主要是經濟活動的空間集中兩極化是否為國家經濟發展「不可逾越的階段」，而區域經濟差異又會否隨著經濟發展而「最終消失」。

該假說放在人口聚集時最典型的就是城鎮化過程，其基本含義是指空間聚集作用在經濟低發展水平階段能顯著促進生產效率提升，促進經濟增長，但達到某一臨界值之後，空間聚集作用對經濟增長的影響變小，更糟糕的是阻礙經濟增長，擁擠效應的負外部性開始顯現。產儘威廉姆森假說是通過實證分析後

提出的，但假設基本符合現實，這可由後來跟進的許多實證研究佐證。Henderson（2003）研究發現城市人口聚集度對經濟增長有一個最優值，超過或低於該值將對產出率付出巨大的成本，這其實是倒「U」形關係的證明。文章還表示面臨低的甚至負的經濟增長率時人口城鎮化聚集極有可能發生。Futagami 和 Ohkusa（2003）構建質量梯度模型及相關擴展的模型，研究發現以人口數量度量的市場規模和經濟增長之間是一種「U」形關係。國內，徐盈之、彭歡歡和劉修岩（2011）利用中國30個省域1978—2008年的數據對威廉姆森假說進行了實證檢驗，發現空間聚集對經濟增長具有非線性效應，即在達到門檻值以前，聚集對經濟增長具有正效應，但超出門檻值後，聚集會降低經濟增長率，指出「威廉姆森假說在中國顯著存在」。孫浦陽、武力超、張伯偉（2011）基於全球85個國家近10年的面板數據分別採用橫截面 OLS 和系統動態 GMM 的估計方法所進行的實證研究結果同樣支持「威廉姆森假說」。陳得文和苗建軍（2010）構建空間聚集和經濟增長面板數據聯立方程，運用 GMM 估計方法實證檢驗1995—2008年中國省域空間聚集（就業人口密度）和增長的內生關係，發現聚集對區域經濟增長的作用呈倒「U」形關係。

以上所有實證研究都驗證了擁擠效應的存在，聚集效應和擁擠效應綜合作用產生倒「U」形的聚集與經濟增長的關係。不過聚集的指標多以人口城鎮化等表示，而本書重點關注的是具體到以人口密度為聚集標誌的研究，這其實也不乏研究成果。Ladd（1992）研究了人口密度與政府公共服務支出及公共安全的關係，指出兩者為「U」形關係（注意不是倒「U」形，不過仔細推敲其基本原理是一致的，結論也是一致的，因為平均的政府公共服務支出越多則越會降低經濟收入水平和增長速度，反之亦然），且低谷位於大約190人/平方千米處，超過該低谷值後，支出迅速增長。Mathieu Provencher（2006）通過對全球90個國家1980—2000年的面板數據估計分析指出人口密度對 GDP 增長具有聚集和擁擠雙重效應，即系數估計的正負性符合聚集和擁擠的指徵方向，產儘該文指出系數的顯著性並未通過檢驗。

需要補充的是，按理說，既然擁擠產生了副作用，那麼需要應對擁擠效應，產儘這不是本書的研究點，甚至無須綜述這個問題，但其也是擁擠效應的延伸，更是現實和未來需要研究的重點，這裡一併簡單舉個例子以示綜述的完善性。實際上早有研究討論這個問題，比如考慮對擁擠付出成本。Anas 和 Xu（1999）就通過建立一般均衡模型分析了收取擁擠費（稅）來應對擁擠產生的副作用，不過其模型分析發現，收擁擠費（稅）能帶來「去中心化」的作用，但「中心化」效應依然超過「去中心化」效應，使得中心地區依然有更多的

工作崗位和更高的人口密度。文章在對參數進行某些標準化後還發現,收入水平的3%作為擁擠費(稅)是比較有效率的。

縱觀對擁擠效應的綜述,一般研究擁擠效應時會和聚集效應聯合研究,因為擁擠效應是聚集效應的後期反應,即聚集效應突破一定閾值時才發生擁擠效應。而反過來,研究聚集效應時不一定會研究擁擠效應,如對聚集效應的文獻綜述時反應了這一點。不管如何,聚集效應和擁擠效應是一對孿生體,理論和實證上都應該同時考慮,因為它們一般都是共存的。

6.3.2 新古典增長模型下倒「U」形曲線推導

文獻分析中已經闡釋,人口密度的聚集效益和擁擠效應是一個孿生體,兩者聯合發生作用時,人口密度和經濟增長存在倒「U」形的關係,產盦倒「U」形關係本身不能表達人口密度和經濟增長的具體方程關係,比如是二次關係、三次關係還是更為複雜的非線性關係,但是如果能推導出倒「U」形的關係,就已經成功推導出擁擠效應,因為倒「U」形的關係本質就是初始期隨著人口密度增大經濟增長越快,達到高值後,人口密度再增加則經濟增長下行。所以,如果能簡單明瞭地從圖形中進行「推導」則更能一目了然,本節就嘗試這一方式的推導。當然,所謂「簡單」圖式推導依然是建立在數學邏輯基礎上的。這裡基於上節聚集效應理論模型的最終結果進一步討論擁擠效應。

在6.1節中,本書以常見的新古典增長理論模型為基礎進行擴展分析得到了人口密度與經濟增長的聚集效應關係。本節在此基礎上引入擁擠效應,並假設空間動態外部性,以圖式方法進行推導。首先將式(6-1)中的外部性引入擁擠效應,擴展得到下式:

$$Y = f(K, \hat{L}, d) = AK^{\alpha}\hat{L}^{1-\alpha}d^{\beta-\alpha\beta^2} = AK^{\alpha}\hat{L}^{1-\alpha}(L/T)^{\beta-\alpha\beta^2} \quad (6-18)$$

相關參數的含義見前文。其中 $-\alpha\beta^2$ 表示擁擠效應,與資本份額 α 和外部性 β 有關,表示外部性過度時會有負效應。另外,同樣為了滿足基本的約束條件,即保證正的外部性存在,需要設定 $\beta - \alpha\beta^2 > 0$,即 $0 < \beta < 1/\alpha$。按照6.1的求解框架,這裡省略中間解答過程,如果僅關注人口密度和經濟增長率的關係,則可得到含擁擠效應的經濟增長率與人口密度的關係式:

$$g = x + (\beta - \alpha\beta^2)/(1-\alpha) \cdot [\ln(L/T)_t - \ln(L/T)_{t-1}] \quad (6-19)$$

其中這裡需要關注的重點是 $\gamma = (\beta - \alpha\beta^2)/(1-\alpha)$,根據前面的設定 $0 < \beta < 1/\alpha$,顯然:

$$\gamma = (\beta - \alpha\beta^2)/(1-\alpha) > 0 \quad (6-20)$$

對 γ 關於 β 求導，得到：

$$\gamma'_\beta = (1 - 2\alpha\beta)/(1 - \alpha) \begin{cases} > 0, & \text{當 } 0 < \beta < 1/2\alpha \\ = 0, & \text{當 } \beta = 1/2\alpha \\ < 0, & \text{當 } 1/2\alpha < \beta < 1/\alpha \end{cases} \quad (6-21)$$

由式（6-21）可知，β 的變動會改變 γ 的變化趨勢，因為其導數在變化。有了這個「新發現」，就可以做進一步擴展：考慮 β 的變化，即動態性。假定外部性 β 與人口密度 $d = L/T$ 的關係為 $\beta'(d) > 0$，$\beta''(d) < 0$，即 $\beta(d)$ 是 d 的遞增函數，$\beta(d)$ 隨著 d 的增加而增加，即動態外部性，但增長速率遞減。不過這一假定合理嗎？答案是肯定的。不難理解：當人口密度較低時，產出需要人口的聚集效應，即較小幅度的人口密度增加會帶來較大規模產出的增加，也就是說人口密度的作用在產出中的作用越來越大，其正外部性也加大。隨著 β 持續增加，當人口密度突破某一閾值時，即 $\beta > 1/2\alpha$ 時，由式（6-21）可知，人口密度正外部性變為負外部性，聚集效應變為擁擠效應。此時同樣在 $\beta'(d) > 0$ 的假定條件下，隨著人口密度的持續增加，β 也伴隨持續增加的後果是負外部性越發增大，以致擁擠效應越來越明顯。根據以上假定及其後果分析可知，這個假定符合邏輯，有了這個假定，下面即可進一步用圖形分析人口密度 d、$\beta(d)$ 和經濟增長率 $g(d)$ 的關係。

結合式（6-19）、（6-20）、（6-21），將人口密度與經濟增長的函數關係繪出，如圖 6.4 所示。

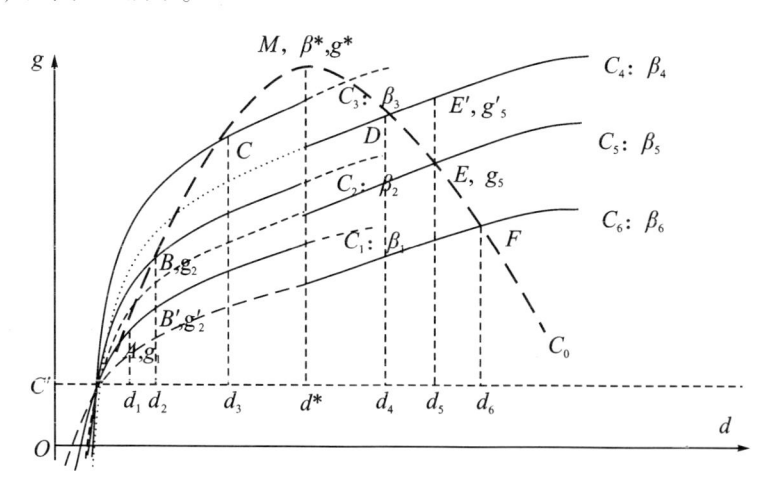

圖 6.4 人口密度 d 與經濟增長 g 的倒「U」形曲線圖解

設某一區域的人口密度的發展規律是從低到高增加，如圖的橫軸表示人口密度從 d_1 到 d_6 依次增加。圖中 6 條關於某區域人口密度 d 和經濟增長率 $g(d)$

的曲線 C_1-C_6，分別對應不同的人口密度時期。由於假定 $\beta'(d) > 0$，可知各曲線對應的外部性值 $\beta_1 < \beta_2 < \cdots < \beta_5 < \beta_6$。為了分析方便，這裡設定其中在 $0 < \beta_1 < \beta_2 < \beta_3 < 1/2\alpha$ 階段對應的 $\gamma'_\beta > 0$，在 $1/2\alpha < \beta_4 < \beta_5 < \beta_6 < 1/\alpha$ 階段對應的 $\gamma'_\beta < 0$。當 $\beta^* = 1/2\alpha$，設其對應的人口密度為 d^*，可稱為最優人口密度或門檻人口密度，此時 $\gamma'_\beta = 0$，且 γ 達到最大值。

有了這些基本構思，就可以推導人口密度和經濟增長的動態關係了。先看曲線 C_1-C_3，當某國家或區域的人口密度在低值 d_1 時，其對應的增長方程為曲線 C_1，對應的增長率為 A 點的 g_1。當人口密度增加到 d_2 時，如果沒有 $\beta'(d) > 0$ 的假定，則其增長方程曲線依然是 C_1，對應的增長率是 B' 點的 g'_2，但是在 $\beta'(d) > 0$ 的假定下，增長方程上移轉變為曲線 C_2，對應的增長率在 B 點的 g_2，顯然 $g_2 > g'_2$，即聚集效應發生作用，經濟增長率由於聚集效應變得更高。依此類推，隨著人口密度進一步上升到 d_3，增長方程在 $\beta'(d) > 0$ 條件下轉變為 C_3，對應的經濟增長率上升到更高的 g_3。如此發展直到最優的人口密度 d^* 時，此時外部性達到臨界值 $\beta^* = 1/2\alpha$，經濟增長達到最大的 M 點 g^*。

如果在 $\beta = 1/2\alpha$ 基礎上繼續增加 $\gamma'_\beta < 0$，意味著隨著外部性的增加，曲線的移動不再上移而是下移了；由式（6-20）、（6-21）可知，此時人口密度與經濟增長的方程曲線變為 C_4-C_6。具體地，當人口密度超越最優人口密度達到 d_4 時，其對應的增長曲線是 C_4，對應的增長率為 D 點所在的 g_4。當人口密度繼續增大到 d_5 時，如果沒有 $\beta'(d) > 0$ 的假定，則其增長方程曲線依然是 C_4，對應的增長率在 E' 點的 g'_5，但是在 $\beta'(d) > 0$ 的假定下，增長方程下移轉變為曲線 C_5，對應的增長率在 E 點的 g_5，顯然 $g_5 < g'_5$，即擁擠效應發生作用，經濟增長率由於擁擠效應變得更低。同理可推，隨著人口密度進一步上升到 d_6 時，增長方程在 $\beta'(d) > 0$ 條件下進一步轉變為 C_6，對應的經濟增長率下降到更低的 g_6。

根據以上推導，將六條曲線所對應的人口密度 d 和經濟增長率 g 的六個交點 A、B、C、D、E、F 連接起來，則可以得到隨著人口密度變化而變化的實際增長曲線，如圖 6.4 的倒「U」形曲線。可以將 C_1-C_3 階段稱為人口密度聚集效應階段，C_4-C_6 階段稱為擁擠效應階段。由此可見，在新古典增長模型的基礎上引入含擁擠效應的動態外部性後，通過圖形簡單明瞭地推導出了人口密度 d 和經濟增長率 g 的倒「U」形曲線，這也就同時證實了人口密度的聚集效應和擁擠效應的發生機制。

為了進一步分析倒「U」形曲線的一些特徵，將圖 6.4 簡化為圖 6.5。由此可知，在 d_1-d^* 階段為聚集效應階段，d^*-d_2 為擁擠效應階段。如果是在一

個區域內，即時間序列，則隨著人口密度增加經濟增長率先增加後降低；如果是一個大區域（如國家）下面的子區域（如省、市），即截面數據，則一些低人口密度區域（比如有潛力的中等城市）則會努力吸引人口遷入，從而最大限度發揮聚集效應、促進經濟增長，反之一些高人口密度區域（特大城市）則會考慮遷出人口，從而最大限度降低擁擠效應、促進經濟增長。這其實是倒「U」形曲線的基本政策含義：雖然簡單明瞭，但是有理有據，邏輯可循。

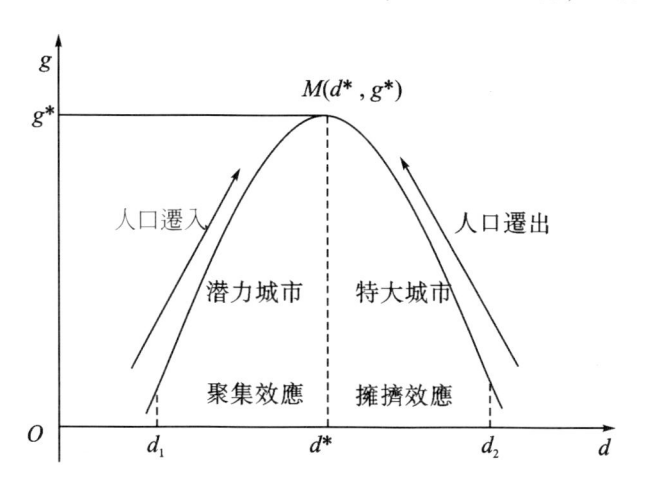

圖 6.5　人口密度 d 與經濟增長 g 倒「U」形關係的政策含義

6.3.3　基於 NEG 視角的地區溢出理論模型

上小節「圖式化」的推導應該說簡單明瞭地闡釋了人口密度 d 和經濟增長率 g 的倒「U」形曲線關係，不過其缺陷是兩者的具體函數關係還不明瞭（雖然這並不影響人口密度和經濟增長的基本關係和作用機制），比如是二次曲線關係、三次曲線關係還是更為複雜的函數關係，它們都有著倒「U」形的特點。為此本小節通過應用新經濟地理學的地區溢出模型闡釋人口密度 d 和經濟增長率 g 的擁擠效應。同樣說明的是，擁擠效應一般總是同聚集效應一同「捆綁」研究，所以基於新經濟地理學（NEG）視角的分析依然是兩種效應同步分析。

新經濟地理視角下的關於經濟增長的模型主要是世界溢出模型（Global Spillovers Model，GS）和地區溢出模型（Local Spillovers Model，LS），這兩個模型將資本的溢出效應和空間結合，分析了空間溢出效應對空間分佈的影響以及更為關鍵的對內生經濟增長的影響。本節引用 Baldwin、Martin 和 Ottaviano

(2001)地區溢出模型,遵循 Baldwin、Forslid 和 Martin(2003)在地區溢出模型上討論擁擠效應的設定,梳理出含擁擠效應的地區溢出模型的基本理論框架,不過僅展示和討論該文的一些關鍵推導,不一一給出所有過程,比如消費者行為、生產者行為、效用函數設定、價格指數求解等等,更詳細過程可參考以上文獻以及安虎森(2005,2009)的「新經濟地理學原理」或「空間經濟學原理」相關內容的討論。需要說明的是,地區溢出模型和含擁擠效應的地區溢出模型中關於經濟增長的方程主要涉及人口和企業份額(或者勞動人口份額)等,並不直接涉及人口密度,不過這僅需要進行對假設擴展,引入人口密度和區域面積,因此關鍵是得到核心的經濟增長方程。

(1) 模型基本假設

地區溢出模型下的經濟系統是由兩個區域(南部和北部,其中後文中帶「*」表示南部,「w」表示世界或全球,無標示表示北部)、三個主要部門(農業部門 A、工業部門 M 和知識創造部門 I)、兩種要素(資本 K 和勞動 L)構成 2×3×2 體系。農業部門遵循新古典經濟學下的規模報酬不變和完全競爭特徵,單位勞動力生產單位農產品,且農產品的交易無成本。工業部門以規模收益遞增和壟斷競爭為特徵,工業部門以資本為固定成本,勞動作為可變成本,工業品的交易遵循「冰山交易成本」,即每運輸 τ (>1) 單位的產品,僅有一單位產品到達目的地。知識創造部門利用勞動來創造新知識資本,每單位資本 K 的生產需要 a_I 單位勞動成本,用 F 表示資本創造的邊際成本,則 $F = a_I w_L$ (w_L 為勞動工資)。知識資本分為私人知識和公共知識,其中公共知識有地區溢出效應,即溢出效應或學習效應的存在使得資本創造成本隨著存量的增加而下降,並且資本創造還受到空間分佈的影響,因此資本的邊際成本假設變為:

$$F = a_I w_L, \quad a_I = 1/(AK^w), \quad A = s_n + \lambda(1 - s_n)$$

$$F^* = a_I^* w_L, \quad a_I^* = 1/(A^* K^w), \quad A^* = \lambda s_n + 1 - s_n$$

(6-22)

其中 s_n 表示北部企業的數量。$\lambda \in [0, 1]$ 表示知識在空間或區域傳播的難易程度或自由程度,λ 越大表示傳播越容易,此時 A 越大,新資本形成的成本 F 就越小;反之,λ 越小表示傳播越困難,此時 A 越小,新資本形成的成本 F 就越大。假定私人資本不可流動,每個工業企業只生產一種差異化的產品,每個產品的產出需要一個單位的資本的固定成本,則 $s_n = s_k$,$s_n^* = s_k^*$,其中 s_k 表示南部私人資本稟賦的份額。

(2) 模型長期均衡與經濟增長率

當經濟達到長期均衡時①，兩區域由於對資本進行生產和折舊，導致區域資本的相對份額不斷發生調整變化，當每個單位資本的收益恰好等於資本生產的成本時，經濟系統處於均衡狀態，此時，世界資本存量 K^w 的增長率、世界總收益 E^w、北部資本份額 s_k 等都不再發生變化。其中總收入 E^w 由兩個部分構成：勞動的收益 $w_L L^w$ 以及資本的收益 $\pi s_n K + \pi^*(1-s_n)K^*$；但創造資本也有支出，包括資本折舊 $-\delta K^w a_I w_L$ 和為了保持資本增長率 g 的支出部分 $-gK^w a_I w_L$。將工資率標準化為 1，則以南北部分別表示的支出是：

$$E = s_L L^w + s_k bBE^w - (g+\delta)Ka_I$$
$$E^* = (1-s_L)L^w + s_k bB^* E^w - (g+\delta)K^* a_I^* \quad (6-23)$$

其中 $B = \dfrac{s_E}{\Delta} + \varphi \dfrac{1-s_E}{\Delta^*}$，$B^* = \varphi \dfrac{s_E}{\Delta} + \dfrac{1-s_E}{\Delta^*}$；$\Delta = s_n + \varphi(1-s_n)$，$\Delta^* = \varphi s_n + (1-s_n)$；$\varphi$ 為貿易自由度；$b = \mu/\sigma$，μ 為消費者對工業品的消費份額，σ 為消費者 CES 效用函數的替代彈性。

將兩式加總即得到總收入：

$$E^w = L^w + bE^w - (g+\delta)(Ka_I + K^* a_I^*) \quad (6-24)$$

式（6-24）計算使用了三個關係式：

$$\pi s_n K + \pi^*(1-s_n)K^* = bB\dfrac{E^w}{K^w}s_n K^w + bB^* \dfrac{E^w}{K^w}(1-s_n)K^w = bB[s_n B + (1-s_n)B^*] = bE^w$$

$$s_n B + (1-s_n)B^* = 1$$

$$\pi = \pi^* = bB\dfrac{E^w}{K^w}$$

將式（6-22）代入（6-24）解得：

$$E^w = \dfrac{L^w}{1-b} - \dfrac{g+\delta}{1-b}\Big[\dfrac{s_n}{s_n + \lambda(1-s_n)} + \dfrac{1-s_n}{\lambda s_n + (1-s_n)}\Big] \quad (6-24^*)$$

當經濟均衡時，根據 Tobin（1969）價值理論，單位資本的價值和資本的成本相等，即托賓值 $q = \dfrac{v}{F} = 1$，其中 v 為資本的現值。根據資本的增長率 g、

---

① 這裡略去對短期均衡的討論，也略去了許多相關的均衡求解過程，包括這裡的長期均衡的求解過程。具體可參考安虎森（2005，2009）的《新經濟地理學原理》或《空間經濟學原理》相關內容的討論。

折舊率 δ 和收益的時間貼現率 ρ 可得單位資本的現值：

$$v = \int_0^\infty e^{-\rho t} e^{-\delta t}(\pi \cdot e^{-gt}) dt = \frac{\pi}{\rho + \delta + g}, \quad v^* = \frac{\pi^*}{\rho + \delta + g}$$

因此可得：

$$q = \frac{v}{F} = \frac{\pi}{(\rho + \delta + g)w_L a_1} = \frac{\pi K^w A}{\rho + \delta + g} = \frac{bBE^w A}{\rho + \delta + g} = 1 \quad (6-25)$$

然後即可根據長期均衡的狀態，分兩種情況求解均衡的資本增長率 g。

第一，當為對稱均衡時，勞動力、企業和資本都對稱分佈，即 $s_L = s_K = s_n = 1/2$，$A = 2/(1+\lambda)$，$B = B^* = 1$，將其代入式（6-24*）得到：$E^w = \frac{1}{1-b}[L^w - \frac{2(g+\delta)}{1+\lambda}]$，再將此代入式（6-25）得到：

$$q = \frac{v}{F} = \frac{bBE^w A}{\rho + \delta + g} = \frac{b(1+\lambda)E^w}{\rho + \delta + g} = \frac{b(1+\lambda)}{2(1-b)(\rho + \delta + g)}[L^w - \frac{2(g+\delta)}{1+\lambda}] = 1$$

$$(6-25^*)$$

即可求得對稱均衡時的資本增長率：

$$g_{\text{sym}} = g = g^* = bL^w A - \rho(1-b) - \delta = bL^w \frac{1+\lambda}{2} - \rho(1-b) - \delta$$

$$(6-26)$$

世界總收益為：$E^w = L^w + \frac{2\rho}{1+\lambda}$

第二，當為核心—邊緣均衡時，勞動力、企業和資本集中分佈，假定集中在北部，則 $s_K = s_n = 1$，$A = 1$，$B = 1$，將其帶入式（6-24*）得到 $E^w = \frac{L^w - (g+\delta)}{1-b}$，再將此代入式（6-25）得到：

$$q = \frac{v}{F} = \frac{bBE^w A}{\rho + \delta + g} = \frac{b(L^w - g - \delta)}{(1-b)(\rho + \delta + g)} = 1$$

可求得核心—邊緣均衡時資本增長率：

$$g_{\text{cp}} = g = bL^w - \rho(1-b) - \delta \quad (6-27)$$

世界總收益為：$E^w = L^w + 2\rho$

（3）考慮擁擠效應時的經濟增長率

從以上模型得到的資本增長率，不管是對稱下的增長率 g_{sym} 還是核心—邊緣下的增長率 g_{cp}，與企業的集中度 s_n 或資本集中度 s_K 無關，所以沒有擁擠效應，也就是說不管是集中多少比例的企業或資本，都不會有擁擠，這與現實不

完全符合。因此，考慮擁擠效應變得有必要，而將擁擠效應引入模型並不複雜，只是將具有學習效應下的資本成本做調整，即將式（6-22）中北部等式引入擁擠參數（假設資本往北部集中，則北部擁擠，南部則等式不變，即不存在擁擠）：

$$F = a_I w_L, \quad a_I = 1/(AK^w), \quad A = s_n + \lambda(1-s_n) - r(s_n - 1/2)^2$$
$$(6-22^*)$$

其中 $r \geq 0$ 為擁擠係數，它在模型中的含義是：在高度聚集的情況下（s_n 大於 1/2 並趨於 1），繼續提高北部企業的份額，將使資本生產成本上升。當 $r = 0$ 時則沒有擁擠效應，回到了式（6-20）。由式（6-20*）又可知，當對稱分佈時（s_n 為 1/2 時），擁擠效應為零，不存在擁擠效應。

同樣遵循上面的求解過程得到有擁擠效應時的經濟增長率：

$$g = bL^w A - \rho(1-b) - \delta = bL^w[s_n + \lambda(1-s_n) - r(s_n - 1/2)^2] - \rho(1-b) - \delta$$
$$= bL^w(1-\lambda+r)s_n - rbL^w s_n^2 + bL^w(\lambda - r/4) - \rho(1-b) - \delta \quad (6-28)$$

其中 $1/2 < s_n < 1$。由式（6-28）可知，經濟增長率與企業份額成二次曲線關係，當 $s_n = (1 - \lambda + r)/2r$ 時，經濟增長率最大。

（4）引入人口密度時的經濟增長率

以上引用的是 Baldwin（2001，2003）關於擁擠與經濟增長的核心過程的相關內容，但得到的經濟增長方程主要涉及人口和企業份額（或者勞動人口份額）等，並不直接涉及人口密度。這需要對模型進行擴展，而這個擴展是從地區溢出模型的初始假設開始，同時引入人口密度和區域面積。地區溢出模型假設之一是每個工業企業只生產一種差異化的產品，每個企業雇傭的工人勞動力數量相同，所以企業的空間分佈就決定了工人勞動力的空間分佈，即 s_n 其實反應了北部勞動人口的份額，引入人口密度 d 後，可知北部的企業份額為：

$$s_n = s_L = \frac{d \cdot T}{L^w} \quad (6-29)$$

其中 T 為北部的面積，一般地區的面積為定值，即為常數。另外，如果按照新經濟地理學的標準化處理方式，世界勞動人口 L^w 可標準化為 1，使模型簡化，不過這裡不標準化，直接求解，並不對結論產生影響。然後，將上式代入擁擠效應時的經濟增長方程式（6-28）得到含人口密度的經濟增長方程。

$$g = bL^w(1-\lambda+r)s_n - rbL^w s_n^2 + bL^w(\lambda - r/4) - \rho(1-b) - \delta$$
$$= bL^w(1-\lambda+r)\frac{d \cdot T}{L^w} - rbL^w\left(\frac{d \cdot T}{L^w}\right)^2 + bL^w(\lambda - r/4) - \rho(1-b) - \delta$$
$$= bT(1-\lambda+r)d - \frac{rbT^2}{L^w}d^2 + [bL^w(\lambda - r/4) - \rho(1-b) - \delta] \quad (6-30)$$

至此，即得到了人口密度與經濟增長方程，由式（6-30）可知，$bT(1 - \lambda + r) > 0$ 且 $rbT^2/L^w > 0$，由一般的二次方程基本理論可知兩者顯然為二次曲線關係下的倒「U」形關係。據此增長方程，當人口密度 $d = (1 - \lambda + r)L^w/2rT$ 時，經濟增長率達到最大；當 $L^w/2T < d < (1 - \lambda + r)L^w/2rT$ 時，經濟增長率隨著人口密度的增加而增加，即此時人口密度為聚集效應；當 $(1 - \lambda + r)L^w/2rT < d < L^w/T$ 時，經濟增長率隨著人口密度的增加而降低，即此時人口密度為擁擠效應。當然，方程顯示經濟增長率還與其他因素比如土地面積、工業品消費份額、公共知識傳播自由程度、時間貼現率、資本折舊率等有關，其為非關注重點，恕不逐個分析。

6.4　理論機制研究小結

本節先通過對現實社會的觀察和解釋回答了「人口密度是否會對經濟增長產生影響」的基本問題。分析結果是獲得肯定的答案，同時得到人口密度對經濟增長的影響路徑，並闡釋了人口密度如何作用於經濟增長。有了這些基本鋪墊，就消除了為了研究而研究可能產生的「強加性」研究兩者關係的嫌疑。隨後通過理論模型分析了人口密度與經濟增長的關係，特別推導了人口密度對經濟增長的聚集效應和擁擠效應，其中聚集效應和擁擠效應都通過兩個模型或者兩種方式進行分析。關於聚集效應，先以新古典經濟學的框架入手，從最基本的增長模型中直接引入人口密度變量，簡單、通俗、易懂，能充分說明問題；然後從新經濟地理學視角並以 Ciccone（1996，2002）模型為基礎繼續進行分析，該模型從土地的單位產出出發，強調的是土地和空間的作用，與第一個模型分析框架類似但又有本質區別。關於擁擠效應，先在新古典增長模型基礎上以圖式推導方式得到人口密度與經濟增長的倒「U」形曲線關係圖，直觀明瞭，當然這種推導方式也是建立在數學邏輯基礎上；然後以 NEG 下的地區溢出模型為基礎，得到基本增長方程後引入人口密度，擴展得到人口密度與經濟增長方程，結果顯示兩者是嚴格的二次曲線關係。

本節通過以上四個角度來論證人口密度與經濟增長的關係，而其實這四個角度是有機統一的，具有內在聯繫的。它們的推進邏輯是：首先是聚集效應下的兩個模型框架類似，產齣出發點和關注點不一樣；其次圖式推導是基於在聚集效應模型中引入擁擠效應後的進一步討論；最後引入人口密度的地區溢出模

型增長方程進行圖式推導，得出了其間呈倒「U」形曲線的函數關係的結論（二次函數的倒「U」形曲線）。所以理論分析的整個過程是循序漸進的，而不是彼此割裂的。這最終證明了人口密度與經濟增長的理論關係，為後文的實證研究奠定了理論基礎。

7 人口分佈與經濟增長關係的實證檢驗

理論上討論了人口分佈對經濟增長的聚集效應和擁擠效應後,需要對理論進行實證檢驗。由理論機制分析一節可知,圖式推導表明人口密度與經濟增長之間是倒「U」形關係,地區溢出模型表明兩者是二次曲線的倒「U」形關係,為此,實證檢驗中就以二次曲線的倒「U」形關係來分析。那如何設定這種檢驗?眾所周知,二次曲線是比較典型的「U」形曲線,如式(7-1),假定僅考慮人口密度與經濟增長的關係,則如果要檢驗兩者是否是二次函數的倒「U」形曲線關係,則只需判斷參數 β_1 和 β_2 的估計結果即可,其中 d 為人口密度,代表聚集效應,d^2 為人口密度的平方項,代表擁擠效應(當然,這並不確切,暫且這麼定義是為了好理解),且將人口密度和經濟增長看成是普通的二次方程關係,則如果 $\beta_1 > 0$ 且 $\beta_2 < 0$,則倒「U」形曲線關係成立。不過,作為實證計量方程檢驗,兩者的系數顯著性也要通過,檢驗方才完善。

$$g = \alpha + \beta_1 d + \beta_2 d^2 \qquad (7-1)$$

當然,影響經濟增長的因素還有很多,在式(7-1)的基礎上擴展適當的控制變量(比如資本、勞動等)進行檢驗是有必要的,但是檢驗的核心依然是人口密度和人口密度的平方項的參數 β_1 和 β_2 的估計結果。本節即以此方式進行檢驗。不過在此之前對文獻傳統研究進行分析,因為類似的實證檢驗也不在少數,但是發現或多或少存在一些問題,一些已經廣泛存在的可以解決但沒有解決的問題,所以需要進行簡短評述並引出本書研究視角,這便是7.1節的內容,而且相對來說比較重要。接著7.2節運用空間面板數據進行「標準過程」的計量檢驗。

7.1 文獻簡短評述與本書視角

實證研究的主要目的之一是對理論進行檢驗。關於實證分析人口密度與經濟增長的研究分析確實不少，這在文獻綜述時已有闡述，這裡不再贅述。不過眾多實證研究中，在方法、過程、結論等方面依然存在不足，而且結論有時也存在不一致。梳理人口密度與經濟增長研究文獻，發現其存在的問題主要是：

第一，依然是本書強調的空間異質性問題。幾乎所有關於此主題的相關研究都沒有處理空間自相關問題，甚至有些研究已經考慮到了空間自相關的存在，也非常清楚其忽視空間異質性的後果，甚至表明其研究「面臨的最大問題就是空間相互作用」，但最終仍然沒用空間計量方法進行研究，僅以一句「這是研究的不足點，有待於今後進一步深入研究」一筆帶過（覃一冬，2013）。研究人口密度與經濟增長的關係即是研究人口空間分佈問題，如果假定地理空間的均質性和空間相互獨立，沒有考慮空間相關性或空間依賴性，永遠是存在不足的。

第二，部分研究結論並不可靠、值得商榷。理論上人口密度對經濟增長是聚集效應和擁擠效應並存，實證研究時應該是兩者的系數對經濟增長的影響方向與現實相符，而且系數檢驗皆顯著才是「完美」的驗證，不過發現不少研究並沒有得到完美可靠的結果。Mathieu Provencher（2006）通過對全球 90 個國家 1980—2000 年的面板數據欲檢驗人口密度對 GDP 增長的非線性關係，即具有聚集和擁擠雙重效應，其最終實證估計結果顯示，多數模型的系數正負性符合聚集和擁擠的指徵方向，不過該文採用表示聚集指標的人口密度系數和表示擁擠效應指標的人口密度的平方項系數的顯著性全都未通過檢驗。理論上說該研究在數據規模、研究方法上都是比較完美和令人滿意的，但實證的結果就是不可靠。該文最後給出的結論是「研究沒有支持兩者有非線性關係」，似乎表明人口密度與經濟增長的關係並沒有理論上所說的聚集效應和擁擠效應。本書不能直接說其結論是錯誤的，但至少是值得商榷的。同樣，謝里、朱國姝和陳欽（2012）同樣用面板數據分析了全球 36 個國家 1994—2004 年的人口密度與經濟增長的非線性關係，同樣也是以人口密度表示聚集效應、以人口密度的平方項表示擁擠效應，實證結果顯示同時含有人口密度和人口密度平方項或同時含有人口密度滯後項和人口密度滯後項的平方項的四個模型中，沒有一個模型的系數同時相符（即聚集效應系數為正，擁擠效應系數為負），而且多個系

數的顯著性未通過至少10%以上的顯著性檢驗，表明這個實證結果也不是絕對可靠的。產儘該研究最後的結論表示「一個國家或地區的經濟增長都存在一個最優的人口聚集度」「只有當人口聚集水平保持在最優人口規模」時，「才能最大程度上促進地區經濟增長」。顯然其實證的數據並沒有絕對有效地支持以上結論。本書不能判定以上兩個例子得到不可靠研究結果的確切原因，不過可以猜測沒有考慮空間異質性或者說沒有應用空間計量方法解決空間自相關問題是原因之一。不過反過來講，是不是應用了空間計量方法就可以得到可靠的結果呢？在本書用空間計量方法實證研究之前也不敢妄下定論，實證之後再討論該問題。

第三，基本都是以實證分析為主，缺乏基礎理論支撐，研究的嚴謹性弱化。縱觀文獻綜述中的實證研究，絕大多數都是沒有基礎理論支撐的，基本上一開始就是以實證分析入手得出結論，產儘不能因此就否定這些實證研究的科學性，但或多或少會影響到研究的嚴謹性。舉個簡單例子，比如說人口密度與經濟增長的倒「U」形關係的結論如何得到的？這個「U」到底是二次曲線關係、三次曲線關係還是更為複雜的函數關係，因為它們都有著倒「U」形的特點。沒有更多的理論基礎支撐的話，在實證分析的模型設定時就會相對主觀（產儘只要符合倒「U」形特徵即可）。比如，徐繼業和花俊（2009）的研究中就是用三次曲線方程進行實證研究①，產儘這符合倒「U」形的特徵，但似乎比較牽強，因為至少絕大部分實證研究都是以二次曲線方程為準，這似乎成為無須論證的「不成文的規定」，雖然這並不能成為非得選擇二次曲線進行研究的理由。也許是文獻閱讀有限，到目前為止，本書僅發現該文以三次曲線方程為研究基礎。其最後的實證結論是「聚集對經濟增長率的作用不大」，這個結論應該說與大部分研究結論不一致，猜測這是用三次函數關係實證得來的，因為要具體討論模型中一次方、二次方和三次方各自的系數方向及取值範圍，否則究竟是倒「U」形還是「U」形或者哪個區間是倒「U」形哪個區間是「U」形，就難以定論了，而在其文中並未進一步討論。事實上根據該文最後得到的三次曲線方程，發現其規律是先有聚集效應，隨後有擁擠效應，最後又出現聚集效應，前兩點是符合現實的，但最後一點就難以讓人信服了。

第四，一般僅是跨國或僅是國內的單維驗證。以上例子中 Mathieu Provencher（2006），謝里、朱國姝和陳欽（2012）的研究，及其他諸如 Marius

---

① 該文以中國產業聚集而非人口密度分析其對經濟增長的影響並以三次方程來實證研究人口密度與經濟增長的關係，這裡僅給出一個案例說明存在的問題。

Brulhart 和 Federica Sbergami（2009）等都是以全球為例進行實證分析，主要區別是年份跨度和國家跨度的長短和多少，但其目的是一致的。陳得文、苗建軍（2010），徐盈之、彭歡歡和劉修岩（2011）則以中國省域單元為基礎進行分析。誠然，不管是以全球為例還是以某一國家或區域（縣、城市、省、州）等為例進行實證分析，能證明人口密度對經濟效應存在聚集效應和擁擠效應即可。但是仔細分析也能發現問題，首先是跨國數據和國內數據不一致，當然這點影響並不是太大，因為至少是官方的或權威的真實數據。其次是除了人口密度和人口密度的平方等分別反應聚集效應和擁擠效應指標外的其他控制變量沒有統一，因為其他控制變量同樣影響經濟增長，如果不能全部（或基本）統一，那麼勢必會影響聚集效應和擁擠效應指標的估計結果，從而對結論產生影響。所以僅是跨國或僅是國內的單維驗證得出的結論也是單維的。

分析了這些研究的不足後，本研究就要盡可能突破其局限：

首先要考慮的就是空間相互作用。本節將採用空間計量分析方法來分析這些問題，具體就是在他們常用的普通面板數據模型基礎上採用空間面板數據模型。這一方面是對以往研究的修正和補充，另一方面是對這些研究補充進一步的證據。這其實是本書通篇研究中都在強調的重點，也是本書的核心思想和觀點，更是創新點之一，這裡就不再贅述考慮空間效應的具體作用。

其次是通過全球跨國數據和中國國內數據兩個證據進行分析。因為跨國的空間不平衡與一國國內的空間不平衡顯然還是不一樣的，跨國之間在自然環境、社會生產、經濟制度等方面相對於一國內部來說差異更小，前者更為隨機，後者相對趨同，因為一國之內自然、社會和制度環境等相對接近，產儘存在差異。更主要的是國內的人口分佈的動態性更大，因為國內的人口流動和遷移不僅規模大而且頻繁；相較而言，國與國之間就比較穩定。所以如果能選擇一致的或者基本一致的變量在兩個空間層次來分析人口聚集（人口密度）對經濟增長的關係則更加有理有據，而且如果結論一致的話，那麼就能更完整地解釋或驗證理論或假說，這對於研究結論的嚴謹性是一個很好的詮釋。

最後，本節研究的實證研究是以第 6 章的理論機制為基礎的，也就是說有理論支撐，具體來說就是人口密度與經濟增長倒「U」形二次曲線方程，這是基於圖式推導和 NEG 地區溢出模型推導出來的，人口密度為聚集效應、人口密度的平方項為擁擠效應的設定，應該說有理有據。

本節基於以上三點補充，應該說能克服許多以往相關研究的不足，而能否得到更為可靠、更為滿意的結果？實證之前不可定論，但是應該可以稍作正面預期，因為至少是補充了空間因素的作用，這本身就是一種進步。

7.2 基於空間面板計量模型的人口密度與經濟增長實證

7.2.1 空間面板數據模型基本理論介紹

普通面板數據模型的一般形式是：

$$y_{it} = \beta X_{it} + \mu_i + \varepsilon_{it}$$

其中 $i = 1, 2, \cdots, N$，指 N 個不同的空間個體，$t = 1, 2, \cdots, T$，指時間，y_{it} 是被解釋變量觀測值，X_{it} 是 K 維解釋變量行向量，β 是 K 維繁數列向量，μ_i 是空間單元個體效應，ε_{it} 是均值為 0、方差為 σ^2 獨立同分佈的隨機誤差項。

空間面板模型在普通面板模型的基礎上納入了空間效應，即考慮了空間依賴性。按照空間依賴性體現的不同方式，空間面板模型一般可分為空間面板滯後模型（Spatial Panel Lag Model，SLM）和空間面板誤差模型（Spatial Panel Error Model，SEM）兩種模型四種類型（再分固定效應和隨機效應）。

（1）空間面板滯後模型（SLM）

它是假定因變量存在空間依賴性。其模型為：

$$y_{it} = \rho \sum_{j=1}^{n} w_{ij} y_{jt} + \beta X_{it} + \mu_i + \varepsilon_{it}$$

其中 n 為區域個數，w_{ij} 為空間權重矩陣的元素，μ_i 為空間個體效應，ρ 為空間滯後系數，β 為自變量迴歸系數，ε_{it} 為獨立同分佈隨機誤差項。SLM 模型描述空間相互作用的均衡結果，即某一因變量的觀測值由相鄰區域聯合決定。模型估計一般用極大似然估計法，具體可參見 Elhorst J.P.（2003），因過程較複雜，這裡不詳述。

（2）空間面板誤差模型（SEM）

它是假定因變量依賴於個體自身特徵，假設誤差存在空間依賴性。其模型為：

$$y_{it} = \beta X_{it} + \mu_i + \varphi_{it}$$

$$\varphi_{it} = \lambda \sum_{j=1}^{n} w_{ij} \varphi_{it} + \varepsilon_{it}$$

其中 λ 為空間誤差系數，φ_{it} 為空間自相關誤差項，其他參數與 SLM 中的含義相同。模型估計一般用極大似然估計法，具體同樣可參見 Elhorst J.P.（2003），因過程較複雜，這裡不詳述。

（3）空間效應檢驗

首先是 SLM 和 SEM 模型選擇。Anselin 等（1988，2006）提出了如下判別準則：如果空間依賴性檢驗發現，拉格朗日乘數（Lagrange Multiplier，LM）及其穩健（Robust-Lagrange Multiplier，R-LM）形式下的 LMLAG 較之 LMERR 在統計上更加顯著，且 R-LMLAG 顯著而 R-LMERR 不顯著，則可以斷定適合的模型是空間滯後模型；相反，如果 LMERR 比 LMLAG 在統計上更加顯著，且 R-LMERR 顯著而 R-LMLAG 不顯著，則可以斷定空間誤差模型是恰當的模型。

其中：

$$LM_\rho = \frac{[e'(I_T \otimes W)y\hat{\sigma}^{-2}]^2}{J}$$

$$LM_\lambda = \frac{[e'(I_T \otimes W)e\hat{\sigma}^{-2}]^2}{J}$$

$$Robust - LM_\rho = \frac{[e'(I_T \otimes W)y\hat{\sigma}^{-2} - e'(I_T \otimes W)e\hat{\sigma}^{-2}]^2}{J - T \cdot T_w}$$

$$Robust - LM_\lambda = \frac{[e'(I_T \otimes W)e\hat{\sigma}^{-2} - (T \cdot T_w/J)e'(I_T \otimes W)e\hat{\sigma}^{-2}]^2}{T \cdot T_w(1 - T \cdot T_w)^{-1}}$$

式中：

$$J = \frac{1}{\hat{\sigma}^2}\{[(I_T \otimes W)X\hat{\beta}]'[I_{NT} - X(X'X)^{-1}](I_T \otimes W)X\hat{\beta} + TT_w\hat{\sigma}^2\}$$

$$T_W = tr(WW + W'W)$$

其中 $\otimes$ 為克羅內克積，e 指沒有空間個體效應或時間效應時面板數據模型迴歸生成的殘差向量，W 為空間權重矩陣。

其次是固定效應和隨機效應的選擇，即空間豪斯曼檢驗。在普通面板數據迴歸模型中，豪斯曼檢驗用來決定模型是隨機效應還是固定效應，其原假設是檢驗值為 $h = 0$，其中：

$$h = d'[\text{var}(d)]^{-1}d$$

$$d = \hat{\beta}_{FE} - \hat{\beta}_{RE}, \text{var}(d) = \hat{\sigma}_{RE}^2(X^{\bullet'}X^{\bullet})^{-1} - \hat{\sigma}_{FE}^2(X^{*'}X^{*})^{-1}$$

式中 $\hat{\beta}_{FE}$ 為固定效應估計系數，$\hat{\beta}_{RE}$ 為隨機效應估計系數，X^* 為固定效應下的離差，$X^\bullet$ 為隨機效應下的離差。該統計量服從自由度為 $K + 1$ 的卡方分佈，K 為模型中解釋變量的個數。（Pace & LeSage，2008）將模型擴展到空間面板滯後模型或空間面板誤差模型，即為空間豪斯曼檢驗。而主要需要變化的是：$d = [\hat{\beta}'\hat{\lambda}]'_{FE} - [\hat{\beta}'\hat{\lambda}]'_{RE}$，原假設依然為 $h = 0$，如果原假設的隨機效應被拒絕，則

支持固定效應模型，接受則為隨機效應。

(4) 空間面板模型的研究優勢

SLM 和 SEM 都是考慮到空間相互作用的效應，簡單說就是考慮到地理距離、鄰接關係等空間屬性對研究對象的影響機制。前者意味著一個區域的變化會通過空間傳導機制作用於其他區域；後者意味著一個區域的外溢作用是隨機衝擊的結果。將空間異質性問題引入一般面板模型，這在很大程度上糾正了可能的模型誤差設定問題。對於本書研究問題，人口密度所指的人口空間分佈本身具有極強的空間異質性，應用空間面板模型能對問題進行更為系統和科學的解釋。

7.2.2 實證研究基本模型設定

實證檢驗的重點是人口密度 d 與經濟增長 g 的耦合關係，確切地說是倒「U」形關係。所以基本模型為式 (7-1)：

$$g = \alpha + \beta_1 d + \beta_2 d^2 \qquad (7-1)$$

但是，影響經濟增長的因素還有很多，所以需要選取幾個有代表性的控制變量進行分析，也就是經濟增長理論研究中的常用變量，無須面面俱到。實際上綜合理論推導過程中的式 (6-17*) 和 (6-28)，物質資本、人力資本、勞動、人口、貿易等應為主要控制變量。式 (7-1) 擴展為 (7-2)：

$$g = \alpha + \beta_1 d + \beta_2 d^2 + \sum X\beta \qquad (7-2)$$

其中 X 為其他控制變量。這裡選擇的其他控制變量為：

(1) 固定資本 K。固定資本一般又稱為物質資本，諸如廠房、機器、設備等的投資，它是研究經濟增長一直以來的基本要素之一。

(2) 人力資本 H。人力資本主要體現在知識、技能的累積。自從 Schultz (1961) 對資本進行物質和人力資本兩種類型的劃分，並用人力資本理論來補充和發展經濟增長理論之後，經濟學家對人力資本的研究才越來越深入，對人力資本在經濟增長中的作用也才越來越重視。盧卡斯 (1988) 將人力資本作為一個獨立的因素納入經濟增長模式之中，並且提出以人力資本為核心的經濟增長模式之時，對人力資本的認識和重視有了一個巨大的飛躍。

(3) 人口和 (或) 勞動。這也是研究經濟增長一直以來的基本要素之一。人口和物質資本稱為早期經濟增長理論研究的兩個基本要素。

(4) 對外貿易。對外貿易，亦稱為國際貿易，越來越被看作地區經濟增長的主要因素，利用國際資本進行本地區發展成為重要手段。特別是新經濟地理學理論對國際貿易的闡釋豐富了其在經濟增長中的作用，尤其是地區間貿易的

難易程度對經濟增長影響甚大（Fuji, Krugman & Venables, 1999）。

（5）城鎮化。農村和城鎮在生產效率方面存在差異，城鎮的生產效率相對來說要高，對經濟增長亦有影響。

（6）其他。影響經濟增長的因素實際上還有很多，比如技術進步、土地資源、環境條件等，不過以上這些因素是最為基本和常選的變量，而且本書實證研究的重點在於人口密度對經濟增長的影響，其他因素作為補充，所以不列太多，否則本末倒置，而且可能出現多重共線性等問題，所以實證研究中以基本因素作為控制變量。

由於本書是以全球國際數據中國地級城市數據分別檢驗，所以要盡可能保證除了人口密度之外的其他控制變量的一致性，這樣才更能驗證結果的可靠性。不過，由於以上控制變量中在兩個級別的統計中未必能完全覆蓋，個別指標會沒有統計，或者統計的方式有微小差別，所以考慮數據可獲取性，在實證時酌情調整，但盡可能保證一致性，使得所選變量差別越小越好，也使得研究更加可信。具體變量將在實證中說明。

7.2.3 全球國際級數據檢驗

7.2.3.1 變量確定和數據描述性統計

（1）變量確定

首先是核心變量人口密度 d 與經濟增長 g 的確定，其中人口密度以國家人口密度（population density，簡寫成 d，人/平方千米，人口密度平方項為 d^2）為準，經濟增長以國內生產總值增長率為準，即 GDP 增長率（GDP growth rate，簡寫成 g）。需要說明的是，其實統計中有可利用土地的面積（其倒數則是可利用土地下的人口密度），有些研究採用過此指標，但本書依然是以總人口密度為準，是為了保證指標的一致性。

其次是其他控制變量。一是固定資本 K，同樣選取固定資產投資總額占當年 GDP 的比例指代。二是人力資本，但是發現統計數據比如高校在校人數（占總人口的比例）中大量國家數據缺失，連初等和中等教育人數（占總人口的比例）也嚴重缺失，本書的核心是考慮空間異質性，即國家間的差異，也就是為了保證截面足量，同時兼顧時間長度，這裡捨棄該指標。三是勞動力 L，本書以勞動參與率（即直接參與勞動的人口占總人口的比例）表示，這是考慮人口紅利的作用。四是人口變量 Pgrowth（為 Population Growth 的縮寫），本書以人口的增長率來表示。五是國際貿易 InTrade（為 International Trade 的

縮寫），這裡以外商直接投資（FDI）占 GDP 總額的比例表示①，注意 FDI 是淨流入量。六是人均耕地資源 ArableL（人/公頃，Arable Land），這是對基本自然資源特別是農業資源的反應。七是城鎮化率 UrbanZ（Urbanization）。

綜上，總共有八個自變量。原則上數據時間序列越長、截面越多越好，但是要保證連續的數據變量，需要做出一定的取捨，最終選入 126 個國家和地區 1992—2012 年共 21 期的數據②，包括全球所有大洲國家——亞洲、歐洲、南北美洲、非洲、大洋洲，總規模數據應該說比較充分了。其中選取 1992 年以後的數據主要是因為當年蘇聯解體後很多東歐國家的數據才比較完善。以上數據均來自世界銀行的世界發展指數。所以最終的檢驗基本模型為：

$$g_{it} = \alpha_i + \beta_1 d_{it} + \beta_2 d_{it}^2 + \beta_3 K_{it} + \beta_4 L_{it} + \beta_5 \text{Pgrowth}_{it} + \beta_6 \text{lnTrade}_{it} + \beta_7 \text{ArabLd}_{it} + \beta_8 \text{UrbanZ}_{it} + \varepsilon_{it} \quad (7\text{-}3)$$

空間滯後面板模型則為：

$$g_{it} = \rho \sum_{j=1}^{n} w_{ij} g_{jt} + \alpha_i + \beta_1 d_{it} + \beta_2 d_{it}^2 + \beta_3 K_{it} + \beta_4 L_{it} + \beta_5 \text{Pgrowth}_{it} + \beta_6 \text{lnTrade}_{it} + \beta_7 \text{ArabLd}_{it} + \beta_8 \text{UrbanZ}_{it} + \varepsilon_{it} \quad (7\text{-}4)$$

空間誤差面板模型則為：

$$g_{it} = \alpha_i + \beta_1 d_{it} + \beta_2 d_{it}^2 + \beta_3 K_{it} + \beta_4 L_{it} + \beta_5 \text{Pgrowth}_{it} + \beta_6 \text{lnTrade}_{it} + \beta_7 \text{ArabLd}_{it} + \beta_8 \text{UrbanZ}_{it} + \varphi_{it}$$

$$\varphi_{it} = \lambda \sum_{j=1}^{n} w_{ij} \varphi_{it} + \varepsilon_{it} \quad (7\text{-}5)$$

（2）數據描述性統計分析

將選入的 126 個國家和地區 1992—2012 年 21 期總計 2,646 個觀測數據做出統計，如表 7.1。表中顯示 1992—2012 年世界經濟增長率平均值約為 3.8%，人口密度平均值約為 212.7 人/平方千米［需注意，該值是各自國家人口密度的平均值，該平均值與世界平均人口密度（2012 年為 54.9 人/平方千米），即世界總人口與總陸地面積的比例不是完全相同的概念］。勞動參與率，即勞動人口比例平均值約為 68.8%。人口增長率平均值約為 1.46%，城鎮化率平均值約為 55.6%。再看極值，經濟增長率最大值為 149.97%，是 1997 年的赤道幾內亞（The Republic of Equatorial Guinea），最小值是負增長，約為-50.2%，是 1994 年的盧旺達（The Republic of Rwanda）。人口密度最大值和最小值分別是

---

① 實際上國際貿易的數據是有的，但是後文的中國地級城市沒有國際貿易數據的統計，但有 FDI 的統計，為了統一起見，這裡選擇這種處理方法。

② 具體實證內的國家或地區見附錄。

7,589.1 和 1.839 人/平方千米，分別是 2012 年的新加坡（Republic of Singapore）和 1992 年的納米比亞（The Republic of Namibia）。其他數據不一一註明，不過提及一下國際貿易的最小值為 -16.418%，出現負值是因為其統計是 FDI 的淨流入量，即流入和流出量差值與 GDP 總額的比例，所以會出現負值的情況。

表 7.1　　　　　　　　　全球國家級觀測數據描述性統計

變量	單位	觀測值數量	平均值	標準差	最大值	最小值
g	%	2,646	3.804	6.120	149.970	-50.248
d	人/平方千米	2,646	212.675	792.004	7,589.100	1.839
d^2	—	2,646	672,263	5,037,051	57,594,438	3.380
K	%	2,646	28.401	70.959	1,350.400	1.990
L	%	2,646	68.775	9.833	90.800	41.900
Pgrowth	%	2,646	1.461	1.413	17.315	-7.597
lnTrade	%	2,646	4.075	6.603	161.820	-16.418
ArabLd	公頃/人	2,646	0.271	0.302	2.698	0.000
UrbanZ	%	2,646	55.612	22.802	100.0	6.288

（3）人口密度與經濟增長的空間特徵

實證研究的主要目的是考察人口密度和經濟增長的關係，有必要從空間上直觀觀察兩者的基本空間特徵，看是否有空間聯繫或空間關係。先看 126 個研究國家的人口密度空間特徵（單位為：人/平方千米，為了簡潔，圖中未標註，下同），如圖 7.1。

圖 7.1 顯示，1992 與 2012 年人口密度高值都分佈在東南亞地區，包括東亞、南亞，以及南歐地區；全球多數國家還是屬於人口密度低值區，且 20 年來沒有顯著的變化。再看 GDP 增長率空間分佈圖 7.2，該圖顯示，總體上經濟增長率空間分佈相對比較凌亂，沒有特別典型分佈特徵，且 1992 年和 2012 年的變化比較大。對於 1992 年，有一點不全面的總結是低緯度國家或者近赤道國家的增長率相對高些；對於 2012 年，增長率高值集中在亞洲和非洲大陸。

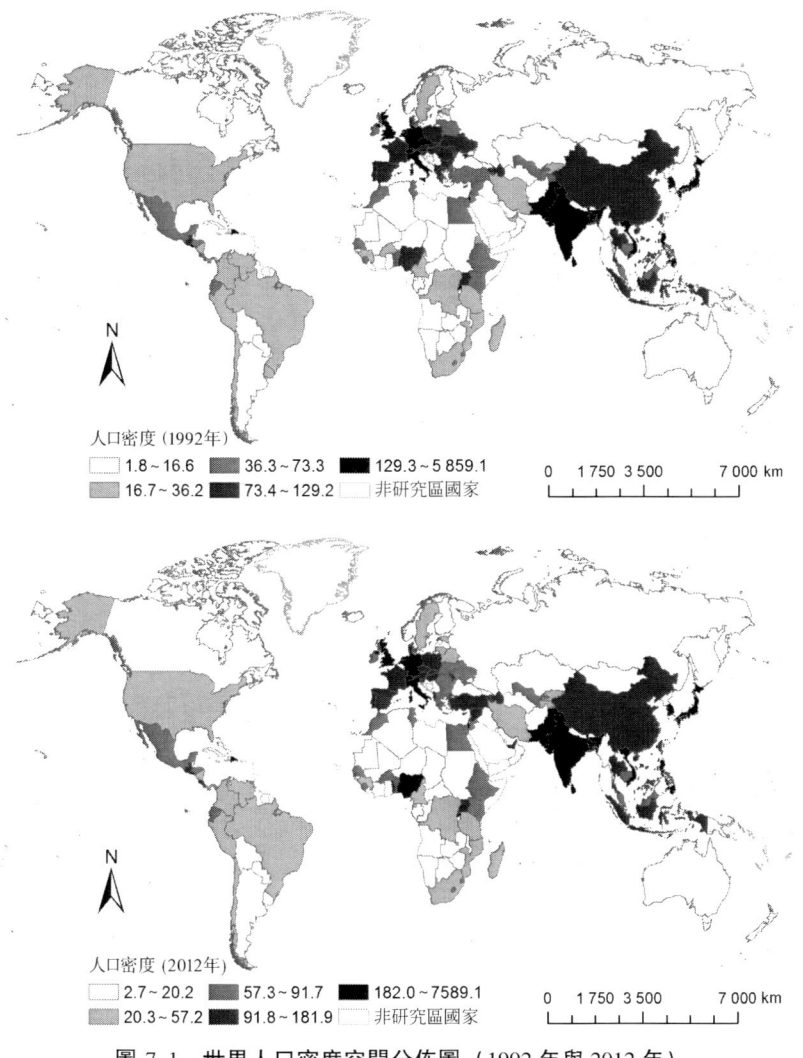

圖 7.1　世界人口密度空間分佈圖（1992 年與 2012 年）

　　具體將 GDP 增長率分成五類來分析。先看 1992 年，負增長區（增長率<0）比較集中於當時的蘇聯解體後的國家，因為當年蘇聯解體以致經濟突然下滑，經濟增長停滯甚至倒退，另外非洲中南部和南美洲中部經濟增長也為負。低速增長區（增長率為 0~2%）主要是西歐和西非、澳大利亞和加拿大等。中速增長區（增長率為 2%~5%）比較少，以美國和墨西哥為代表。高速增長區（增長率為 5%~8%）以南亞和東南亞為代表。飛速發展區（增長率>8%）是以中國為代表的部分東南亞國家和以阿根廷為代表的部分南美洲國家，非洲也有部分國家增長率超過 8%。

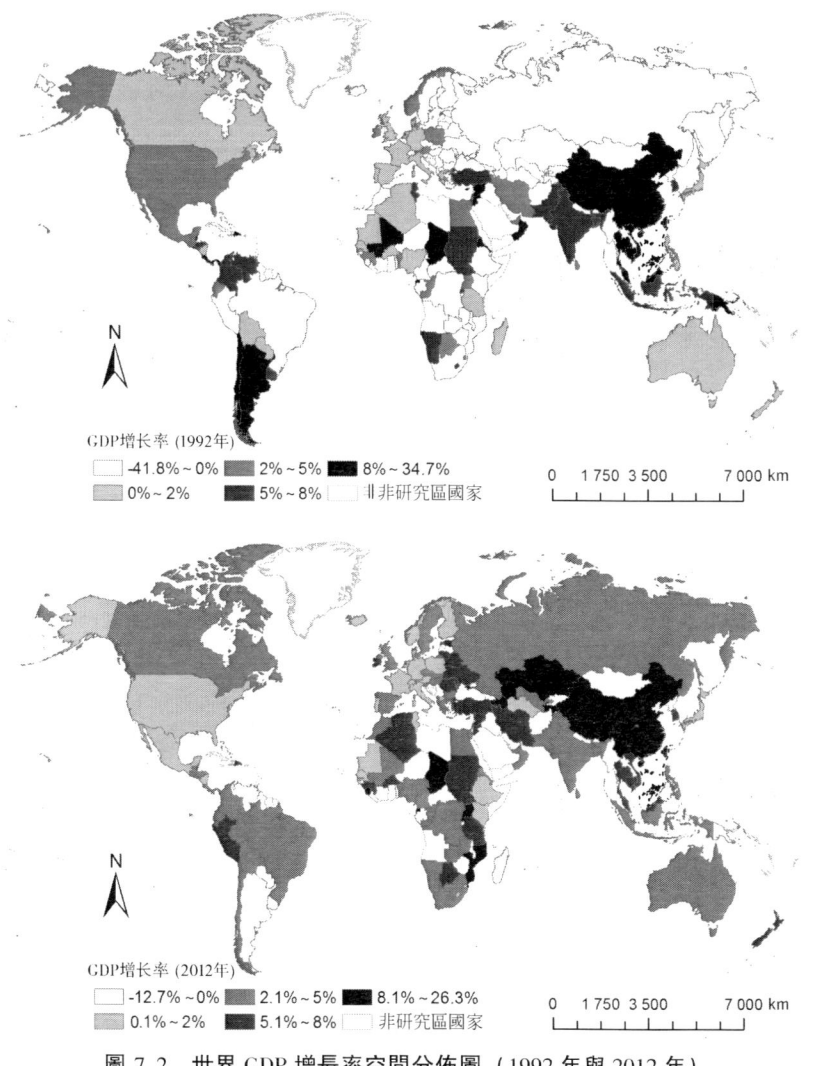

图 7.2 世界 GDP 增长率空间分佈圖（1992 年與 2012 年）

再看 2012 年，總體上 2012 年的世界經濟增長形式遠好過 1992 年，世界大多數國家進入中速增長階段（增長率為 2%～5%），以美國、西歐為代表的典型發達國家進入低速增長階段（增長率為 0～2%），飛速發展區（增長率>8%）範圍縮小，不過中國依然保持飛速增長。

7.2.3.2 空間面板計量分析

（1）人口密度與經濟增長的空間自相關分析

首先是全局空間自相關分析。前文已述，全局空間自相關（Global Spatial Autocorrelation）指的是某一指標是否存在空間集群特徵，用來檢驗事物是自相

關還是隨機分佈。結果如表7.2所示，1992年世界人口密度全局空間自相關的 Moran's I 為0.110,9，Z統計檢驗量為7.311,0，在顯著性概率 $p<0.01$ 的雙側檢驗閾值2.58的檢驗下通過檢驗，拒絕不存在空間自相關原假設。結果顯示世界人口分佈的空間集群特徵非常明顯，表明人口分佈存在顯著的空間自相關性和空間依賴性，即人口分佈並不是隨機分佈，人口分佈很不均衡，當然也為後續的空間計量模型分析提供了依據：考慮空間依賴性或空間自相關的計量模型進行研究更為妥當。到了2012年，人口密度全局空間自相關的 Moran's I 為0.111,1，Z統計檢驗量為7.869,3，從全局的 Moran's I 數值看，有所提高，表明在1992—2012年空間自相關性是有所增強的，產儘不是非常明顯。

表7.2　世界人口密度和GDP增長率 Moran's I 及統計檢驗

不同尺度 人口密度	全局 Moran's I	期望 E[I]	均值 （MEAN）	標準差 （SD）	Z值(±2.58) （Z Score）
人口密度（1992年）	0.110,9	−0.008,0	−0.009,0	0.016,4	7.311,0
人口密度（2012年）	0.111,1	−0.008,0	−0.009,3	0.015,3	7.869,3
GDP增長率（1992年）	0.107,1	−0.008,0	−0.002,5	0.032,1	3.414,3
GDP增長率（2012年）	0.056,0	−0.008,0	−0.002,8	0.027,0	2.177,8
GDP增長率與人口 密度雙變量（1992年）	0.061,1	−0.008,0	−0.011,3	0.024,3	2.979,4
GDP增長率與人口 密度雙變量（2012年）	0.038,7	−0.008,0	−0.011,7	0.023,9	2.108,8

再看GDP增長率的空間自相關分析。結果顯示，1992年世界GDP增長率全局空間自相關的 Moran's I 為0.107,1，Z統計檢驗量為3.414,3，到了2012年，Moran's I 降為0.056，有所下降，Z統計檢驗量為2.177,8，產儘沒有通過1%的顯著檢驗，但通過了5%的顯著性檢驗（5%的顯著性檢驗閾值為1.96）。表明人口密度和GDP增長率是顯然存在空間自相關的，缺乏空間視角的實證模型存在一定的缺陷。

另外，本節的實證研究是考察人口密度和GDP增長率的關係，特別是有無空間相關關係，所以這裡要給出一個有兩者關係的空間自相關模型，而不是單純考慮人口密度本身和GDP增長率本身的空間自相關，因為後面的核心是要建立兩者的計量模型關係。鑒於此，這裡考察人口密度的空間滯後性與GDP增長率的影響，即「雙變量空間自相關」，其意思是檢驗GDP的增長除了受到本國的人口密度影響之外，是否還受到相鄰國家人口密度的影響，或者

說人口密度除了影響本國經濟增長，是否還影響其他國家？這其實就是相互作用的基本含義，也可以稱為空間溢出。經檢驗，1992年GDP增長率與人口密度空間滯後值的空間自相關的Moran's I為0.061,1，Z統計量為2.979,4，在顯著性概率$p<0.01$的雙側檢驗閾值2.58的檢驗下通過檢驗，表明存在空間自相關性；同樣2012年GDP增長率與人口密度空間滯後值的空間自相關的Moran's I為0.038,7，Z統計量為2.108,8，通過5%的顯著性檢驗（5%的顯著性檢驗閾值為1.96），表明也存在空間自相關性。由此可見，GDP的增長除了受到本國的人口密度影響之外，還受到相鄰國家人口密度的影響，兩者空間相互作用存在，這為後面的空間面板計量模型提供了證據，也為傳統研究的不足提供了證據。

其次是局部空間自相關分析。局部空間自相關的分析重點是事物的幾種空間聚集特徵，即「高高聚集」「低低聚集」「高低聚集」和「低高聚集」。為了直觀，一般用LISA圖反應Moran's I的Z檢驗顯著性概率$p<0.05$的區域，即所謂熱區（Hot Spot）和盲區（Blind Spot）。這裡主要分析人口密度與GDP增長率的「雙變量空間自相關」。不過需要說明的是，四種空間關係的意義有所改變：其中「高高聚集H-H」是指GDP增長率與人口密度（空間滯後值）都高，「低低聚集L-L」是指GDP增長率與人口密度都低，「高低聚集H-L」是指GDP增長率高而人口密度低，「低高聚集L-H」是指GDP增長率低而人口密度高。

先看1992年GDP增長率與人口密度的「雙變量空間自相關」LISA圖7.3。該圖顯示，顯著H-H區，即GDP增長率與人口密度都高的聚集區是以中國、印度為代表的東南亞地區，該區是典型的人口密度高值區，而且也是近年發展中國家經濟高速增長的典型代表。顯著L-L區，即GDP增長率與人口密度都低的聚集區有非洲東部的埃塞俄比亞、肯尼亞、坦桑尼亞和讚比亞四國。顯著L-H區，即GDP增長率低人口密度高的地區僅有日本和菲律賓兩國，日本在20世紀80~90年代經濟開始衰退，經濟持續低迷，而人口非常密集；菲律賓是欠發達國家，當時經濟增長比較緩慢，人口密度卻非常大。顯著H-L區，即GDP增長率高人口密度低的地區是兩個南美洲國家阿根廷和智利。

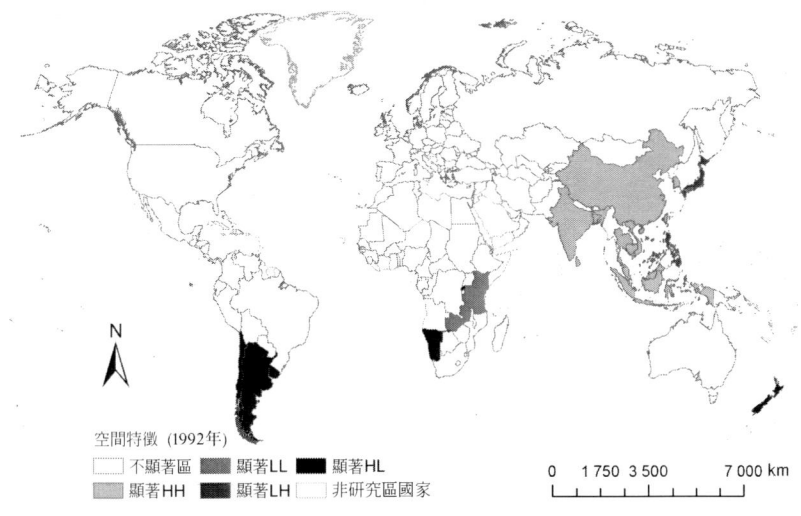

圖 7.3　世界 GDP 增長率與人口密度 LISA 聚集圖（1992 年）

　　再看 2012 年 GDP 增長率與人口密度的「雙變量空間自相關」LISA 圖 7.4。此時，顯著的 H-H 區基本維持不變，依然是分佈於東南亞地區。顯著的 L-L 區發生了重大轉變，阿根廷和智利變成了此類空間類型，主要原因就是其 GDP 增長率下滑，具體原因比較複雜，但是與人口學相關的一種理論提法是南美洲多國過度城鎮化的結果，有些國家的城鎮化率超過 90%，過度城鎮化的結果是使經濟後續增長乏力，「城市病」問題突出，農村經濟也受到拖累。顯著的 L-H 區此時僅有日本一國，其依然未走出經濟持續低迷的狀態，史上所稱「日本失去的二十年」看來還在繼續。

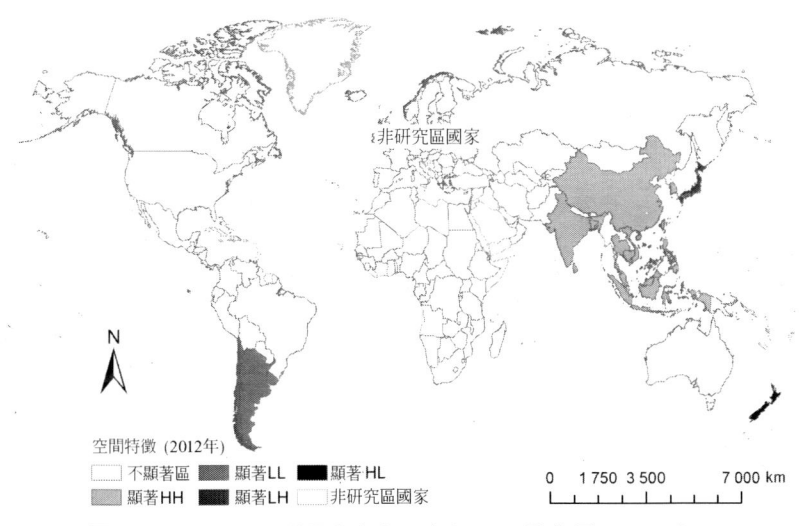

圖 7.4　世界 GDP 增長率與人口密度 LISA 聚集圖（2012 年）

7　人口分佈與經濟增長關係的實證檢驗 | 159

以上關於 GDP 增長率和人口密度雙變量空間自相關的分析表明,兩者存在空間上的耦合關係,GDP 的增長除了受到本國的人口密度影響之外,還受到相鄰國家人口密度(即人口密度的空間滯後值)的影響。也就是說考慮空間效應的實證計量模型用以分析人口密度對經濟增長的影響很有必要,而缺乏此考慮就明顯存在不足。人口密度對 GDP 增長率影響的具體實證用空間面板模型分析。

(2) 空間面板計量檢驗與分析

為了詳細檢驗人口密度對 GDP 增長率的影響,研究給出多個不同模型的估計結果。這一是為了比較分析,二是為了信息充分。先以普通混合面板模型和空間混合模型進行估計和分析,在此基礎上給出固定效應和隨機效應模型結果,最後通過各種檢驗找出最理想的模型。其中先以鄰接權重建立空間權重矩陣。

先看混合估計面板估計結果。表 7.3 顯示,三個模型中,關鍵變量人口密度 d 的系數都為正,人口密度的平方項 d^2 都為負,而且所有系數都通過5%的顯著性檢驗,從這點來說,該實證檢驗符合預期,即人口密度與經濟增長之間的倒「U」形關係檢驗與理論模型相符。不過作為混合面板估計,相當於普通的最小二乘法估計,雖然不可否認其估計結果的科學性,但會失去一些信息和意義,其中固定效應或隨機效應等是需要檢驗的基本點,所以檢驗需要進一步深入,才能得到更有說服力的檢驗證據。

在此之前,先對三個模型的其他控制變量估計結果進行分析。物質資本 K 對 GDP 增長率的影響彈性系數都為正,與現實預期相符,且都通過1%的系數檢驗。勞動參與率 L 對 GDP 增長率的影響彈性系數都為正,與現實預期相符,不過僅在兩個空間混合面板中通過10%的系數檢驗,普通面板中未通過系數顯著性檢驗,表明勞動參與率 L 的影響力量還需更多證據支撐。人口增長率 Pgrowth 對 GDP 增長率的影響彈性系數都為正,且都通過1%的系數檢驗。國際貿易 InTrade 對 GDP 增長率的影響彈性系數都為正,且都通過1%的系數檢驗,說明國際貿易在經濟增長中也非常重要。人均耕地面積 ArabLd 的彈性系數兩個為負、一個為正,且都沒有通過系數顯著性檢驗,說明耕地資源或者說農業資源對一國的經濟增長並無充分影響,主要原因是現代經濟增長的主要因素在於工業資本、服務業等,耕地資源在現代經濟中已經開始弱化。不過需要看後文的進一步分析結論再做最終的定論。城鎮化率 UrbanZ 的彈性系數都為負,且都通過1%的顯著性檢驗。這個結論似乎與預期的方向相左,一般的結論是城鎮化會推進經濟增長,就像中國當前在積極推進新型城鎮化,也就是因

表 7.3　　　　　　　　　混合面板模型估計結果

變量	普通混合面板 彈性系數	t 值	空間滯後混合面板 SLM 彈性系數	t 值	空間誤差混合面板 SEM 彈性系數	t 值
C	2.086,4**	2.256,5	0.538,0	0.604,1	1.664,0*	1.760,3
d	0.001,5**	2.113,6	0.002,2***	3.189,8	0.001,3**	1.854,8
d^2	−2.75E−07**	−2.436,5	−3.79E−07***	−3.500,0	−2.38E−07**	−2.175,6
K	0.006,2***	3.928,8	0.005,0***	3.312,6	0.004,9***	3.292,4
L	0.007,9	0.673,3	0.017,4*	1.554,1	0.021,1*	1.778,6
Pgrowth	0.631,9***	7.388,6	0.567,9***	6.939,6	0.593,0***	6.680,7
lnTrade	0.261,6***	14.777,3	0.255,9***	15.115	0.243,6***	14.555
ArabLd	−0.077,2	−0.189,8	−0.119,1	−0.306,0	0.132,9	0.336,39
UrbanZ	−0.019,9***	−3.652,5	−0.017,7***	−3.371,9	−0.025,9***	−4.466
ρ			0.080,0***	13.535,0		
λ					0.093,0***	14.519
R^2	0.117,7		0.190,6		0.115,9	
LogL	−8,381.8		−8,294.6		−8,283.8	
NO. Obs	2,646		2,646		2,646	

註：***、**、* 分別表示通過1%、5%和10%的係數顯著性檢驗。LogL 表示模型的極大對數似然值，NO. Obs 表示樣本個數。C 為截距

為城鎮化紅利的存在，因此其係數為正才符合預期。不過這裡為負並不是沒有可能，甚至完全可能是現實、是正確的。因為考察的是全球國家間的數據，有兩種城鎮化現狀值得注意：一是發達國家的城鎮化過程基本已經完成，其城鎮化率相對比較高了，多數在70%以上，可是發達國家的經濟增長率多數穩定在低水平，像美國、英國、澳大利亞等，甚至日本等國家經常出現負增長；二是部分國家特別是拉丁美洲國家的過度城鎮化現狀，其城鎮化率在20世紀90年代基本突破80%，甚至90%，產儘經歷了短暫的經濟高速增長，但後續乏力，早已停滯不前，問題重重。基於這兩個重要原因，出現了國際上城鎮化率越高經濟增長越慢的現實，這與中國的城鎮化現狀是不一樣的，中國還處於城鎮化過程中，路程還遠，所以對經濟增長有潛力，這需要區別分析。不過同樣需要進一步通過更多的估計證據進行說明。最後，看 SLM 和 SEM 的空間彈性係數 ρ 或 λ，顯示兩者係數都顯著，表明空間自相關確實存在，需要考慮空間依賴性。

接著看空間固定效應和空間隨機效應面板估計結果,如表7.4。該表顯示了六個模型,包括普通面板模型兩個、空間面板模型四個。在檢驗和確定最優模型之前先總觀這些模型的基本估計結果,以獲取更多信息。先看關鍵變量 d 和 d^2。人口密度 d 在六個模型中有三個為正、三個為負,且為負的都未通過顯著性檢驗,為正的有兩個通過10%以上的顯著性檢驗,分別是普通面板隨機效應模型 II 和空間誤差隨機效應模型 VI,綜合起來可總結為人口密度對於GDP 增長的影響是要麼有顯著正外部性,即聚集效應,要麼不影響(負系數不顯著)。人口密度 d^2 在六個模型中有一個為正、五個為負,且為正的模型 III 中未通過顯著性檢驗,為負的五個中有兩個通過5%以上的顯著性檢驗,依然是普通面板隨機效應模型 II 和空間誤差隨機效應模型 VI,說明人口密度對於GDP 增長有聚集效應,當人口密度超過一定的閾值時會出現擁擠效應,綜合 d^2 的估計結果,可總結為要麼擁擠效應顯著存在,要麼不影響(正系數不顯著)。將人口密度 d 和人口密度平方項 d^2 的以上結論綜合可知,有明顯證據支持的人口密度的聚集效應和擁擠效應機制,人口密度和經濟增長存在倒「U」形關係的推論獲得驗證。

再看其他變量。資本水平 K 都是在1%的顯著性水平上對經濟增長產生正的促進作用,說明資本的力量確實在現代經濟增長中扮演中非常重要的角色,就像 Thomas Piketty(2014)描述的那樣,資本的作用將會越來越重要,資本的累計對於財富的增長會更加重要。勞動參與率 L 此時「意外地清一色」為負,且五個模型其顯著性通過檢驗,這與一般的理論研究預期相反,一般認為勞動參與率越高,人口紅利越大,對經濟增長越有利。如果說本研究對於此變量的實證是有誤的,那麼倒是願意對這一「錯誤」進行適當的解釋。首先在混合面板估計時知道,勞動參與率的系數為正,但其實在最小二乘法估計下並不顯著,空間模型也僅是10%的顯著,表明勞動參與率確實在數據分析上並不絕對支持經濟增長的一般邏輯。其次,勞動參與率的數據含義是 15~64 歲的人口比例,是一個數量表徵,而非質量(人力資本),如果在勞動密集型的國家,其數量可以很大程度上代表質量,像 1992—2012 階段的中國、印度等,這會促進經濟增長。但是對於資本密集型國家,並非勞動力數量比例越大,就表示經濟增長越快,還必考慮從數量到質量的轉換。再次,可能源於資本對於勞動的擠出作用,前面已經分析了資本在經濟增長中的顯著作用,作為最基本的兩種要素,資本的作用突出以後,對勞動的擠出作用就越大。人口增長率 Pgrowth 和國際貿易 InTrade 的系數都為正,且顯著性都通過1%的檢驗,表明兩者對於經濟增長有著重要影響。下面的城鎮化率 UrbanZ 的彈性系數四個模型為負,為負的系數檢驗也更顯著,依然表明城鎮化率在全球層面上並不能促

表 7.4　　空間固定效應和空間隨機效應模型估計結果

變量	普通面板模型		空間面板模型			
			空間滯後面板 SLM		空間誤差面板 SEM	
	固定效應①	隨機效應	固定效應	隨機效應	固定效應	隨機效應
模型代號	I	II	III	IV	V	VI
C	24.476,6*** (6.008,1)	3.607,5** (2.673,8)	41.052,0*** (7.686,3)	9.291,1*** (4.755,9)	18.471,0*** (4.782,2)	4.089,9*** (2.960,6)
d	-0.001,7 (-0.225,7)	0.001,6* (1.611,9)	-0.002,6 (-0.267,0)	0.000,041 (0.030,3)	-0.000,7 (-0.100,9)	0.002,1*** (2.581,0)
d^2	-2.28E-08 (-0.037,0)	-2.71E-07** (-1.831,6)	2.17E-08 (0.026,8)	-6.35E-08 (-0.305,1)	-9.36E-08 (-0.155,2)	-3.67E-07*** (-2.946,2)
K	0.014,2*** (5.023,1)	0.008,5*** (4.210,6)	0.028,7*** (7.749,6)	0.016,8*** (5.957,8)	0.004,7** (1.789,6)	0.005,6*** (3.031,7)
L	-0.313,3*** (-6.153,8)	-0.011,1 (-0.644,8)	-0.533,3*** (-7.989,1)	-0.056,5** (-2.257,7)	-0.206,8*** (-4.077,2)	-0.025,1* (-1.409,6)
Pgrowth	0.524,6*** (3.693,7)	0.593,1*** (5.606,0)	0.443,7** (2.382,8)	0.665,5*** (4.534,7)	0.567,5*** (4.311,5)	0.662,1*** (6.268,7)
lnTrade	0.197,1*** (9.720,9)	0.228,2*** (12.238,6)	0.241,6*** (9.088,6)	0.263,5*** (10.453,0)	0.173,6*** (9.031,7)	0.179,7*** (10.180)
ArabLd	-5.172,7** (-2.187,9)	-0.161,9 (-0.268,1)	-16.657,0*** (-5.373,5)	-0.662,2 (-0.755,0)	1.337,0 (0.577,1)	-0.668,4 (-1.026,5)
UrbanZ	0.012,3 (0.267,7)	-0.021,2** (-2.605,8)	0.082,1* (1.367,8)	-0.025,0*** (-2.105,3)	-0.040,5 (-0.853,2)	-0.002,7 (-0.357,8)
ρ			-0.236,1*** (-38.137)	-0.236,1*** (-38.390)		
λ					0.095,9*** (15.184,0)	0.094,9*** (14.817,0)
R^2	0.237,2	0.117,7	-0.315,3	-0.430,7	0.228,7	0.273,7
LogL	-8,189.2	-8,197.4	-8,101.3	-8,214.6	-8,090.1	-8,218.1
NO. Obs	2,646	2,646	2,646	2,646	2,646	2,646

註：***、**、*分別表示通過1%、5%和10%的系數顯著性檢驗。LogL 表示模型的極大對數似然值，NO. Obs 表示樣本個數。C 為截距。( ) 內數據為 t 統計量

進經濟增長，原因不再詳述，可參考前文對混合面板估計結果的解釋；而且這個結果並不是本書才有的，事實上 Mathieu Provencher（2006）檢驗也顯示城鎮化的系數傾向於負數，產儘其沒有具體給出進一步的解釋。最後再看 SLM 和 SEM 的空間彈性系數 ρ 或 λ，顯示兩者系數都顯著，表明空間自相關確實存在，需要考慮空間依賴性，空間計量模型是合理的，也是必要的。

---

① 這裡的固定效應和隨機效應都是空間維度，而時間固定效應和隨機效應維度未列出。

綜合六個模型估計結果，事實上已經證實了所要檢驗的問題，不過這是「少數服從多數」的不太嚴謹的「證明」，能否從眼花繚亂的各種模型中尋找到最優的那個呢？答案是肯定的，那就是進行三個方面的檢驗。

第一是普通面板模型與空間面板模型的選擇。這其實已經證實了，因為前文已經強調人口密度本身、GDP 增長率本身及兩者組成的雙變量都存在顯著的空間自相關性，而且四個空間面板模型的空間參數都顯示為顯著。因此選擇空間面板數據模型為妥。

第二是空間滯後面板模型 SLM 和空間誤差面板模型 SEM 的選擇。依照 Anselin 等提出的判別準則得到如下檢驗結果（表 7.5）。可以看出，空間誤差模型 SLM 的拉格朗日乘數及其穩健形式下的 LMERR 和 R-LMERR 都在 1% 的顯著水平，空間滯後模型下的 LMLAG 在 1% 顯著水平而 R-LMLAG 在 5% 的顯著水平（實際上為 2.99%，但一般直接以 5% 的檢驗為準），理論上來說在 5% 的顯著性水平兩個模型都合理，但秉持最優選擇原則，SEM 要優於 SLM 模型。依此可以判定模型存在隨機誤差空間自相關性，選擇空間誤差面板模型 SEM 為妥。

表 7.5　　　　　SLM 和 SEM 估計模型判別檢驗

檢驗指標	假設	檢驗統計值	顯著性概率 P
LMLAG	無空間滯後	240.28	0.000,0
R-LMLAG		4.72	0.029,9
LMERR	無空間誤差	267.38	0.000,0
R-LMERR		31.82	0.000,0

第三是空間固定效應和隨機效應的選擇。[①] 採用空間 Hausman 方法進行固定效應和隨機效應模型的檢驗，如表 7.6。結果表明 SLM 模型時，Hausman 檢驗統計量為 6.36，顯著性概率為 0.606,5，接受原假設，即為隨機效應模型；SEM 模型時，Hausman 檢驗統計量為 7.41，顯著性概率為 0.493,3，同樣接受原假設，也為隨機效應模型。所以隨機效應模型優於固定效應模型，選擇空間隨機效應模型為妥。

---

① 理論上應該還有兩者同混合模型的檢驗選擇。不過一般來說固定效應或隨機效應要比混合模型更優，所以一般無須進行這個比較。不過本書還是在表中列出了檢驗值，顯示結果不出意外地為固定或隨機效應更優。

表7.6　　　　　　　　　　Hausman 固定效應和隨機效應檢驗

模型類型	檢驗指標	假設	檢驗統計值	顯著性概率 P
SLM	LR（混合與固定）	為混合模型	322.49	0.000,0
	LR（混合與隨機）	為混合模型	74.06	0.000,0
	Hausman（固定與隨機）	為隨機模型	6.36	0.606,5
SEM	LR（混合與固定）	為混合模型	321.90	0.000,0
	LR（混合與隨機）	為混合模型	79.03	0.000,0
	Hausman（固定與隨機）	為隨機模型	7.41	0.493,3

綜合以上三個檢驗的結論——選擇空間面板數據模型為妥、選擇空間誤差面板模型 SEM 為妥、選擇空間隨機效應模型，則最優的模型為 VI，即空間誤差面板 SEM 中的隨機效應模型。然後再一次分析最優模型 VI，其人口密度 d 的估計系數為正、顯著性通過 1% 的檢驗，人口密度的平方項 d^2 的估計系數為負、顯著性通過 1% 的檢驗，從本實證研究的關鍵問題來說，這兩個估計結果是模型 VI 給出的最好證明。因此無論是綜合「不嚴謹」的比較還是模型最優性檢驗都證明了本實證研究的關鍵問題：人口密度對經濟增長既有聚集效應又有擁擠效應，兩者成倒「U」形曲線關係。

另外，得到最優模型 VI 後，不妨將結果理想化成一般的二次方程，然後具體來看是否是倒「U」形曲線、形狀又如何。為此，可將人口密度 d 和人口密度的平方項 d^2 估計結果帶入式（7-2），其他控制變量暫不予考慮，得到：

$$g = 4.089,9 + 0.002,1 \times d - 3.67 \times 10^{-7} \times d^2 + \sum X\beta \qquad (7\text{-}6)$$

假定在其他變量不變的情況下，即保持為定值，那麼變成了一般的二次方程。根據二次方程理論，這一定值僅影響曲線的上、下位移，不影響曲線的形狀，因此不妨將式（7-3）簡化為：

$$g = 4.089,9 + 0.002,1 \times d - 3.67 \times 10^{-7} \times d^2 \qquad (7\text{-}7)$$

將該方程曲線繪製成圖，其中控制人口密度在研究區間 1992—2012 年國家間的最小值和最大值之間 [1.839~7,589.1]，具體如表 7.1 的描述統計數據，據此可得到如圖 7.5 的曲線圖。該圖顯示人口密度和 GDP 增長率之間是明顯的倒「U」形曲線，存在最優人口密度 d^*，在方程（7-4）約束下，最優人口密度 d^* 約為 3,000 人/平方千米，對應的最高 GDP 增長率 g^* 約為 7%。不過需要再一次強調的是，這是「理想化」地處理，實際數據中全球大部分數據在 200 人/平方千米以下，全國平均人口密度達到 3,000 人/平方千米屈指可數。實際上如果考慮其他控制變量曲線將是多維的，無法在二維空間顯示。

本書如此簡化就是要用最簡單的二維空間展示人口密度與經濟增長的倒「U」形關係，而這種簡化的處理方式是可理解的、可接受的。

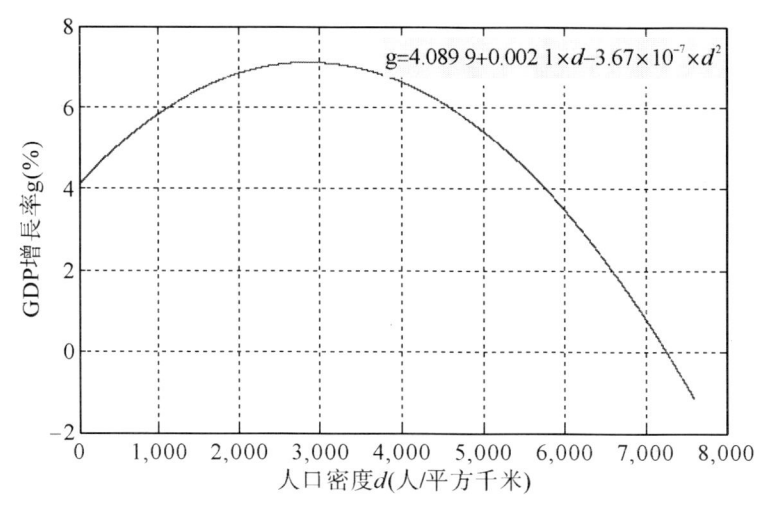

圖 7.5　簡化的世界人口密度與 GDP 增長率的倒「U」形曲線

（3）模型的穩健性檢驗

空間面板模型相對於普通面板模型最大的優勢在於考慮了空間自相關性，而在解決空間自相關性問題時空間權重的選取對參數估計的影響很大，所以空間權重的建立對於模型估計非常重要，甚至影響模型的穩健性，所以這裡給出基於空間權重的穩健性檢驗。上文建模過程是選常用的空間鄰接權重，而與其同等常用的還有空間距離權重[①]，而實際上兩者哪個更優並無標準。本書遵循以上分析過程，以空間距離權重再進行一次估計，考察模型是否穩健。當然分析過程將簡化，僅給出模型估計結果，重點觀測人口密度 d 和人口密度的平方項 d^2 的穩健性即可，其他控制變量不再詳細論述和分析。

首先在距離權重下得到空間混合面板模型，如表 7.7 所示。為了比較，將表 7.3 中的普通面板混合模型一併給出。表 7.7 顯示，人口密度 d 和人口密度的平方項 d^2 的系數分別為正和負，且都通過5%的系數顯著性檢驗，表明空間距離權重下的結論與空間鄰接權重的結論是一致的，空間混合面板模型是穩健的。其他變量估計結果與表 7.3 基本一致，不再詳述。

---

① 當然還有空間經濟權重、鄰接權重和經濟權重綜合、距離權重和經濟權重綜合等等。

表 7.7　　　　　　　　　　穩健性檢驗估計結果（混合面板）

變量	普通混合面板 彈性系數	t 值	空間滯後混合面板 SLM 彈性系數	t 值	空間誤差混合面板 SEM 彈性系數	t 值
C	2.086,4**	2.256,5	−0.553,0	−0.619,0	2.257,8**	2.284,5
d	0.001,5**	2.113,6	0.001,4**	2.049,5	0.001,3**	1.868,6
d^2	−2.75E-07**	−2.436,5	−2.63E-07**	−2.444,3	−2.44E-07**	−2.278,6
K	0.006,2***	3.928,8	0.005,6***	3.700,8	0.005,2***	3.486,0
L	0.007,9	0.673,3	0.010,1	0.900,2	0.011,9	1.040,6
Pgrowth	0.631,9***	7.388,6	0.539,2***	6.599,4	0.580,8***	6.621,9
InTrade	0.261,6***	14.777,3	0.240,8***	14.226	0.240,2***	14.099,0
ArabLd	−0.077,2	−0.189,8	0.007,5	0.019,3	0.017,5	0.044,8
UrbanZ	−0.019,9***	−3.652,5	−0.018,0***	−3.458,5	−0.022,4***	−3.991,7
ρ			0.688,0***	17.504,0		
λ					0.721,0***	18.500,0
R^2	0.117,7		0.195,0		0.116,2	
LogL	−8,381.8		−8,278.8		−8,280.8	
NO. Obs	2,646		2,646		2,646	

註：***、**、* 分別表示通過1％、5％和10％的系數顯著性檢驗。LogL 表示模型的極大對數似然值，NO. Obs 表示樣本個數，C 為截距

同樣，在距離權重下得到空間固定效應和隨機效應模型，如表7.8所示。為了比較，將表7.4中的普通面板模型下的固定效應模型 I 和隨機效應模型 II 一併給出。表7.8顯示，六個模型中，人口密度 d 係數有三個為正、三個為負，且為負的僅一個通過5％顯著性檢驗，為正的有三個都通過10％以上的顯著性檢驗，綜合起來看，人口密度 d 的係數為正的可信度更大。人口密度 d^2 在六個模型中有一個為正、五個為負，且為正的未通過顯著性檢驗，為負的五個中有四個通過10％以上的顯著性檢驗，綜合起來看，人口密度平方項 d^2 的為負的可行度更大。

另外，類似於前文，通過三個檢驗，即普通面板和空間面板模型選擇檢驗、SLM 和 SEM 模型選擇檢驗、空間固定效應模型和空間隨機效應模型選擇檢驗，得到最優模型（這裡不再給出檢驗結果）為空間誤差模型 SEM 下的隨機效應模型 X，該模型中人口密度 d 的係數為正且通過5％的顯著性檢驗，人口密度的平方項 d^2 的係數為負且通過5％的顯著性檢驗。其他變量估計結果與表7.4基本一致，亦不再詳述。

表 7.8　　　　穩健性檢驗估計結果（空間固定和隨機面板）

變量	普通面板模型		空間面板模型			
			空間滯後面板 SLM		空間誤差面板 SEM	
	固定效應①	隨機效應	固定效應	隨機效應	固定效應	隨機效應
模型代號	I	II	VII	VIII	IX	X
C	24.476,6***	3.607,5**	20.571,0***	1.403,5	26.446***	4.168,1***
	(6.008,1)	(2.673,8)	(5.347,3)	(0.979,2)	(6.862,5)	(2.771,0)
d	-0.001,7	0.001,6*	-0.009,8	0.001,5*	-0.014,2**	0.001,7**
	(-0.225,7)	(1.611,9)	(-1.372,8)	(1.509,5)	(-1.857,3)	(1.771,8)
d^2	-2.28E-08	-2.71E-07**	6.13E-07	-2.62E-07*	-9.37E-07*	-2.73E-07**
	(-0.037,0)	(-1.831,6)	(1.051,8)	(-1.733,9)	(1.525,1)	(-1.859,1)
K	0.014,2***	0.008,5***	0.011,5***	0.007,6***	0.009,4***	0.006,6***
	(5.023,1)	(4.210,6)	(4.332,1)	(3.756,0)	(3.546,1)	(3.337,6)
L	-0.313,3***	-0.011,1	-0.264,0***	-0.016,5	-0.257,78***	-0.009,3
	(-6.153,8)	(-0.644,8)	(-5.488,8)	(-0.899,8)	(-5.133,9)	(-0.506,8)
Pgrowth	0.524,6***	0.593,1***	0.566,1***	0.549,0***	0.586,09***	0.575,5***
	(3.693,7)	(5.606,0)	(4.221,4)	(5.180,3)	(4.427,8)	(5.338,0)
lnTrade	0.197,1***	0.228,2***	0.166,0***	0.191,8***	0.159,5***	0.189,0***
	(9.720,9)	(12.238,6)	(8.663,0)	(10.610)	(8.225,6)	(10.340)
ArabLd	-5.172,7**	-0.161,9	-0.929,5	0.204,0	0.711,9	0.318,8
	(-2.187,9)	(-0.268,1)	(-0.416,3)	(0.316,9)	(0.299,6)	(0.527,8)
UrbanZ	0.012,3	-0.021,2**	-0.023,4	-0.021,4**	-0.080,9*	-0.026,5***
	(0.267,7)	(-2.605,8)	(-0.542,2)	(-2.457,9)	(-1.551,2)	(-3.065,2)
ρ			0.733,0***	0.717,0***		
			(20.252,0)	(19.254)		
λ					0.749,0***	0.744,7***
					(21.087)	(20.851)
R^2	0.237,2	0.117,7	0.317,6	0.272,5	0.227,5	0.270,9
LogL	-8,189.2	-8,197.4	-8,065.2	-8,214.5	-8,071.7	-8,223.3
NO. Obs	2,646	2,646	2,646	2,646	2,646	2,646

註：***、**、*分別表示通過1%、5%和10%的系數顯著性檢驗。LogL 表示模型的極大對數似然值，NO. Obs 表示樣本個數，C 為截距，( ) 內數據為 t 統計量

綜上分析，基於空間距離權重下的結論與空間鄰接權重的結論是一致的，表明空間面板模型是穩健的，空間權重並未對估計結果和結論產生嚴重影響。

---

① 這裡的固定效應和隨機效應都是空間維度，而時間固定效應和隨機效應維度未列出。

7.2.4 中國地級城市數據檢驗

從實證文獻分析來看，關於人口分佈與經濟增長的實證，多數還是以全球國家級數據實證為主，這相對於一國內部區域的實證來說有更大的意義，因為國家間的經濟增長相對差異更大，人口密度等亦然，而從一國之內來說相對較為趨同，空間分異性不如國家之間的大。另外，關於其他變量，國家間相對於國內的相互作用要小，這樣變量間的多重共線性等問題就會更小，所以全球數據進行實證更加合適。不過，這不能完全否定國內數據實證的效果。退一步試想，如果在自然、制度等環境相對趨同的國內，同樣能證明人口密度與經濟增長關係與國際數據檢驗結果一致，那麼將是非常重要的補充。

另外，利用中國地級市數據再一次檢驗人口密度與經濟增長的倒「U」形關係，是基於還沒有文獻同時將全球層次和國內層次一併檢驗，產儘各自分開的實證分析也不少，但「分開」研究的問題在於兩個層次所選的控制變量難以達到一致。本節的檢驗是對上節檢驗的補充，因此最重要的是保持控制變量的一致或者基本一致（統計方式的不同導致部分變量難以絕對一致），所以在選擇變量時以全球層面檢驗所選變量為基準，以數據可獲得性為原則，酌情調整需要替換的變量。與此同時，以中國城市數據再一次檢驗，是考慮到一國內部自然、社會、制度環境與國際的差異，一國內部各種環境具有趨同性，而這是否會影響到檢驗結果，或者說人口密度與經濟增長的上述結論是否依然成立，這值得進一步探討。

7.2.4.1 變量確定和數據描述性統計

（1）變量確定

首先是人口密度 d 與經濟增長 g 的確定，其中人口密度以全市人口密度（人/平方千米，人口密度平方項為 d^2）為準，經濟增長以國內生產總值增長率即 GDP 增長率為準。需要說明的是，其實統計中有市轄區人口密度的指標，但是基於要和全球分析保持一致，選擇了全市人口密度，因為進行全球國家分析時都是選擇每個國家的總人口密度。事實上本書在理論分析時也是基於一般化的人口密度，即全部人口處於全部土地面積，未曾區分市區、非市區等。當然這也是值得研究的，比如可進一步分析中國市轄區人口密度特徵等。

其次是其他控制變量。一是固定資本 K，同樣選取固定資產投資總額占當

年 GDP 的比例指代①。二是人力資本 H，這裡選取普通中學在校人數占總人口的比例表示②；應注意的是全球層面由於數據大量缺失，未曾用此變量，存在遺憾。這裡選擇該指標是對全球數據缺失的一個補充，可檢驗人力資本對經濟增長的作用。三是勞動力 L，本書欲以勞動人口占總人口的比例表示（即類似於勞動參與率，全球數據即是如此），但是由於並沒有單獨統計勞動人口，僅有單位從業人口數，所以這裡就以單位從業人口數占總人口的比例表示。四是人口 Pgrowth，同樣以人口的增長率來表示。五是國際貿易 InTrade，為保證和上節一致，同樣以外商直接投資占 GDP 總額的比例表示。六是人均耕地資源 ArabLd（人／畝）。另外，理論上應該有城鎮化率，但是並沒有該統計指標，甚至替代性的指標「非農人口比例」也在 2008 年後沒有統計了，所以不得不捨棄該指標。

綜上，同樣有八個自變量，與全球國家間的實證僅有一個變量不同，即新增了人力資本，剔除了城鎮化率。實際上這兩者在一定程度上有替代性，因為一般來說，城鎮化率越高人力資本也越高。所以總體來說，中國國內和全球國家間的實證產儘控制變量不是絕對一致的，也幾乎差不多了，應該說能很好地互相驗證研究結論，使得實證結論的證據更加可信，而且也能考察出某些指標在國際和國內的影響的差異（如果存在的話）。同時，兩者還能互為補充，比如，全球層面實證缺乏人力資本數據，中國地市級實證補上分析；中國地市級實證缺乏城鎮化數據，全球層面實證補上分析。所以兩個層面的實證著實必要。根據數據樣本取大原則，最終選入 256 個地級城市（含北京、上海、天津和重慶四個直轄市）2001—2012 年 12 期的數據③，以上數據均來自對應年份的中國城市統計年鑑。所以最終的檢驗基本模型為：

$$g_{it} = \alpha_i + \beta_1 d_{it} + \beta_2 d_{it}^2 + \beta_3 K_{it} + \beta_4 H_{it} + \beta_5 L_{it} + \beta_6 \text{Pgrowth}_{it} + \beta_7 \text{InTrade}_{it} + \beta_8 \text{ArabLd}_{it} + \varepsilon_{it} \qquad (7-8)$$

空間滯後面板模型則為：

$$g_{it} = \rho \sum_{j=1}^{n} w_{ij} g_{jt} + \alpha_i + \beta_1 d_{it} + \beta_2 d_{it}^2 + \beta_3 K_{it} + \beta_4 H_{it} + \beta_5 L_{it} +$$

---

① 不直接用固定資產總額是因為要和全球統計方式保持一致，全球數據來源於世界銀行，其此類指標的統計多數是以占總額的比例來表示，包括後面的勞動人口，也是以勞動人口占總人口的比例來表示。因此，為了統一，多數統一以比例的形式表示。後文不再贅述。

② 本書考慮過以高等學校在校人數比例來表示，因為人力資本主要是知識的累積，平均意義上，高等學校學生比中學生的知識累積要豐富。不過，由於是地級市數據，許多地級市沒有高校，所以該數據在很多在區域缺失，不可作為本研究的變量，所以轉而以普通中學在校人數比例代替，而該數據是比較全面的。

③ 具體實證內的城市見附錄。

$$\beta_6 \text{Pgrowth}_{it} + \beta_7 \text{InTrade}_{it} + \beta_8 \text{ArabLd}_{it} + \varepsilon_{it} \qquad (7-9)$$

空間誤差面板模型則為:

$$g_{it} = \alpha_i + \beta_1 d_{it} + \beta_2 d_{it}^2 + \beta_3 K_{it} + \beta_4 H_{it} + \beta_5 L_{it} +$$
$$\beta_6 \text{Pgrowth}_{it} + \beta_7 \text{InTrade}_{it} + \beta_8 \text{ArabLd}_{it} + \varphi_{it}$$

$$\varphi_{it} = \lambda \sum_{j=1}^{n} w_{ij} \varphi_{it} + \varepsilon_{it} \qquad (7-10)$$

(2) 數據描述性統計分析

將選入的 256 個城市 2001—2012 年 12 期總計 3,072 個觀測數據做出統計, 如表 7.9。表中顯示 2001—2012 年世界經濟增長率平均值約為 13%, 人口密度平均值為 451.963 人/平方千米。三駕馬車之一的固定資產投資在 GDP 的比例平均值約為 48%; 勞動參與率, 即單位就業人口比例平均值約為 10.9%。人口增長率平均值約為 5.17‰。其他極值數據、標準差數據不分別描述, 不過同樣提及一下國際貿易的最小值未出現負值, 這與全球國際層面的統計有區別, 因為全球層面統計的是 FDI 的淨流入量, 即流入和流出量差值與 GDP 總額的比例, 所以會出現負值的情況; 而國內數據 FDI 的統計僅是外商直接投資的流入量, 即直接利用外資額, 事實上流出量沒有統計 (顯然中國國內不是每個地級市都有能力對外直接投資, 所以流出量無法獲得), 也就無法得到淨流量。

表 7.9　　　　　　　中國地級市觀測數據描述性統計①

變量	單位	觀測值數量	平均值	標準差	最大值	最小值
g	%	3,072	13.078	3.437	37.690	-8.281
d	人/平方千米	3,072	451.963	383.041	11,564.000	21.200
d^2	—	3,072	333,264	2,487,170	133,730,000	48.90
K	%	3,072	48.738	22.773	311.510	8.623
H	%	3,072	6.935	9.396	279.964	0.587
L	%	3,072	10.930	9.541	98.436	2.345
Pgrowth	‰	3,072	5.171	3.974	40.780	-8.900
InTrade	%	3,072	2.470	3.075	47.630	0.008,3
ArabLd	畝/人	3,072	1.202	1.229	11.960	0.020

---

① 人口密度數據中的人口數據為戶籍人口, 並非常住人口, 遺憾的是中國統計年鑑統計人口數據並沒有常住人口數據, 所以與第 3 節的中國分市人口密度分析的統計不一樣。如此可能會影響估計結論, 因為常住人口與戶籍人口差值的那部分流遷人口對經濟增長是有影響的。不過在此也無數據替代, 僅能直接統一使用該「權威」和「全面」的人口密度數據。

7.2.4.2 空間面板計量分析

(1) 人口密度與經濟增長的雙變量空間自相關分析

這裡簡化一些過程，不單獨進行人口密度和經濟增長的單變量空間自相關分析（事實上人口密度空間自相關分析可參考 3.2 節），直接進行雙變量空間自相關分析，即檢驗 GDP 的增長除了受到本市的人口密度影響之外，是否還受到相鄰城市人口密度的影響，或者說人口密度除了影響本市經濟增長外是否還影響其他城市。經檢驗，2001 年 GDP 增長率與人口密度空間滯後值的雙變量空間自相關的 Moran's I 為 -0.029,0，Z 統計量為 -0.470,0，未通過顯著性檢驗，表明不存在空間自相關性；不過 2012 年 GDP 增長率與人口密度空間滯後值的空間自相關的 Moran's I 為 -0.148,2，Z 統計量為 -2.743,3，通過 1% 的顯著性檢驗，表明存在空間自相關性（表 7.10）。這表明在中國國內，兩者的空間自相關從無到有，由此可見，在前期 GDP 的增長除了受到本市的人口密度影響之外，並未受到相鄰城市人口密度的顯著影響，而在後期，GDP 的增長不僅受到本國人口密度的影響之外，還受到相鄰城市人口密度的顯著影響。從這個檢驗結果來看，預計後文空間面板計量分析的最終結果在人口密度或人口密度平方項上的系數顯著性將會受到影響。

表 7.10　中國人口密度和 GDP 增長率 Moran's I 及統計檢驗

不同尺度人口密度	全局 Moran's I	期望 (E[I])	均值 (MEAN)	標準差 (SD)	Z 值 (±2.58) (Z Score)
GDP 增長率與人口密度雙變量（2001 年）	-0.029,0	-0.003,9	-0.000,5	0.053,4	-0.470,0
GDP 增長率與人口密度雙變量（2012 年）	-0.148,2	-0.003,9	-0.008,4	0.052,6	-2.743,3

其次是局部空間自相關分析。其原理詳見前文，不過這裡再一次強調四種局部空間關係的新意義：「高高聚集 H-H」是指 GDP 增長率與人口密度空間滯後值都高，「低低聚集 L-L」是指 GDP 增長率與人口密度都低，「高低聚集 H-L」是指 GDP 增長率高而人口密度低，「低高聚集 L-H」是指 GDP 增長率低而人口密度高。

先看 2001 年 GDP 增長率與人口密度的「雙變量空間自相關」LISA 圖 7.6。圖中顯示，顯著 H-H 區，即 GDP 增長率與人口密度都高的聚集區只有兩個，分別是浙江的嘉興市和廣東的茂名市。顯著 L-L 區，即 GDP 增長率與人口密度都低的聚集區是黑龍江北部和廣東、江西、福建交界處。顯著 L-H 區，即 GDP 增長率低人口密度高的地區有五個，包括廣東三個及海南的海口

和三亞。顯著 H-L 區，即 GDP 增長率高人口密度低的地區是以東北大部分城市為主。

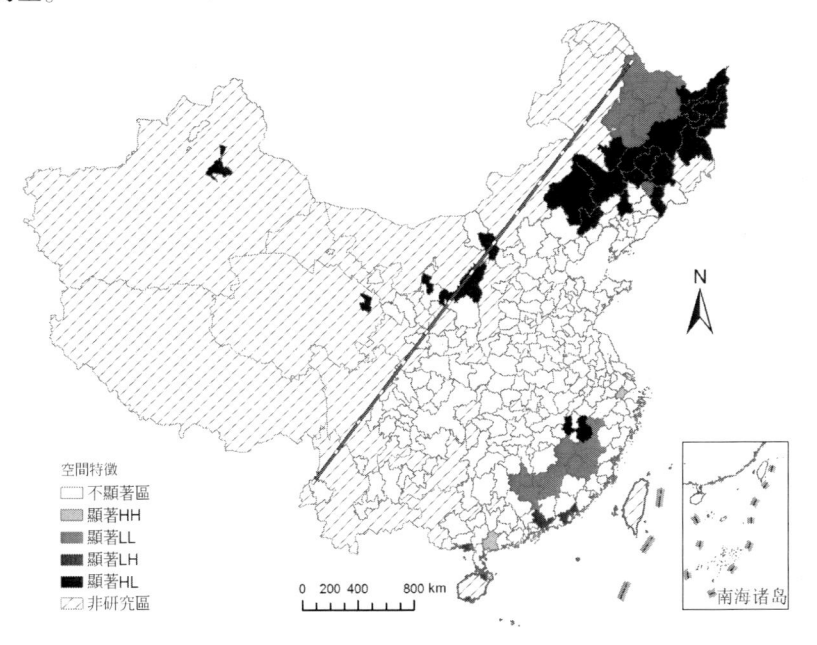

圖 7.6 中國 GDP 增長率與人口密度 LISA 聚集示意圖（2001 年）

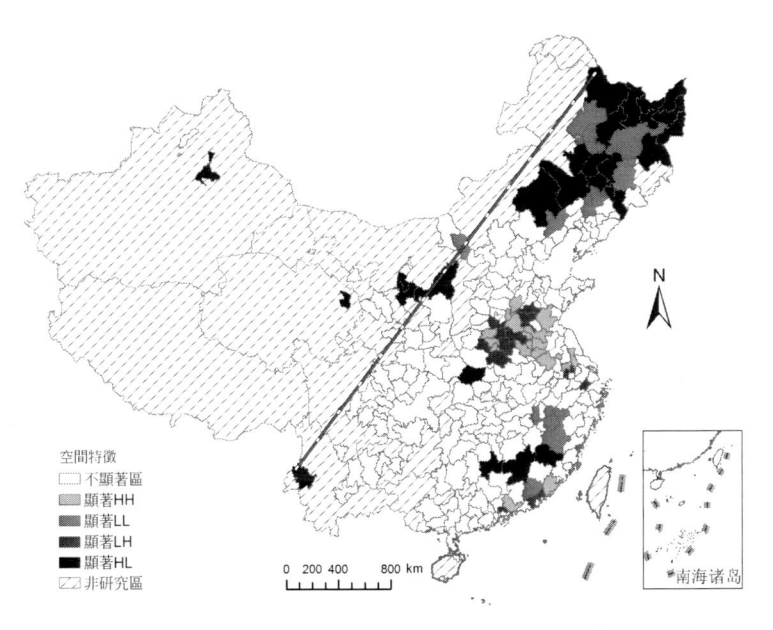

圖 7.7 中國 GDP 增長率與人口密度 LISA 聚集示意圖（2012 年）

空間特徵

再看 2012 年 GDP 增長率與人口密度的「雙變量空間自相關」LISA 圖 7.7。此時，顯著的 H-H 區範圍增加，主要分佈在河南、江蘇、山東交界處。顯著的 L-L 區也發生了較大轉變，變得比較分散。顯著的 L-H 區此時與 H-H 區交錯分佈在一起。顯著的 H-L 區也變得分散，不過依然以東北角為主。

以上關於 GDP 增長率和人口密度雙變量空間自相關的分析表明，兩者存在空間上的耦合關係，GDP 的增長除了受到本市的人口密度影響之外，還受到相鄰城市人口密度（即人口密度的空間滯後值）的影響。也就是說考慮空間效應的實證計量模型用以分析人口密度對經濟增長的影響很有必要，不過前文也考慮到全局雙變量空間自相關分析發現 2001 年兩者並不顯著，而 2012 年顯著，所以中國城市的分析結果不如全球層面數據顯著，這也可能影響後面的估計系數顯著性，而具體有何影響或者有多大的影響，馬上進行實證模型分析。

（2）空間面板計量檢驗與分析

因為分析過程與全球層面一致，所以這裡盡量簡化過程，僅將估計結果展示出來，重點分析人口密度和人口密度平方項，其他變量簡單描述即可，著重比較與全球國家間的估計差異（如果存在）。其中空間權重以鄰接權重建立模型。

先看混合估計面板估計結果。表 7.11 顯示，三個模型中，關鍵變量人口密度 d 的系數兩個為正、一個為 0（實際上是負值，保留四五小數時近似為 0），僅有為正的 SEM 模型下通過 10% 顯著性檢驗。人口密度的平方項 d^2 都為負，且有兩個通過 10% 的顯著性檢驗。從這點來說，沒有全球實證時混合面板模型那樣顯著，這印證了前文的預計，即中國城市數據關於人口密度與 GDP 增長率的雙變量空間自相關是從不顯著到顯著，即不是都顯著，這就影響了估計結果的顯著性。不過單從系數符號來看，兩者實證檢驗符合預期，即人口密度與經濟增長之間的倒「U」形關係檢驗與理論模型相符。

其他控制變量估計結果顯示，新增的人力資本 H 顯著地正向影響經濟增長，表明人力資本確實是現代經濟增長的關鍵因素。勞動力 L 依然同全球數據一樣不顯著，具體後文進一步分析。物質資本 K、國際貿易 InTrade 和人均耕地面積 ArabLd 對 GDP 增長率的影響彈性系數都為正，與現實預期相符，且都通過 1% 的系數檢驗。人口增長率 Pgrowth 對 GDP 增長率的影響彈性系數都為正，但僅一個通過 10% 的系數檢驗。最後，看 SLM 和 SEM 的空間彈性系數 ρ 或 λ，顯示兩者系數都顯著，表明空間自相關確實存在，需要考慮空間依賴性。

表 7.11　　　　　　　　　混合面板模型估計結果

變量	普通混合面板 彈性系數	t 值	空間滯後混合面板 SLM 彈性系數	t 值	空間誤差混合面板 SEM 彈性系數	t 值
C	9.892,0***	42.599,0	9.218,7***	36.817,0	10.735,0***	43.025,0
d	0.000,1	0.426,6	0.000,0	−0.097,9	0.000,4*	1.496,6
d^2	−5.38E−08*	−1.618,7	−3.67E−08	−1.114,5	−6.38E−08**	−2.075,2
K	0.047,4***	18.281	0.044,3***	17.170	0.039,2***	13.311
H	0.026,8***	4.259,0	0.026,2***	4.242,5	0.014,9***	2.770,5
L	−0.005,5	−0.865,2	0.006,9	1.050,8	−0.007,5	−1.284,5
Pgrowth	0.018,3	1.209,6	0.021,1*	1.432,3	0.021,6*	1.424,5
InTrade	0.126,2***	6.102,9	0.132,3***	6.606,1	0.092,3***	4.742,3
ArabLd	0.264,2***	5.044,3	0.222,2***	4.265,1	0.123,0**	2.154,5
ρ			0.015,0***	7.213,4		
λ					0.122,0***	32.571
R^2	0.121,5		0.135,7		0.109,2	
LogL	−7,962.4		−7,928.3		−7,609.9	
NO. Obs	3,072		3,072		3,072	

註：***、**、* 分別表示通過 1%、5% 和 10% 的系數顯著性檢驗。LogL 表示模型的極大對數似然值，NO. Obs 表示樣本個數，C 為截距

接著看空間固定效應和空間隨機效應面板估計結果，如表 7.12。該表給出了六個模型，包括普通面板模型兩個、空間面板模型四個。在檢驗和確定最優模型之前先總觀這些模型的基本估計結果，以獲取更多信息。先看關鍵變量 d 和 d^2。人口密度 d 在六個模型中皆為正，這比全球層面還貼合理論模型，可惜的是都未通過顯著性檢驗，因此可總結為人口密度對於 GDP 增長的影響存在聚集效應，但不顯著。人口密度 d^2 在六個模型中皆為負，這也比全球層面更貼合理論模型，而且有三個模型通過顯著性檢驗，說明人口密度對於 GDP 增長的擁擠效應得到檢驗。將人口密度 d 和人口密度平方項 d^2 的以上結論綜合可知，有一定的證據支持人口密度的聚集效應和擁擠效應機制，人口密度和經濟增長存在倒「U」形關係，但這個證據不明顯，表現在人口密度指示的聚集效應顯著性不足。這再次印證了雙變量空間自相關部分不顯著的事實，其中原因可能是人口密度的數據是戶籍人口而非常住人口，也就是說「抹平」了人口聚集和擁擠的作用，比如北京的戶籍人口不到常住人口的三分之二（2012 年兩者分別為 1,297 萬和 2,069 萬），不過還是間接證明空間自相關性檢驗對於類似有空間相互作用研究的重要作用，缺乏對空間的考慮。

表 7.12　　　　　空間固定效應和空間隨機效應模型估計結果

變量	普通面板模型		空間面板模型			
			空間滯後面板 SLM		空間誤差面板 SEM	
	固定效應[①]	隨機效應	固定效應	隨機效應	固定效應	隨機效應
模型代號	XI	XII	XIII	XIV	XV	XVI
C	10.435,3*** (23.832)	9.810,2*** (33.728)	6.024,0 (0.000,0)	19.808,0*** (27.248,0)	11.042,0 (0.000,0)	10.560,0*** (34.645,0)
d	0.000,3 (0.431,3)	0.000,2 (0.612,3)	0.000,2 (0.279,4)	0.001,2 (1.358,4)	0.000,4 (0.744,1)	0.000,3 (0.879,6)
d^2	-8.17E-08 (-1.260,8)	-7.11E-08** (-1.870,2)	-6.91E-08 (-1.295,5)	-1.63E-07** (-1.959,7)	-8.00E-08* (-1.464,6)	-3.99E-08 (-1.172,2)
K	0.049,1*** (17.635)	0.048,4*** (18.531)	0.028,6*** (11.632)	0.092,0*** (21.568)	0.039,0*** (11.989)	0.040,7*** (13.113)
H	0.028,5*** (4.724,2)	0.027,3*** (4.613,5)	0.019,5*** (3.934,1)	0.047,0*** (5.099,8)	0.014,4*** (2.924,8)	0.010,0** (2.013,7)
L	-0.109,2*** (-6.433,6)	-0.024,9** (-2.720,9)	-0.079,5*** (-5.667,1)	-0.182,3*** (-8.179,9)	-0.063,3*** (-4.377,8)	0.002,7 (0.291,1)
Pgrowth	0.094,2*** (4.219,3)	0.052,0*** (2.854,4)	0.034,3** (1.889,0)	0.173,8*** (5.325,8)	0.019,4 (0.967,3)	0.005,4 (0.317,8)
lnTrade	0.091,6*** (3.171,8)	0.124,9*** (5.222,3)	0.061,5*** (2.610,4)	0.148,9*** (3.537,0)	0.053,3** (2.112,7)	0.063,2*** (2.897,1)
ArabLd	0.331,2** (1.942,6)	0.281,0*** (3.614,5)	0.263,5** (1.851,0)	0.592,8*** (2.845,7)	0.265,7* (1.705,3)	0.148,7** (1.872,9)
ρ			0.112,0*** (29.091)	-0.236,1*** (-51.901)		
λ					0.121,0*** (31.929)	0.515,2*** (32.272)
R^2	0.327,0	0.120,8	0.493,7	-0.761,8	0.315,7	0.470,5
LogL	-7,552.9	-8,197.4	-7,197.8	-7,205.3	-7,206.7	-7,488.7
NO. Obs	3,072	3,072	3,072	3,072	3,072	3,072

註：***、**、*分別表示通過1%、5%和10%的係數顯著性檢驗。LogL 表示模型的極大對數似然值，NO. Obs 表示樣本個數，C 為截距，( ) 內數據為 t 統計量

再看其他變量，物質資本 K、人力資本 H、人口增長率 Pgrowth、國際貿易 lnTrade 和人均耕地面積 ArabLd 都對經濟有正面影響，除了人口增長率在空間誤差面板 SEM 的兩個模型中未通過檢驗，其他變量在所有模型中都通過了係數顯著性檢驗。需要指出的是，勞動力比例 L 的估計結果與全球層面檢驗一

[①] 這裡的固定效應和隨機效應都是空間維度，而時間固定效應和隨機效應維度未列出。

樣：對經濟增長產生負影響，且系數顯著。不過原因是不敢苟同的，對全球層面檢驗結果的解釋可參見前文。對於中國國內出現這一結果，還需要再次理解該指標的含義，這裡勞動力比例 L 是單位從業人口數占總人口的比例（全球層面或者一般層面的勞動力比例是 15~64 歲人口占總人口的比例），其中單位從業人口主要是「在各級國家機關、政黨機關、社會團體及企業、事業單位中工作，取得工資或其他形式的勞動報酬的全部人員」，也就是說單位從業人員主要是「國家工作人員」，產儘「管理」著經濟增長的命脈，但並非是經濟增長的主要部門。有研究指出國家機構人員越龐大，政府機構、公務員規模越大，那麼經濟效率反而越低（唐天偉，唐任伍，2011），所以這裡出現勞動力 L 與經濟增長相反的計量結果就不足為怪了。

在以上分析基礎上，緊接著應該像全球國際層面數據分析那樣通過三個檢驗得到最優的那個模型，即普通面板和空間面板模型的選擇、空間滯後面板和空間誤差面板的選擇、空間固定效應和空間隨機效應的選擇。不過此時已經知道，人口密度 d 的系數的顯著性未通過檢驗，就算選擇到最優的模型，也不能改變以上的結果，所以其實沒有必要繼續做此三個檢驗。不過為了實證體系的完善，這裡仍然給出檢驗的結果，但無須做具體分析。

第一是普通面板與空間面板模型的選擇。從空間面板模型的空間參數來看，顯然選擇空間面板數據模型更優。第二是空間滯後面板模型 SLM 和空間誤差面板模型 SEM 的選擇，由表 7.13 可知選擇空間誤差面板模型 SLM 更優。第三是空間固定效應和隨機效應的選擇，由表 7.14 可知選擇空間固定效應模型更優。綜合以上檢驗，最優的模型為空間滯後面板模型 SEM 下的固定效應模型 XV。

表 7.13　　　　　SLM 和 SEM 估計模型判別檢驗

檢驗指標	假設	檢驗統計值	顯著性概率 P
LMLAG	無空間滯後	55.15	0.000,0
R-LMLAG		11.96	0.000,5
LMERR	無空間誤差	963.88	0.000,0
R-LMERR		920.69	0.000,0

表 7.14　　　　　　　　　Hausman 固定效應和隨機效應檢驗

模型類型	檢驗指標	假設	檢驗統計值	顯著性概率 P
SLM	LR（混合與固定）	為混合模型	1,006.85	0.000,0
	LR（混合與隨機）	為混合模型	360.23	0.000,0
	Hausman（固定與隨機）	為隨機模型	124.09	0.000,0
SEM	LR（混合與固定）	為混合模型	1,056.73	0.000,0
	LR（混合與隨機）	為混合模型	415.86	0.000,0
	Hausman（固定與隨機）	為隨機模型	88.24	0.000,0

同樣，得到最優模型 XV 後，不妨將結果理想化成一般的二次方程，然後具體來看是否是倒「U」形曲線（具體見前節，這裡簡化）。模型 XV 的形式為：

$$g = 11.042,0 + 0.000,4 \times d - 8 \times 10^{-8} \times d^2 + \sum X\beta \qquad (7-11)$$

假定在其他控制變量不變的情況下，即保持為定值，那麼變成了一般的二次方程，根據二次方程理論，這一定值僅影響曲線的上、下位移，不影響曲線的形狀，因此不妨將式（7-3）簡化為：

$$g = 11.042,0 + 0.000,4 \times d - 8 \times 10^{-8} \times d^2 \qquad (7-12)$$

按照上小節的處理，將該方程曲線繪製成圖（圖 7.8），發現同樣與理論結果相符。

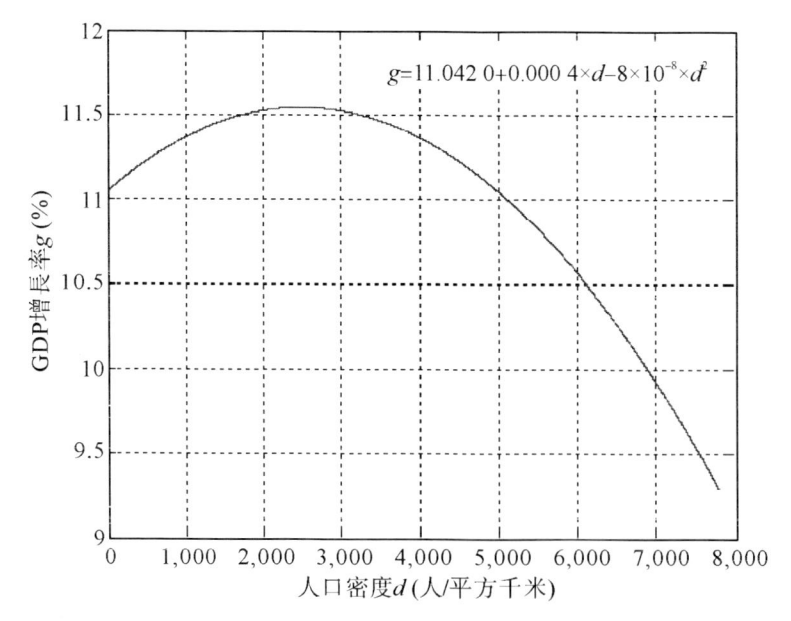

圖 7.8　簡化的中國人口密度與 GDP 增長率的倒「U」形曲線

（3）模型的穩健性檢驗

同樣，遵循前文分析過程，以空間距離權重再進行一次估計，考察模型是否穩健。當然分析過程將大大簡化，僅給出模型估計結果，重點觀測人口密度 d 和人口密度的平方項 d^2 的穩健性即可，其他控制變量不再討論。

先估計得到混合面板模型，如表 7.15 顯示，依然是人口密度 d 系數兩個為正，一個為 0（實際上是負值，保留四五小數時近似為 0），且該系數都未通過顯著性檢驗；人口密度的平方項 d^2 都為負，同樣是 SEM 模型中的該系數通過 10% 顯著性檢驗。兩者表明空間混合面板模型比較穩健，空間權重未對估計結果產生顯著影響。再看空間固定效應和空間隨機效應，如表 7.16 所示，人口密度 d 系數都為正且都未通過顯著性檢驗；人口密度的平方項 d^2 都為負，同樣也是三個通過顯著性檢驗、三個未通過。兩者表明空間固定效應和隨機模型是穩健的。

表 7.15　　　　　　　穩健性檢驗估計結果（混合面板）

變量	普通混合面板 彈性系數	t 值	空間滯後混合面板 SLM 彈性系數	t 值	空間誤差混合面板 SEM 彈性系數	t 值
C	9.892,0***	42.599,0	−0.530,8**	−2.414,9	10.443,0***	19.017,0
d	0.000,1	0.426,6	0.000,0	−0.061,5	0.000,3	1.362,9
d^2	−5.38E−08*	−1.618,7	−2.04E−08	−0.715,8	−4.44E−08*	−1.513,8
K	0.047,4***	18.281	0.027,5***	10.221	0.044,1***	14.118
H	0.026,8***	4.259,0	0.009,7**	1.802,5	0.007,7*	1.412,4
L	−0.005,5	−0.865,2	−0.006,3	−1.153,5	−0.002,5	−0.440,5
Pgrowth	0.018,3	1.209,6	0.001,6	0.121,7	0.000,0	0.002,4
InTrade	0.126,2***	6.102,9	0.137,8***	7.858,7	0.114,4***	6.026,2
ArabLd	0.264,2***	5.044,3	0.185,3***	4.099,0	0.202,6***	3.898,4
ρ			0.897,0***	65.433		
λ					0.900,0***	45.179
R^2	0.121,5		0.347,4		0.113,0	
LogL	−7,962.4		−7,519.5		−7,510.0	
NO. Obs	3,072		3,072		3,072	

註：***、**、* 分別表示通過 1%、5% 和 10% 的系數顯著性檢驗。LogL 表示模型的極大對數似然值，NO. Obs 表示樣本個數，C 為截距

表 7.16　　穩健性檢驗估計結果（空間固定和隨機面板）

變量	普通面板模型		空間面板模型			
			空間滯後面板 SLM		空間誤差面板 SEM	
	固定效應①	隨機效應	固定效應	隨機效應	固定效應	隨機效應
模型代號	XVII	XVIII	XIX	XX	XXI	XXII
C	10.435,3***	9.810,2***	−0.457,6	−0.457,3*	10.083,0	10.237,0***
	(23.832)	(33.728)	(0.000,0)	(−1.670,0)	(0.000,0)	(26.496)
d	0.000,3	0.000,2	0.000,4	0.000,1	0.000,6	0.000,4
	(0.431,3)	(0.612,3)	(0.753,4)	(0.429,5)	(0.998,9)	(1.226,5)
d^2	−8.17E−08	−7.11E−08**	−6.67E−08	−4.03E−08	−7.59E−08*	−5.92E−08*
	(−1.260,8)	(−1.870,2)	(−1.296,6)	(−1.197,8)	(−1.462,1)	(−1.670,1)
K	0.049,1***	0.048,4***	0.022,9***	0.024,5***	0.045,6***	0.045,1***
	(17.635)	(18.531)	(8.063,9)	(8.719,9)	(12.664)	(13.313)
H	0.028,5***	0.027,3***	0.008,1*	0.007,9*	0.005,0	0.005,4
	(4.724,2)	(4.613,2)	(1.690,9)	(1.608,0)	(1.028,0)	(1.083,6)
L	−0.109,2***	−0.024,9**	−0.051,3***	−0.018,4**	−0.033,9**	−0.011,4
	(−6.433,6)	(−2.720,9)	(−3.791,9)	(−2.193,6)	(−2.433,3)	(−1.309,4)
Pgrowth	0.094,2***	0.052,0***	0.011,9	0.007,0	0.003,6	0.000,8
	(4.219,3)	(2.854,4)	(0.682,8)	(0.446,6)	(0.191,2)	(0.048,5)
lnTrade	0.091,6***	0.124,9***	0.125,9***	0.139,7***	0.095,3***	0.108,3***
	(3.171,8)	(5.222,3)	(5.504,1)	(6.815,5)	(3.907,6)	(4.921,14)
ArabLd	0.331,2**	0.281,0***	0.440,5***	0.236,8***	0.517,6***	0.273,6***
	(1.942,6)	(3.614,5)	(3.207,1)	(3.271,4)	(3.410,3)	(3.688,7)
ρ			0.908,0***	0.902,0***		
			(67.249)	(64.954)		
λ					0.949,0***	1.139,1***
					(92.640)	(45.313)
R^2	0.327,0	0.120,8	0.529,8	0.485,2	0.311,9	0.498,8
LogL	−7,552.9	−8,197.4	−7,016.7	−7,341.6	−6,991.2	−7,313.8
NO. Obs	3,072	3,072	3,072	3,072	3,072	3,072

註：***、**、*分別表示通過1%、5%和10%的系數顯著性檢驗。( )內數據為 t 統計量；其他相關含義同前表

① 這裡的固定效應和隨機效應都是空間維度，而時間固定效應和隨機效應維度未列出。

7.3 實證研究小結

本節通過空間面板計量模型，先以全球 126 個國家和地區 1992—2012 年的數據為重點，然後以中國 256 個地級市 2001—2012 年的數據為補充，實證檢驗人口密度與 GDP 增長率的聚集效應和擁擠效應理論機制，即檢驗兩者是否存在倒「U」形關係。檢驗結果表明，全球層面實證檢驗顯示，不管綜合模型的分析還是最後最優模型的分析，都有足夠的證據證實人口密度對 GDP 增長率既有聚集效應又有擁擠效應理論機制，即兩者存在倒「U」形關係；而中國城市層面檢驗顯示，人口密度的係數都為正，比全球層面實證更貼合理論模型，不過遺憾的是係數僅有個別顯著；人口密度的平方項係數為負，也比全球層面實證更貼合理論模型，也僅有一半的係數通過顯著檢驗。綜合表明，中國城市層面能在一定程度上證明人口密度對 GDP 增長率既有聚集效應又有擁擠效應理論機制，即兩者存在倒「U」形關係。中國國內出現這種結果的主要原因可能是人口密度數據中人口數據戶籍人口，並非常住人口。遺憾的是中國統計年鑑統計人口數據並沒有常住人口數據，僅是戶籍人口數據，也就是說「抹平」了人口聚集和擁擠的作用，比如北京的戶籍人口不到常住人口的三分之二（2012 年兩者分別為 1,297 萬和 2,069 萬），這可能影響了結論的可靠性，不過儘管如此，中國實證數據結果依然能在一定程度上證明理論模型，且估計結果也是可以接受的。

通過全球國際層面和中國城市層面兩個大樣本面板數據模型實證檢驗理論模型，兩個層面的數據相互補充，彌補了其他研究中單獨從全球層面或僅從國內層面分析的不足。同時緊緊抓住空間因素的重要作用，強調人口密度的空間異質性和經濟增長的空間不均衡性，考慮空間相互作用，通過構建空間計量模型來檢驗所要證明的主題，應該說取得了良好的效果，不僅證實了本書的研究議題，也彌補了文獻綜述分析所指出的許多研究缺乏空間視角而結論不可靠的天然弱點。

總而言之，本節的實證研究成功地檢驗了理論模型。理論模型與實證模型的結合研究，使得理論模型有了實證支持，實證模型也有理論基礎，最終使得人口密度對 GDP 增長率既有聚集效應又有擁擠效應理論機制，即兩者存在倒「U」形關係的結論既有理論基礎，也有實證支撐。

8 結論與展望

8.1 主要結論

在人口數量、人口結構、人力資本、人口遷移等與經濟增長的關係研究已比較豐富和成熟的情況下，人口分佈與經濟增長的關係的研究並不充分。尤其是在低生育率和人口數量低穩增長、人口紅利削弱的背景下，人口分佈對經濟增長的重要性越發凸顯。本書就人口分佈（人口密度）對經濟增長的影響進行研究，梳理新古典經濟學增長框架和新經濟地理學框架下人口分佈和經濟增長研究動態，討論人口分佈對經濟增長的正向影響或聚集效應和負向影響或擁擠效應。本研究抓住人口分佈空間屬性的重要性：一方面應用空間分析理論和方法研究人口分佈問題，尤其是中國人口分佈問題；另一方面是在理論和實證上研究人口分佈和經濟增長的關係。研究將人口地理學與空間經濟學結合起來介入該議題的研究，這對目前國內人口資源環境經濟學同類研究是一種研究範式的轉變和創新努力。人口地理學基本以地理學者為主，空間經濟學基本以經濟學者為主，兩者還存在一定的割裂性，本研究綜合兩者的優勢和特點，將空間、人口和經濟三個基本要素融合，試圖做到學科的大交叉研究，跨越多個學科，將研究議題綜合化、全面化和立體化。具體有以下幾點研究結論：

第一，中國人口分佈非常不均衡，「胡煥庸線」下人口分佈格局未發生質的變化。本書的測算顯示，2010年「胡煥庸線」下的東南半壁面積占比為40.07%，人口占比為95.23%，西北半壁的面積占比為59.93%，人口占比為4.77%。與胡煥庸當時的測算比例相差不大（東南、西北半壁的人口比例分別為96%、4%）。從2000年到2010年，人口密度增加的區域（縣、市、省都是）居多，減少的區域較少。其中以省統計，減少的為四川、重慶、貴州和湖北，四省為主要人口流出區；分縣和市的特徵更詳細。

第二，中國人口分佈具有顯著的空間自相關性。考慮到鮮有同時考慮不同空間尺度研究的事實，本書分縣域、市域和省域三個空間尺度進行比較分析，結果顯示，三個空間尺度下的人口密度都有顯著的空間自相關性，其中2010年分縣、分市、分省的全局空間自相關 Moran'I 分別為 0.560,3、0.339,1 和 0.232,3，並且都通過1%的顯著性檢驗。局部空間自相關方面，基本特徵為：東部主要是「高高聚集 H-H」類型，中部多數區域不顯著區，西部主要是「低低聚集 L-L」類型；靠近東部「H-H」類型的內陸一側主要為「低高聚集 L-H」，而「高低聚集 H-L」類型分佈較少。不同空間尺度的聚集類型分佈區別微小，總體輪廓不變；尺度越小（分縣），微觀細節越明顯。

第三，中國人口分佈的不均衡性持續擴大。從2000年到2010年，中國分縣、分市、分省人口密度基尼系數分別為 0.710,1-0.730,6、0.669,8-0.677,2、0.622,5-0.629,0。分大區來講基尼系數是西部>東北>東部>中部，2000年、2010年各區的基尼系數是西部 0.780,1-0.782,9、東北 0.516,0-0.549,1、東部 0.367,6-0.403,6、中部 0.242,7-0.271,9。基於概率密度函數擬合，發現中國分縣人口密度數據非常符合對數正態分佈，以對數正態分佈函數對中國2020年、2030年、2040年、2050年、2075年和2100年人口密度分佈函數進行了前瞻預測和統計分析，同時表明中國人口分佈的不均衡性將持續擴大。

第四，微觀化人口分佈特徵比宏觀人口分佈更加複雜，可能具有新特徵甚至反例。對中國川西微觀、複雜環境地區的研究發現：①每個因子對不同區域的人口分佈的影響具有空間異質性；②存在「人口分佈悖論」現象；③自然因素的影響弱化、社會經濟因素的影響趨強。這些特徵使得微觀化人口分佈研究視角需要更加「仔細」。

第五，人口分佈與經濟增長的關係不是單純地促進或阻礙。理論模型證實，人口密度對經濟增長既有聚集效應又有擁擠效應，兩者存在二次型的倒「U」形曲線關係。實證檢驗發現，無論國際數據還是國內數據都支持二次型的倒「U」形曲線關係的理論模型。模型框架給經濟增長理論補充了一個理論要素——人口密度，即人口的空間屬性。不再是單純的人口或人口結構、素質等，人口密度考慮到空間或土地的約束性，強調的是空間屬性。關於 GDP 增長率和人口分佈雙變量空間自相關的分析表明，兩者存在空間上的耦合關係，GDP 的增長除了受到本國（本城市）的人口分佈影響之外，還受到相鄰國家（城市）人口分佈（即人口密度的空間滯後值）的影響。也就是說考慮空間效應的實證計量模型用以分析人口分佈對經濟增長的影響很有必要，而缺乏此考慮就明顯存在不足。人口分佈對 GDP 增長率的影響的具體實證採用空間面板

模型分析。

第六，有關爭論並不需要標準答案（其一，到底是人口太多還是土地或資源太少？其二，到底是人口數量本身推動經濟增長還是人口聚集效應推動經濟增長？其三，到底是最優人口數量好還是最優人口分佈或最優人口密度好？）。本書只是以每個問題的後者進行研究，既遵循邏輯也經得起檢驗。或者直白地說，關於這三個問題，本書選擇的是後者，並進行了回答。

8.2 核心觀點與政策含義

研究的政策目的是為人口佈局政策提供新視角下的人口分佈研究支撐。本書沒有單獨給出大而全的政策建議一節進行專門分析，而是隱含在研究過程和內容當中，其中關於政策的問題具體來說就是：中國人口分佈不平衡—不平衡性將持續—中國特大城市擁擠效應凸顯而人口限制遷入政策效果甚微—人口分佈對經濟增長既有聚集效應又有擁擠效應—怎麼辦？綜合本研究的內容、結論、觀點和邏輯，要找準未來中國人口空間分佈相關政策的核心問題，回答下面兩個疑問即可：人口空間分佈的政策落腳點在哪裡？應該追求怎樣的人口空間均衡？本書隱含了其答案。

8.2.1 人口空間分佈的政策落腳點在哪裡？

縱觀本研究的核心內容，其關鍵觀點是：第 3 章證實了人口空間分佈不均衡的事實；第 4 章證實了人口空間分佈將更加不平衡的事實，也預測了中國未來更多的類似於上海靜安區、虹口區等人口高度密集區增加的事實；第 5 章證實了人口空間分佈（人口密度）的自然影響性減弱、經濟社會影響性增強。第 6、7 章證實了人口空間分佈（人口密度）對經濟增長的聚集效應與擁擠效應並存的事實。另外，現實的人口空間分佈政策證明了控制人口過度聚集的行政手段無效的事實（比如在控制人口遷入北京的政策背景下，「向北京聚集」的趨勢未減）。

綜合以上幾章的研究，可知其內在邏輯為：人口分佈空間異質性客觀存在，不平衡發展的趨勢不可阻擋；一定的人口密度門檻有利於經濟增長，人口密度過大則擁擠，但行政控制性政策並不可取。因此，與其控制人口空間聚集，不如未雨綢繆，對行政控制性政策做出調整。與其將大量資源放在如何應對諸如未來北京越來越擁擠的問題上，不如轉移部分資源，提前做好有潛力的

其他大的中心城市成為「類北京」超高密集區的準備，未雨綢繆，防範「北京病」未來在其他潛在特大中心城市蔓延。而新興增長極城市將有能力吸引人口，促進經濟增長；同時「類北京」超高密集區人口自然外流，也能促進經濟增長，達到所謂共同增長，人口合理流動、遷移和分佈會按「市場」規律自然形成，替代控制性政策的弱效甚至無效性。

令人欣慰的是，「疏解北京非首都功能」的新政策出現在 2015 年 2 月 10 日的中央財經領導小組第九次會議上。2017 年 4 月 1 日，中共中央、國務院決定設立雄安新區。這是以習近平同志為核心的黨中央做出的一項重大的歷史性戰略選擇，雄安新區是繼深圳經濟特區和上海浦東新區之後又一具有全國意義的新區，是千年大計、國家大事。雄安新區規劃建設以特定區域為起步區先行開發，起步區面積約 100 平方千米，中期發展區面積約 200 平方千米，遠期控制區面積約 2,000 平方千米。設立雄安新區，對於集中疏解北京非首都功能、探索人口經濟密集地區優化開發新模式、調整優化京津冀城市佈局和空間結構、培育創新驅動發展新引擎具有重大現實意義和深遠歷史意義。這就是本研究的人口空間分佈政策的落腳點：人口分佈對經濟增長既有聚集效應又有擁擠效應—資源再分配引導人口主動再分佈—特大城市人口降低，新興增長城市人口增長—不同規模城市的經濟都增長。如此諸如北京這樣的過度密集區擁擠降低、經濟增長率上升，而新的「類北京」潛在密集區人口密度有所上升，經濟增長率同樣上升。

總結成一句話，就是：人口分佈政策的本質是從控制到資源轉移從而引導人口自然流動、遷移和再分佈。當然，這也不是什麼多麼新的政策觀點。其早已有之，只是沒有執行而已，現在也只是重新拾起。或者說，費了九牛二虎之力最後就得到一個並不新鮮的政策建議，有意義嗎？答案顯然是：有，因為這就是社會科學研究的意義所在，就是為政策提供翔實的理論和實證支撐。不管如何，既然本書研究所支撐的政策出抬了，還是期待新的政策能夠有效落實，真正引導中國人口合理流動、遷移和再分佈。本書對於「疏解北京非首都功能」「設立雄安新區」等新式城市規劃政策的制度化理解是「資源轉移」，將資源轉到有潛力的「新增長極」上，這樣對於人口再分佈、緩解人口擁擠應該說是更為理想之策，本書的研究及隱含結論能很好地支撐當前的政策。具體到未來特大城市的人口調控中，政策走向應該是「疏」而非「控」。

8.2.2 應該追求怎樣的人口空間均衡？

人口流動、遷移和再分佈是一個自然過程，生產要素的地區間流動方向是

由市場的價格機制決定的,勞動力的流動方向取決於不同地區之間相對的工資、公共服務和生活成本(陸銘,鐘輝勇,2015)。只要資源集中在個別特大城市,那麼人口向這些特大城市聚集的趨勢是不能阻擋的,各種「城市病」問題也會出現,而一些中心城市出現了過度流出、「缺人」的局面,人口空間分佈越來越不均衡。本書研究的結果與中國未來城市人口發展不謀而合。不過我們當前的學術觀點依然普遍在強調「更平衡的增長」,強調空間、區域的均衡,而不管學者如何偏好這個觀點,全球範圍的證據都表明,人的經濟活動所包含的邏輯就是在流動中聚集,然後再流動、再聚集,直至人口、經濟和財富在地理上集中到一個個面積奇小的地方去,這是人口理想的自然選擇結果(理性地選擇聚集經濟及效益),不會改變,只要邊際聚集效應還在,除非有無法越過的屏障,否則就一定還會不斷吸引更多的人口聚集。

於是,我們努力追求人口均衡發展,而在空間上的均衡顯然不是人口平均分佈,事實上人口也不會平均分佈。不過,人口空間分佈不平衡不要緊,也不可怕,全世界都是在人口空間分佈不平衡的狀態下發展。我們既無須也無力追求人口空間分佈的均衡,而要做的是追求人均意義的空間均衡:人均 GDP、人均收入和生活質量意義上的「空間均衡」。理性的人會選擇適合自己發展的空間,只要宏觀政策保障人均意義上的「空間均衡」,人口密度自然會保持在一個合理水平,既有一定的人口密度以保證經濟增長,也不至於過度擁擠從而妨礙經濟增長。

8.3 不足與展望

其一,人口分佈及其與經濟增長的關係的研究是一個大命題,涉及面非常廣泛,本書產儘研究的是人口分佈及其與經濟增長的關係,但實際上更確切地說是人口密度及其與經濟增長的關係,產儘人口密度是人口分佈的良好指徵,也符合本書強調的空間屬性,但畢竟人口分佈不只是人口密度而已,這就需要從更多方面來論證兩者之間的邏輯關係,比如使用城鎮化率、人口的區域熵、人口空間重心等更多反應人口分佈的指標進行分析,以得到更多的證據,並補充本書的研究結論,也使結論更可靠、更科學。

其二,在實證檢驗人口密度和經濟增長的二次型倒「U」形曲線關係時,產儘本書盡全力去促使全球國際級層面和中國地級城市層面在控制變量上保持一致,以保證實證結果能真正相互補充,但鑒於統計數據不一致等原因,最後

依然各自有一個控制變量不一樣。這可能會影響估計結果，甚至在一定程度上影響結論的可靠性。

其三，本書得到的是人口密度直接作用於經濟增長的結論，而實際上這需要進一步研究，比如間接作用的可能性。比如，人口密度由於聚集效應先促進技術進步，再間接作用於經濟增長，因為人口密度大的區域技術傳播更快，所以整體的技術水平要高，事實上，世界大多數技術創新和進步都是發生在大城市等人口密集區。再比如，人口密度由於擁擠效應先導致環境惡化，使成本上升，再作用於經濟增長，一般來說人口密度大的區域環境壓力也大，事實上，世界發生的多數環境惡性事件和嚴重的城市病等問題都是在大城市等人口密集區。這兩點都說明人口密度間接作用於經濟增長，而非直接影響。

其四，關於經濟增長對人口分佈的影響的逆向研究缺乏。即按照本書的主標題，人口分佈與經濟增長應該是平行關係，需要研究兩者的相互關係，但本書僅研究了人口分佈對經濟增長的單方面關係，僅在理論和實證上分析了人口分佈（人口密度）對經濟增長的聚集效應和擁擠效應，缺乏經濟增長如何影響人口分佈的研究內容，也是一個比較大的研究課題。同時，由於實際上兩者應該相互影響，在具體的模型分析中可能會存在互為因果的內生性問題，這也是未來需要進一步研究的方向。

基於以上這些問題，未來關於人口分佈及其與經濟增長的關係的研究還有很多探索的空間。比如考慮人口密度以外的變量來度量人口分佈，更多的度量變量研究可以得到更多的證據，以強化和補充本書的研究結論。再比如人口密度與中間變量（技術、環境）的關係值得進一步探索，或者說擴展人口分佈與經濟增長模型，從關注人口密度對經濟增長的影響轉到間接作用上。事實上，關於人口密度與技術的關係，Michael Kremer（1993）以及 Stephan Klasen 和 Thorsten Nestmann（2006）對此進行了分析，證明了人口密度對技術進步的影響。關於人口密度與環境的關係，Clas Eriksson 和 Ficre Zehaie（2005）進行了分析，論證了人口密度對環境污染的影響而間接作用於經濟增長。這些研究都為未來進一步研究人口分佈（人口密度）、技術或環境、經濟增長的多重內在關係提供了方向。

另外，本書緊緊抓住空間因素的重要作用，強調人口密度的空間異質性和經濟增長的空間不均衡性，考慮空間相互作用，通過構建空間計量模型來檢驗所要證明的主題，應該說取得了良好的效果，不僅證實了本書的研究議題，也彌補了文獻綜述分析所指出的許多研究缺乏空間視角而結論不可靠的天然弱點。因此，放眼未來，關於經濟議題研究應該重新審視空間維度、空間分析技

術和空間計量方法等的作用，要關注空間屬性在研究中的意義，因為缺乏空間視角就可能會產生估計誤差。其中缺乏空間視角的主要表現是「假定空間均質性和空間相互獨立」，但事實上空間是異質性的，也是相互依賴的，空間自相關是普遍的現象，包括人口空間依賴（比如人口流動）和經濟空間依賴（比如區域貿易）。因此，在有了空間分析技術和空間計量方法後，未來的實證研究應該更多地考慮空間視角在人口分佈與經濟增長的關係中的研究。

參考文獻

[1] Anas A, Xu R. Congestion, land use, and job dispersion: A general equilibrium model [J]. Journal of Urban Economics, 1999, 45 (3): 451-473.

[2] Bailey, Adrian. Making population geography [M]. New York: Oxford University Press, 2005.

[3] Baldwin R. E., Martin P., Ottaviano G. I. P. Global income divergence, trade, and industrialization: The geography of growth take-offs [J]. Journal of Economic Growth, 2001, 6 (1): 5-37.

[4] Braun Juan. Essays on economic growth and migration [D]. Boston: Harvard University, 1993.

[5] Carl H. Nelson, Paul V. Preckel. The conditional beta distribution as a stochastic production function [J]. American Journal of Agricultural Economics, 1989, 71 (2): 370-378.

[6] Ciccone A., Hall R. E. Productivity and the density of economic activity [J]. American Economic Review, 1996, 86 (1): 56-70.

[7] Ciccone A. Agglomeration effects in Europe [J]. European Economic Review, 2002, 46 (2): 213-227.

[8] Clas Eriksson, Ficre Zehaie. Population density, pollution and growth [J]. Environmental & Resource Economics, 2005, 30 (4): 465-484.

[9] Diamond Jared. Ten thousand years of solitude: What really happens when a society is forced to go it alone? [EB/OL]. (1993-03-01) [2018-01-26]. http://discovermagazine.com/1993/mar/tenthousandyears189/.

[10] Dixit A. K., Stiglitz J. E. Monopolistic competition and optimum product diversity [J]. The American Economic Review, 1977: 297-308.

[11] Donald R. Glover, Julian L. Simon. The effect of population density on in-

frastructure: The case of road building [J]. Economic Development and Cultural Change, 1975 (4): 453-468.

[12] Durand J. D. Historical estimates of world population: An evaluation [J]. Population and Development Review, 1977: 253-296.

[13] Elhorst J. P. Specification and estimation of spatial panel data models [J]. International Regional Science Review, 2003, 26 (3): 244-268.

[14] Frederiksen, Peter C. Further evidence on the relationship between population density and infrastructure: The Philippines and electrification [J]. Economic Development and Cultural Change, 1981 (7): 749-758.

[15] Futagami, K., Ohkusa, Y. The quality ladder and product variety: Larger economies may not grow faster [J]. Japanese Economic Review, 2003, 54: 336-351.

[16] Graham D. J. Variable returns to agglomeration and the effect of road traffic congestion [J]. Journal of Urban Economics, 2007, 62 (1): 103-120.

[17] Grant A., Benton T. G. Density-dependent populations require density - dependent elasticity analysis: An illustration using the LPA model of Tribolium [J]. Journal of Animal Ecology, 2003, 72 (1): 94-105.

[18] Groisman P. Y., Karl T. R., Easterling D. R., et al. Changes in the probability of heavy precipitation: Important indicators of climatic change [J]. Climatic Change, 1999, 42 (1): 243-283.

[19] Gu Chaolin, Wu Liya, Ian Cook. Progress in research on Chinese urbanization [J]. Frontiers of Architectural Research, 2012 (1): 101-149.

[20] Henderson V. The urbanization process and economic growth: The so-what question [J]. Journal of Economic Growth, 2003, 8 (1): 47-71.

[21] Henderson, J. V., Adam S., David N. Weil. Measuring economic growth from outer space [J]. American Economic Review, 2012, 102 (2): 994-1028.

[22] Henderson, J. V. Innovation and agglomeration: Two parables suggested by city-size distributions: Comment [J]. Japan and the World Economy, 1995, 7 (4): 391-393.

[23] Henderson, J. V. Optimum city size: The external diseconomy question [J]. Journal of Political Economy, 1974, 82 (2): 373-388.

[24] Henderson, J. V. The sizes and types of cities [J]. American Economic Review, 1974, 64 (4): 640-656.

[25] Henderson, J. V. Urbanization in a developing country: City size and population composition [J] Journal of Development Economics, 1986, 22 (2): 269-293.

[26] Huw Jones. Population geography [M]. London: Paul Chapman Publishing, 1990.

[27] J. Vernon Henderson, Hyoung Gun Wang. Urbanization and city growth: The role of institutions [J]. Regional Science and Urban Economics, 2007, 37 (3): 283-313.

[28] Clarke J. I. Population geography [M]. Elsevier Science & Technology, 1965.

[29] James Lesage, R. Kelley Pace. Introduction to spatial econometrics [M]. Boca Raton, Florida: The Chemical Rubber Company Press, 2009: 119.

[30] Joel E. Cohen, Christopher Smalls. Hypsographic demography: The distribution of human population by altitude [J]. Proceedings of the National Academy of Sciences of the United States of America, 1998, 95 (24): 14009-14014.

[31] Karen Ward. The World in 2050: From the Top 30 to the Top 100 [EB/OL]. (2012-01-11). http://www.hsbcnet.com/hsbc/research.

[32] Kazuyuki Nakamura and Masanori Tahira. Distribution of Population Density and the Cost of Local Public Services: The Case of Japanese Municipalities [J]. Working Paper No. 231, Faculty of Economics, University of Toyama, April 2008.

[33] Klasen, S., T. Nestmann. Population, population density and technological change [J]. Journal of Population Economics, 2006, 19 (3): 611-626.

[34] Krugman P. R. Geography and trade [M]. Boston: MIT Press, 1991.

[35] Ladd H. F. Population growth, density and the costs of providing public services [J]. Urban Studies, 1992, 29 (2): 273-295.

[36] Lesage J. P., Luc Anselin, Raymodn J. G., Florax, Sergio Jrey. A family of geographically weighted regression models in advances in spatial econometrics [M]. Berlin: Springer Verlag, 2004: 241-264.

[37] Luc Anselin, Raymond Florax, Sergio J. Rey. Advances in spatial econometrics: Methodology, tools and applications [M]. Berlin: Springer, 2004.

[38] Lucas R. E. On the mechanics of economic development [J]. Journal of Monetary Economics, 1998, 22: 61-70.

[39] Lv Chen, Fan Jie, Sun Wei. Population distribution and influencing fac-

tors based on ESDA [J]. Chinese Journal of Population, Resources and Environment, 2012, 10 (3): 47-53.

[40] M. M. Fischer, A. Getis. Handbook of applied spatial analysis: Software tools, methods and applications [M]. Berlin: Springer Verlag Berlin Heidelberg, 2010.

[41] Malcolm O. Asadoorian. Simulating the spatial distribution of population and emissions to 2100 [J]. Environmental Resource Economic, 2008 (39): 199-221.

[42] Marius Brulhart, Federica Sbergami. Agglomeration and growth: Cross-country evidence [J]. Journal of Urban Economics, 2009, 65: 48-63.

[43] Martin Bell. Demography: Time and space [Z]. Australian Population Association 17th Biennial Conference 2014, 3th Dec 2014.

[44] Martin P., I. P. Ottaviano G. Growing locations: Industry location in a model of endogenous growth [J]. European Economic Review, 1999, 43 (2): 281-302.

[45] Martin P., Ottaviano G. I. P. Growth and agglomeration [J]. International Economic Review, 2001, 42 (4): 947-968.

[46] Mathieu Provencher. Population impact on per capita real GDP growth: Are there agglomeration effects? [D]. Halifax: Dalhousie University, 2006.

[47] McEvedy Colin, Richard Jones. Atlas of world population history [M]. New York: Penrmin. 1978.

[48] Mehmet Aldonat Beyzatlar, Yesiim Kustepeli. Infrastructure, economic growth and population density in Turkey [J]. International Journal of Economic Sciences and Applied Research, 2011, 4 (3): 39-57.

[49] Michael F. Goodchild, Robert P. Haining. GIS and spatial data analysis: Converging perspectives [J]. Papers in Regional Science, 2003, 83 (1): 363-385.

[50] Michael Kremer. Population growth and technological Change: One Million B. C. to 1990 [J]. The Quarterly Journal of Economics, 1993, 108 (3): 681-716.

[51] Moomaw, R. L. Firm location and city size: Reduced productivity advantages as a factor in the decline of manufacturing in urban areas [J]. Journal of Urban Economics, 1985, 17: 73-89.

[52] Pace R. K., LeSage J. P. A spatial Hausman test [J]. Economics Letters, 2008, 101 (3): 282-284.

[53] Paul Krugman. Increasing returns and economic geography [J]. Journal of Political Economy, 1991, 99: 483-499.

[54] Peter Lafreniere. Adaptive origins: Evolution and human development [M]. London: Taylor & Francis Press, 2010: 90.

[55] Pontus Braunerhjelm, Benny Borgman. Agglomeration, diversity and regional growth [Z]. CESIS Electronic Working Paper Series Number 71, 2006.

[56] Raouf Boucekkine, David de la Croix, Dominique Peeters. Early literacy achievements, population density, and the transition to modern growth [J]. Journal of the European Economic Association, 2007, 5 (1): 183-226.

[57] Renée Hetherington, Robert G. B. Reid. The Climate connection: climate change and modern human evolution [M]. Cambridge: Cambridge University Press, 2010: 64.

[58] Richard Baldwin, Rikard Forslid, Philippe Martin, etc. Economic geography and public policy [M]. Princeton: Princeton University Press, 2005.

[59] Schultz T. W. Investment in human capital [J]. The American Economic Review, 1961, 51 (1): 1-17.

[60] Schumpeter, A. Joseph. Theoretical problems of economic growth [J]. The Journal of Economic History, 1947 (7): 1-9.

[61] Segal, D. Are there returns to scale in city size? [J]. Review of Economics and Statistics, 1976, 58: 339-350.

[62] Sergey Paltsev, John M. Reilly, Henry D. Jacoby, etc. The MIT emissions prediction and policy analysis (EPPA) model: Version 4 [EB/OL]. (2005-08-08) [2017-12-18]. http://globalchange.mit.edu/publication/14578.

[63] Shabani Z. D., Akbari N., Esfahani R. D. Effect of population density, division and distance on regional economic growth [J]. Iranian Economic Review, 2012, 17 (1): 101-121.

[64] Silvana, A. A. G., Maria, I. S. E., Antonio, M. V. M. Using remote sensing and census tract data to improve representation of population spatial distribution: Case studies in the Brazilian Amazon [J]. Population and Environment, 2012 (34): 142-170.

[65] Stephan Klasen, Thorsten Nestmann. Population, population density and

technological change [J]. 2006, 19 (3): 611-626.

[66] T. X. Yue, Y. A. Wang, J. Y. Liu, etc. SMPD scenarios of spatial distribution of human population in China [J]. Population and Environment, 2005, 26 (3): 207-228.

[67] The World Bank. Reshaping economic geography in Latin American and the Caribbean: A companion volume to the 2009 World Development Report [R]. Washington DC: Printed in the United States by Quebecor World, 2009.

[68] The World Bank. World development report 2009: Reshaping economic geography [M]. Washington DC: Printed in the United States by Quebecor Worldm, 2009.

[69] Thomas Piketty. Capital in the twenty-first century [M]. Princeton: The Belknap Press of Harvard University Press, 2014.

[70] Tobin J. A general equilibrium approach to monetary theory [J]. Journal of Money, Credit and Banking, 1969, 1 (1): 15-29.

[71] United Nations, Department of Economic and Social Affairs. World urbanization prospects: The 2014 revision [R]. Published by the United Nations, 2014.

[72] United Nations, Population Division of the Department of Economic and Social Affairs of the United Nations Secretariat. World population prospects, the 2012 revision [R/OL]. (2013-06-17) [2017-12-18]. http://www.un.org/en/development/desa/publications/world-population-prospects-the-2012-revision.html.

[73] Venables A. J. Equilibrium locations of vertically linked industries [J]. International Economic Review, 1996: 341-359.

[74] Ximing Wu, Jeffrey M. Perloff. China's income distribution, 1985-2001 [J]. The Review of Economics and Statistics, 2005, 87 (4): 763-775.

[75] Yuri A. Yegorov. Socio-economic influences of population density [J]. Chinese Business Review, 2009, 8 (7): 1-12.

[76] Zhang P., Yang Q., Zhao Y. Relationship between social economic agglomeration and labor productivity of core cities in Northeast China [J]. Chinese Geographical Science, 2012, 22 (2): 221-231.

[77] 安虎森. 空間經濟學原理 [M]. 北京: 經濟科學出版社, 2005.

[78] 北京市人民政府. 北京城市總體規劃 (2004—2020) (電子文本) [EB/OL]. (2007-09-08) [2017-12-18]. http://www.cityup.org/case/general/20070907/32261.shtml.

[79] 曹驥贇. 知識溢出雙增長模型和中國經驗數據的檢驗 [D]. 天津: 南開大學, 2007.

[80] 陳得文, 苗建軍. 空間聚集和區域經濟增長內生性研究——基於 1995—2008 年中國省域面板數據分析 [J]. 數量經濟與技術經濟研究, 2010 (9): 82-93.

[81] 陳建東, 羅濤, 趙艾鳳. 收入分佈函數在收入不平等研究領域的應用 [J]. 統計研究, 2013, 30 (9): 79-86.

[82] 陳楠. 基於 GIS 的人口時空分佈特徵研究 [D]. 青島: 山東科技大學, 2005.

[83] 陳述彭. 人口統計的時空分析 [J]. 中國人口資源環境, 2002, 12 (4): 3-7.

[84] 陳旭, 陶小馬. 城市最優規模與勞動力實際工資率關係研究: 基於新經濟地理學的視角 [J]. 財貿研究, 2013 (3): 12-20.

[85] 陳彥光, 劉繼生. 城市人口分佈空間自相關的功率譜分析 [J]. 地球科學進展, 2006, 21 (1): 1-9.

[86] 程曉亮, 呂成文. 地形因子對人口空間分佈影響分析——以黃山市為例 [J]. 安徽師範大學學報 (自然科學版), 2008, 31 (5): 487-491.

[87] 杜本峰, 張耀軍. 高原山區人口分佈特徵及其主要影響因素——基於畢節地區的 Panel Data 計量模型分析 [J]. 人口研究, 2011, 35 (5): 90-100.

[88] 杜昌祚. 人口統計的地位和作用 [J]. 中國統計, 2005 (10): 6.

[89] 樊洪業. 竺可楨全集: 第 1 卷 [M]. 上海: 上海科技教育出版社, 2004: 503.

[90] 樊新生, 李小建. 基於縣域尺度的經濟增長空間自相關研究——以河南省為例 [J]. 經濟經緯, 2005 (3): 57-60.

[91] 範劍勇. 產業聚集和地區勞動生產率差異 [J]. 經濟研究, 2006, (11): 72-81.

[92] 方燁, 梁倩. 京津冀協同發展將進入實質操作階段 [N]. 經濟參考報, 2015-02-11.

[93] 方瑜, 歐陽志雲, 鄭華, 等. 中國人口分佈的自然成因 [J]. 應用生態學報, 2012, 23 (12): 3488-3495.

[94] 封志明, 唐焰, 楊豔昭, 等. 中國地形起伏度及其與人口分佈的相關性 [J]. 地理學報, 2007, 62 (10): 1073-1082.

[95] 封志明, 張丹, 楊豔昭. 中國分縣地形起伏度及其與人口分佈和經

濟發展的相關性［J］.吉林大學社會科學學報,2011,51（1）:146-151.

［96］付敏.深入推進扶貧開發,促進共同富裕——解讀《中國農村扶貧開發綱要（2011—2020年）》［J］.中國西部,2012（4）:72-76.

［97］甘犁.關於中國家庭金融調查數據的再說明［EB/OL］.（2013-02-23）［2017-12-18］.http://www.ciidbnu.org/news/201302/201302231209017,06.html.

［98］甘犁.以公開科學的抽樣調查揭示真實的中國［EB/OL］.（2013-01-25）［2017-12-16］.http://cn.wsj.com/gb/20130125/OPN150813.asp.

［99］高濤,謝立安.近50年來中國極端降水趨勢與物理成因研究綜述［J］.地球科學進展,2014,29（5）:577-589.

［100］葛美玲,封志明.基於GIS的中國2000年人口之分佈格局研究——兼與胡煥庸1935年之研究對比［J］.人口研究,2008,32（1）:51-57.

［101］葛美玲,封志明.中國人口分佈的密度分級與重心曲線特徵分析［J］.地理學報,2009,64（2）:202-210.

［102］龔偉俊,李為相,張廣明.基於威布爾分佈的風速概率分佈參數估計方法［J］.可再生能源,2011,（6）:20-23.

［103］貢森.專家談戶籍制度：城市不能只要人手不要人口［EB/OL］.（2011-11-14）［2017-12-18］.http://news.china.com/domestic/945/20111114/16865847.html.

［104］國家統計局.四川統計年鑒2011［M］.北京:中國統計出版社,2011.

［105］國務院人口普查辦公室,國家統計局人口和社會科技統計司.2000人口普查分縣資料［M］.北京:中國統計出版社,2003.

［106］韓惠,劉勇,劉瑞雯.中國人口分佈的空間格局及其成因探討［J］.蘭州大學學報（社會科學版）,2000,28（4）:16-21.

［107］韓嘉福,張忠,齊文清.中國人口空間分佈不均勻性分析及其可視化［J］.地球信息科學,2007,9（6）:14-19.

［108］韓嘉福,李洪省,張忠.基於Lorenz曲線的人口密度地圖分級方法［J］.地球信息科學學報,2009,11（6）:834-838.

［109］何雄浪,汪銳.市場潛力、就業密度與中國地區工資水平［J］.中南財經政法大學學報,2012（3）:22-28.

［110］胡煥庸,張善餘.中國人口地理［M］.上海:華東師範大學出版社,1984.

[111] 胡煥庸. 論中國人口之分佈 [M]. 上海：華東師範大學出版社, 1984.

[112] 胡煥庸. 中國人口之分佈——附統計表與密度圖 [J]. 地理學報, 1935 (2)：33-74.

[113] 胡亞權. 空間面板數據模型及其應用研究 [D]. 武漢：華中科技大學, 2012.

[114] 胡豔君, 莫桂青. 區域經濟差異理論綜述 [J]. 生產力研究, 2008 (5)：137-139.

[115] 胡志軍, 劉宗明, 龔志民. 中國總體收入基尼系數的估計：1985—2008 [J]. 經濟學（季刊）, 2011, 10 (4)：1423-1436.

[116] 姜磊, 季民河. 基於STIRPAT模型的中國能源壓力分析——基於空間計量經濟學模型的視角 [J]. 地理科學, 2011, 31 (9)：1073.

[117] 孔凡文, 許世衛. 中國城鎮化發展速度與質量問題研究 [M]. 沈陽：東北大學出版社, 2006.

[118] 李豐松. 基於空間計量模型的地方政府投資影響因素分析 [J]. 科技創業月刊, 2013 (3)：149-152.

[119] 李旭東, 張善餘. 貴州喀斯特高原人口分佈的自然環境因素——Ⅰ主要影響因素研究 [J]. 西華師範大學學報（自然科學版）, 2006 (3)：256-262.

[120] 李旭東, 張善餘. 貴州喀斯特高原人口分佈的自然環境因素——Ⅱ多元迴歸分析與地帶性研究 [J]. 西華師範大學學報（自然科學版）, 2007 (1)：67-72.

[121] 李儀俊. 中國人口重心及其移動軌跡 [J]. 人口研究, 1983 (1)：28-32.

[122] 李毅偉. 運用空間自相關分析中國人口格局的空間分佈變動模式 [C]. 中國地理信息系統協會第四次會員代表大會暨第十一屆年會論文集, 2007年11月.

[123] 李玉江, 張果. 人口地理學 [M]. 北京：科學出版社, 2011.

[124] 李子奈, 潘文卿. 計量經濟學 [M]. 北京：高等教育出版社, 2010.

[125] 聯合國開發計劃署, 中國社會科學院城市發展與環境研究所. 中國人類發展報告2013——可持續與宜居城市：邁向生態文明 [R]. 北京：中國對外翻譯出版有限公司, 2013.

[126] 梁琦. 空間經濟學：過去、現在與未來——兼評《空間經濟學：城市、區域與國際貿易》[J]. 經濟學（季刊），2005，4（4）：1047-1085.

[127] 劉德欽，劉宇，薛新玉. 中國人口分佈及空間相關分析 [J]. 測繪科學，2004，29（7）：76-79.

[128] 劉桂俠. 愛輝—騰衝人口分界線的由來 [J]. 地圖，2004（6）：48-51.

[129] 劉建磊. 淺析威廉姆森的倒「U」形理論 [J]. 知識經濟，2012（21）：5-7.

[130] 劉曉. 中國個人所得稅制度改革問題研究 [D]. 北京：中央民族大學，2012.

[131] 劉錚，李競能. 人口理論教程 [M]. 北京：中國人民大學出版社，1985.

[132] 劉正廣. 空間尺度與人口分佈問題研究 [D]. 蘭州：蘭州大學，2007.

[133] 盧晨. 可持續視角下區域人口空間結構演化機制與優化研究 [D]. 哈爾濱：哈爾濱工業大學，2014.

[134] 陸銘，鐘輝勇. 大國發展：地理的政治經濟學分析 [J]. 新政治經濟學評論，2015（28）：1-19.

[135] 陸銘. 空間的力量：地理、政治與城市發展 [M]. 上海：格致出版社，2013.

[136] 麻永建，徐建剛. 基於ESDA的河南省區域經濟差異的時空演變研究 [J]. 軟科學，2006，20（5）：51-54.

[137] 馬爾薩斯. 人口原理 [M]. 朱泱，胡企林，朱和中，譯. 北京：商務印書館，1992：6.

[138] 梅林，陳妍. 吉林省人口密度空間格局演變及其形成機制 [J]. 人文地理，2014（4）：92-97.

[139] 那音太，烏蘭圖雅. 近60年科爾沁人口密度變化時空特徵研究 [J]. 西北人口，2013，34（4）：24-26.

[140] 牛叔文，劉正廣，郭曉東，等. 基於村落尺度的丘陵山區人口分佈特徵與規律——以甘肅天水為例 [J]. 山地學報，2006，24（6）：684-691.

[141] 潘輝. 城市聚集、外部性與地區工資差距研究 [D]. 上海：復旦大學，2012.

[142] 潘倩，金曉斌，周寅康. 近300年來中國人口變化及時空分佈格局

[J]. 地理研究, 2013, 32 (7): 1291-1302.

[143] 龐皓. 計量經濟學 [M]. 北京: 科學出版社, 2004: 113.

[144] 龐皓. 計量經濟學 [M]. 北京: 高等教育出版社, 2007: 156.

[145] 人民網. 國家統計局首次公布2003至2012年中國基尼系數 [EB/OL]. 2013-1-18.

[146] 施堅雅, 韓忠可, 袁建華. 長江下游宏觀區域生育率轉變研究——用GIS方法和人口普查數據進行時空分析 [J]. 中國人口科學, 2001 (2): 1-18.

[147] 孫浦陽, 武力超, 張伯偉. 空間聚集是否總能促進經濟增長: 不同假定條件下的思考 [J]. 世界經濟, 2011 (10): 3-20.

[148] 孫玉蓮, 趙永濤, 曹偉超, 等. 山區人口分佈與環境要素關係的定量分析 [J]. 安徽農業科學, 2011, 39 (19): 11705-11710.

[149] 覃一冬. 聚集、增長與福利: 理論和實證 [D]. 武漢: 華中科技大學, 2013: 9.

[150] 覃一冬. 空間聚集與中國省際經濟增長的實證分析: 1991—2010年 [J]. 金融研究, 2013 (8): 123-135.

[151] 譚遠發, 曾永明. 中國低生育水平穩定機制的時空演變及空間差異研究 [J]. 人口學刊, 2014 (2): 5-18.

[152] 湯國安, 楊昕. ArcGIS空間分析實驗教程 [M]. 北京: 科學出版社, 2009: 100-101.

[153] 唐天偉, 唐任伍. 中國政府技術效率測度: 2001—2009 [J]. 北京師範大學學報 (社會科學版), 2011 (5): 123-129.

[154] 藤田九昌, 保羅·克魯格曼, 安東尼·維納布爾斯. 空間經濟學: 城市、區域和國際貿易 [M]. 梁琦, 譯. 北京: 中國人民大學出版社, 2005.

[155] 王恩勇, 趙榮, 張小林, 等. 人文地理學 [M]. 北京: 科學出版社, 2000.

[156] 王露, 楊豔昭, 封志明, 等. 基於分縣尺度的2020—2030年中國未來人口分佈 [J]. 地理研究, 2014, 33 (2): 310-322.

[157] 王培震. 西北內陸河流域人口密度分佈特徵與空間化研究——以石羊河流域為例 [D]. 蘭州: 西北師範大學, 2013.

[158] 王薇. 城市社區公共衛生供給與財政綜合補償研究 [D]. 成都: 西南財經大學, 2012.

[159] 王偉. 基於製造業區位商分析的中國三大城市群經濟空間演變實證

與解釋 [J]. 城市規劃學刊, 2010 (1): 35-41.

[160] 王學義, 曾永明. 中國川西地區人口分佈與地形因子的空間分析 [J]. 中國人口科學, 2013 (3): 85-93.

[161] 王雪梅, 李新, 馬明國. 干旱區內陸河流域人口統計數據的空間化——以黑河流域為例 [J]. 干旱區資源與環境, 2007, 21 (6): 39-46.

[162] 王勇忠. 竺可楨人口思想研究 [J]. 自然辯證法研究, 2012 (11): 94-98.

[163] 文娟秀, 繆小清. 中國八大地區收入差距的泰爾指數測度 [J]. 中國市場, 2010 (40): 124-126.

[164] 吳傳鈞. 胡煥庸大師對發展中國地理學的貢獻 [J]. 人文地理, 2001, 16 (5): 1-4.

[165] 吳漢良. 人口再分佈研究 [J]. 人文地理, 1988 (2): 92-94.

[166] 吳玉鳴, 李建霞. 基於地理加權迴歸模型的省域工業全要素生產率分析 [J]. 經濟地理, 2006, 26 (5): 748-752.

[167] 吳玉鳴. 空間計量經濟模型在省域研發與創新中的應用研究 [J]. 數量經濟技術經濟研究, 2006 (5): 74-85.

[168] 吳玉鳴. 研發投入、產學研合作與企業異質性創新——來自中國省域的空間非平穩性 GWR 實證 [C].「城鄉統籌與經濟社會發展」2010 年國際學術研討會參會論文, 華東理工大學, 2010.

[169] 西南財經大學中國家庭金融調查與研究中心. 中國家庭收入差距報告 [R]. 2013-01-19.

[170] 夏華. 泰爾指數及其在中國行業收入差距中的應用 [J]. 生產力研究, 2007 (7): 10-11.

[171] 謝里, 朱國姝, 陳欽. 人口聚集與經濟增長: 基於跨國數據的經驗研究 [J]. 系統工程, 2012, 30 (8): 113-117.

[172] 謝永琴, 鐘少穎. 產業聚集與中國區域經濟發展差異——基於新經濟地理學視角 [J]. 工業經濟技術, 2010, 29 (5): 133-138.

[173] 新華網日本頻道. 日本人口加快向東京等大城市集結 [EB/OL]. (2015-02-07) [2017-12-16]. http://big5.xinhuanet.com/gate/big5/japan.xinhuanet.com/2015-02/07/c_133976518.htm.

[174] 星竹. 空間的價值 [J]. 法制資訊, 2009 (11): 53.

[175] 徐繼業, 花俊. 空間經濟學視角下的產業聚集與經濟增長研究: 對擁擠效應的探討 [J]. 北方經濟, 2009 (9): 23-25.

[176] 徐盈之,彭歡歡,劉修岩. 威廉姆森假說:空間聚集與區域經濟增長——基於中國省域數據門檻迴歸的實證研究 [J]. 經濟理論與經濟管理, 2011 (4): 95-102.

[177] 閭慶武. 空間數據分析方法在人口數據空間化中的應用 [M]. 南京:東南大學出版社, 2011.

[178] 閭質杰. 人口經濟與落實科學發展觀 [J]. 沈陽幹部學刊, 2005 (2): 36-38.

[179] 楊波. 中國縣域人口空間分佈格局研究 [J]. 西北人口, 2014, 35 (3): 33-42.

[180] 楊成鋼,曾永明. 空間不平衡、人口流動與外商直接投資的區域選擇——中國1995—2010年省際空間面板數據分析 [J]. 人口研究, 2015 (6): 25-38.

[181] 楊存建,趙梓健,倪靜,等. 基於MODIS數據的川西積雪時空變化分析 [J]. 中國科學 (地球科學), 2011, 41 (12): 1744.

[182] 楊昕,湯國安,鄧鳳東,等. ERDAS遙感數字圖像處理實驗教程 [M]. 北京:科學出版社, 2009: 100-101.

[183] 楊振. 中國人口與經濟空間分佈關係研究 [D]. 蘭州:蘭州大學, 2008.

[184] 葉東安. 中國人口分佈的現狀和特點——人口分佈問題研究綜述 [J]. 人口研究, 1988 (5): 57-59.

[185] 葉舒靜. 廣東地區人口分佈與區域經濟協調發展研究 [D]. 長春:吉林大學, 2010.

[186] 葉宇,劉高煥,馮險峰. 人口數據空間化表達與應用 [J]. 地球信息科學, 2006, 8 (2): 59-65.

[187] 岳希明,李實. 缺少說服力的回應——對西南財大住戶調查項目公佈的基尼係數再質疑 [EB/OL]. (2013-02-23) [2017-12-18]. http://www.ciidbnu.org/news/201302/20130203104343706.html.

[188] 岳希明,李實. 我們更應該相信誰的基尼係數? [EB/OL]. (2013-02-23) [2017-12-18]. http://www.ciidbnu.org/news/201301/20130123092800706.html.

[189] 曾明星,吳瑞君,張善餘. 中國人口再分佈新形勢及其社會經濟效應研究——基於「六普」數據的分析 [J]. 人口學刊, 2013, 35 (5): 15-25.

［190］曾永明，張果. 基於 GeoDA-GIS 的四川省縣域經濟空間分異研究［J］. 雲南地理環境研究，2010，22（4）：52-58.

［191］曾永明. 高原高山區人口分佈特徵及影響機制研究——基於空間計量經濟學視角［J］. 南方人口，2014，29（3）：1-9.

［192］張建華. 一種簡便易用的基尼系數計算方法［J］. 山西農業大學學報（社會科學版），2007，6（3）：275-283.

［193］張善餘. 人口垂直分佈規律和中國山區人口合理再分佈研究［M］. 上海：華東師範大學出版社，1996.

［194］張善餘. 人口地理學概論［M］. 上海：華東師範大學出版社，2004.

［195］張松林，張昆. 全局空間自相關 Moran 指數和 G 系數對比研究［J］. 中山大學學報（自然科學版），2007，46（4）：93-97.

［196］張文武. 勞動力流動與產業空間結構［D］. 南京：南京大學，2011.

［197］張艷，劉亮. 經濟聚集與經濟增長——基於中國城市數據的實證分析［J］. 世界經濟文匯，2007（1）：48-55.

［198］張玉，董春. 瀾滄江流域（雲南段）人口密度空間自相關分析［J］. 測繪科學，2011，36（4）：118-120.

［199］張志斌，潘晶，李小虎. 近30年來蘭州市人口密度空間演變及其形成機制［J］. 地理科學，2013，33（1）：36-44.

［200］章元，劉修岩. 聚集經濟與經濟增長：來自中國的經驗證據［J］. 世界經濟，2008（3）：60-70.

［201］趙軍，符海月. GIS 在人口重心遷移研究中的應用［J］. 測繪工程，2001，10（3）：41-43.

［202］趙培紅，孫久文. 城市型社會背景下的城鎮化：他國的經驗與中國的選擇［J］. 城市發展研究，2011，18（9）：1-9.

［203］趙榮，王恩湧，張小林. 人文地理學［M］. 北京：高等教育出版社，2006.

［204］趙偉，李芬. 異質性勞動力流動與區域收入差距：新經濟地理學模型的擴展分析［J］. 中國人口科學，2007（1）：27-35.

［205］中國城市和小城鎮改革發展中心課題組. 中國城鎮化戰略選擇政策研究［M］. 北京：人民出版社，2013.

［206］周俐俊，朱欣焰，邵振峰，等. 基於空間信息多級網格的人口普查

數據採集系統的設計與實現［J］.武漢大學學報（信息科學版），2006，31（6）：540-543.

［207］周其仁.經濟密度甚於人口密度［EB/OL］.（2012-03-16）［2017-12-18］.http://finance.ifeng.com/opinion/mssd/20120316/5762057.shtml.

［208］周璇.產業區位商視角下環境污染與經濟增長關係的研究［D］.北京：中國地質大學，2014.

［209］朱震葆.人口聚集和人口密度穩定性初探［J］.統計科學與實踐［J］.2010（12）：56-57.

［210］祝俊明.人口地理學的研究進展［J］.世界地理研究，1994（1）：80-86.

附錄

附錄 1　全球實證的 126 個國家或地區（7.2.3 節）

國家或地區名稱	簡寫	國家或地區名稱	簡寫	國家或地區名稱	簡寫
Albania	ALB	France	FRA	Pakistan	PAK
Algeria	DZA	Gabon	GAB	Panama	PAN
Argentina	ARG	Germany	DEU	Papua New Guinea	PNG
Armenia	ARM	Greece	GRC	Paraguay	PRY
Australia	AUS	Guatemala	GTM	Peru	PER
Austria	AUT	Guinea	GIN	Philippines	PHL
Azerbaijan	AZE	Honduras	HND	Poland	POL
Bahamas	BHS	Hong Kong SAR, China	HKG	Portugal	PRT
Bangladesh	BGD	Hungary	HUN	Romania	ROM
Barbados	BRB	Iceland	ISL	Russian Federation	RUS
Belarus	BLR	India	IND	Rwanda	RWA
Belize	BLZ	Indonesia	IDN	Senegal	SEN
Benin	BEN	Iran, Islamic Rep.	IRN	Sierra Leone	SLE
Bolivia	BOL	Ireland	IRL	Singapore	SGP
Botswana	BWA	Israel	ISR	Slovak Republic	SVK
Brazil	BRA	Italy	ITA	Slovenia	SVN
Bulgaria	BGR	Japan	JPN	South Africa	ZAF
Burkina Faso	BFA	Jordan	JOR	Spain	ESP
Cambodia	KHM	Kazakhstan	KAZ	Sri Lanka	LKA
Cameroon	CMR	Kenya	KEN	Sudan	SDN
Canada	CAN	Korea, Rep.	KOR	Swaziland	SWZ
Chad	TCD	Kyrgyz Republic	KGZ	Sweden	SWE

表(續)

國家或地區名稱	簡寫	國家或地區名稱	簡寫	國家或地區名稱	簡寫
Chile	CHL	Lesotho	LSO	Switzerland	CHE
China	CHN	Lithuania	LTU	Syrian Arab Rep.	SYR
Colombia	COL	Macedonia, FYR	MKD	Tajikistan	TJK
Comoros	COM	Madagascar	MDG	Tanzania	TZA
Congo, Dem. Rep.	ZAR	Malaysia	MYS	Thailand	THA
Congo, Rep.	COG	Mali	MLI	Togo	TGO
Costa Rica	CRI	Malta	MLT	Trinidad and Tobago	TTO
Cyprus	CYP	Mauritania	MRT	Tunisia	TUN
Czech Republic	CZE	Mauritius	MUS	Turkey	TUR
Denmark	DNK	Mexico	MEX	Turkmenistan	TKM
Djibouti	DJI	Moldova	MDA	Uganda	UGA
Dominican Rep.	DOM	Morocco	MAR	Ukraine	UKR
Ecuador	ECU	Mozambique	MOZ	United Arab Emirates	ARE
Egypt, Arab Rep.	EGY	Namibia	NAM	United Kingdom	GBR
El Salvador	SLV	Netherlands	NLD	United States	USA
Equatorial Guinea	GNQ	New Zealand	NZL	Uruguay	URY
Eritrea	ERI	Nicaragua	NIC	Uzbekistan	UZB
Estonia	EST	Nigeria	NGA	Venezuela, RB	VEN
Ethiopia	ETH	Norway	NOR	Vietnam	VNM
Finland	FIN	Oman	OMN	Zambia	ZMB

附錄 2　中國實證的 256 個城市（7.2.4 節）

城市	代碼	城市	代碼	城市	代碼	城市	代碼
北京市	110000	連雲港市	320700	日照市	371100	清遠市	441800
天津市	120000	淮安市	320800	萊蕪市	371200	東莞市	441900
石家莊市	130100	鹽城市	320900	臨沂市	371300	中山市	442000
唐山市	130200	揚州市	321000	德州市	371400	潮州市	445100
秦皇島市	130300	鎮江市	321100	聊城市	371500	揭陽市	445200
邯鄲市	130400	泰州市	321200	濱州市	371600	雲浮市	445300
邢臺市	130500	宿遷市	321300	菏澤市	371700	南寧市	450100

表(續)

城市	代碼	城市	代碼	城市	代碼	城市	代碼
保定市	130600	杭州市	330100	鄭州市	410100	柳州市	450200
張家口市	130700	寧波市	330200	開封市	410200	桂林市	450300
承德市	130800	溫州市	330300	洛陽市	410300	梧州市	450400
滄州市	130900	嘉興市	330400	平頂山市	410400	北海市	450500
廊坊市	131000	湖州市	330500	安陽市	410500	防城港市	450600
太原市	140100	紹興市	330600	鶴壁市	410600	欽州市	450700
大同市	140200	金華市	330700	新鄉市	410700	貴港市	450800
陽泉市	140300	衢州市	330800	焦作市	410800	玉林市	450900
長治市	140400	舟山市	330900	濮陽市	410900	海口市	460100
晉城市	140500	臺州市	331000	許昌市	411000	三亞市	460200
朔州市	140600	麗水市	331100	漯河市	411100	重慶市	500000
呼和浩特市	150100	合肥市	340100	三門峽市	411200	成都市	510100
包頭市	150200	蕪湖市	340200	南陽市	411300	自貢市	510300
烏海市	150300	蚌埠市	340300	商丘市	411400	攀枝花市	510400
赤峰市	150400	淮南市	340400	信陽市	411500	瀘州市	510500
通遼市	150500	馬鞍山市	340500	周口市	411600	德陽市	510600
沈陽市	210100	淮北市	340600	駐馬店市	411700	綿陽市	510700
大連市	210200	銅陵市	340700	武漢市	420100	廣元市	510800
鞍山市	210300	安慶市	340800	黃石市	420200	遂寧市	510900
撫順市	210400	黃山市	341000	十堰市	420300	內江市	511000
本溪市	210500	滁州市	341100	宜昌市	420500	樂山市	511100
丹東市	210600	阜陽市	341200	襄樊市	420600	南充市	511300
錦州市	210700	宿州市	341300	鄂州市	420700	眉山市	511400
營口市	210800	六安市	341500	荊門市	420800	宜賓市	511500
阜新市	210900	亳州市	341600	孝感市	420900	廣安市	511600
遼陽市	211000	池州市	341700	荊州市	421000	達州市	511700
盤錦市	211100	宣城市	341800	黃岡市	421100	雅安市	511800
鐵嶺市	211200	福州市	350100	咸寧市	421200	巴中市	511900
朝陽市	211300	廈門市	350200	隨州市	421300	資陽市	512000

表(續)

城市	代碼	城市	代碼	城市	代碼	城市	代碼
葫蘆島市	211400	莆田市	350300	長沙市	430100	貴陽市	520100
長春市	220100	三明市	350400	株洲市	430200	六盤水市	520200
吉林市	220200	泉州市	350500	湘潭市	430300	遵義市	520300
四平市	220300	漳州市	350600	衡陽市	430400	安順市	520400
遼源市	220400	南平市	350700	邵陽市	430500	昆明市	530100
通化市	220500	龍岩市	350800	岳陽市	430600	曲靖市	530300
白山市	220600	寧德市	350900	常德市	430700	玉溪市	530400
松原市	220700	南昌市	360100	張家界市	430800	保山市	530500
白城市	220800	景德鎮市	360200	益陽市	430900	西安市	610100
哈爾濱市	230100	萍鄉市	360300	郴州市	431000	銅川市	610200
齊齊哈爾市	230200	九江市	360400	永州市	431100	寶雞市	610300
雞西市	230300	新餘市	360500	懷化市	431200	咸陽市	610400
鶴崗市	230400	鷹潭市	360600	婁底市	431300	渭南市	610500
雙鴨山市	230500	贛州市	360700	廣州市	440100	延安市	610600
大慶市	230600	吉安市	360800	韶關市	440200	漢中市	610700
伊春市	230700	宜春市	360900	深圳市	440300	榆林市	610800
佳木斯市	230800	撫州市	361000	珠海市	440400	安康市	610900
七臺河市	230900	上饒市	361100	汕頭市	440500	蘭州市	620100
牡丹江市	231000	濟南市	370100	佛山市	440600	嘉峪關市	620200
黑河市	231100	青島市	370200	江門市	440700	金昌市	620300
綏化市	232300	淄博市	370300	湛江市	440800	白銀市	620400
上海市	310000	棗莊市	370400	茂名市	440900	天水市	620500
南京市	320100	東營市	370500	肇慶市	441200	西寧市	630100
無錫市	320200	菸臺市	370600	惠州市	441300	銀川市	640100
徐州市	320300	濰坊市	370700	梅州市	441400	石嘴山市	640200
常州市	320400	濟寧市	370800	汕尾市	441500	吳忠市	640300
蘇州市	320500	泰安市	370900	河源市	441600	烏魯木齊市	650100
南通市	320600	威海市	371000	陽江市	441700	克拉瑪依市	650200

附錄 3　胡煥庸 1935 年在《地理學報》中關於「璦琿—騰衝線」的描述（原文截圖）

中國人口之分布

郭之間、以及四川盆地內各邱陵地均是，惟在北方，則松遼平原之人口，亦氣候寒冷，月平均溫度在冰點下者達五個月以上，冬季作物幾已絕跡，田畝稀，較之河北平原以南之冬麥區與江南之稻作區，其人口密度之相差，固不之桑乾河流域，亦屬春麥帶，其密度與松遼平原同。

較之人口密度，每方公里在五十至一百之間，長江流域以南諸山地與高原，如雲南閩高原之東邊，舊所稱為南嶺山脈各地均屬之；其在北方，則有泰山山地，及黃河河口之含鹹三角洲等地，其密度均屬於第五級。

第七級之人口，每方公里在五十人以下，多限於較高之山地與高原，如雲南閩建、如山西、如陝西、如泰嶺山地、如大巴山地、如千山長白、以及熱河較之人口，每方公里在一人以下，其分布之區域，甚為遼闊，西藏高原運西以及新疆均屬之。今試自黑龍江之璦琿，向西南作一直線，至雲南之騰衝為北兩部，則此東南部之面積，計四百萬方公里，約佔全國總面積之百分之三十六，惟人口之分布，則東南計七百萬方公里，約佔全國總面積之百分之六十四；惟人口之分布，則東南總人口之百分之九十六，西北部之人口，僅一千八百萬，約佔全國總人口之殊，有如此者。

二一

後　記

　　此書是筆者所著博士學位論文整理而成。畢業兩年了，依稀記得在母校西南財經大學的求學歷程和撰寫博士學位論文的疾書過程。經歷過學術「沐浴」後，成文畢業，如今博士學位論文將出版成書，又是另外一種心境。論文成書，要感謝西南財經大學多位老師——王學義老師、楊成鋼老師、張俊良老師、周葵老師、譚遠發老師、嚴予諾老師、蘭竹虹老師等在專業素養上悉心傳道解惑，感謝你們的撥冗教導和全心匡扶。

　　本書不敢說做了多大的學術貢獻，不過基於研究內容、研究視角、研究方法等方面的新意，筆者認為還是具有一定的研究價值，特別是對空間人口學研究做出了一定探索。首先，研究將人口地理學與空間經濟學結合起來介入該議題的研究，這對目前國內人口資源環境經濟學同類研究是一種研究範式的轉變和創新努力。人口地理學基本以地理學者為主，空間經濟學基本以經濟學者為主，兩者還存在一定的割裂性。本研究綜合兩者的優勢和特點，將空間、人口和經濟三個基本要素融合，試圖做到對學科的大交叉研究，跨越多個學科，將研究議題綜合化、全面化和立體化。其次，選題視角較新。新意之處在於人口分佈（人口密度）對經濟增長的影響，而非人口本身或其他諸如人口結構等。人口數量、人口結構、人口素質等對經濟增長的理論和實證研究都非常成熟，但對人口分佈（人口密度）與經濟增長的關係的研究還有待深入。在低生育率和人口數量低增長、人口紅利削弱的背景下，人口分佈對經濟增長的重要性越發凸顯。本書做這個研究，意在給人口分佈與經濟增長理論一個微觀基礎。另外，人口分佈是人口的空間屬性，這也印證了第一個創新，強調人口空間屬性對於經濟增長的作用。最後，研究方法適當。本研究始終關注空間效應：一是強調空間因素的作用，所以盡量考慮以空間理論進行研究；二是在實證中盡量考慮用空間分析技術進行研究，包括從「死板」的數據到直觀的空間圖，這是從直覺、想像到視覺、可觀測的空間轉變。總而言之，就是在人口

分佈研究中把握其本質的內核——空間及空間效應。事實上，本書在對文獻進行分析時已發現這是之前的研究的一個非常大的不足，因此本書幾乎都是基於空間技術來進行分析，避免了傳統研究的不足。

曾永明

國家圖書館出版品預行編目(CIP)資料

空間異質性、人口分佈與經濟增長:基於(中國)人口密度的理論與實證 / 曾永明 著. -- 第一版.
-- 臺北市 : 崧博出版 : 財經錢線文化發行, 2018.10
　面 ;　公分

ISBN 978-957-735-545-4(平裝)

1.人口分布 2.經濟成長 3.中國

542.132　　　107016637

書　名：空間異質性、人口分佈與經濟增長:基於(中國)人口密度的理論與實證
作　者：曾永明 著
發行人：黃振庭
出版者：崧博出版事業有限公司
發行者：財經錢線文化事業有限公司
E-mail：sonbookservice@gmail.com
粉絲頁　　　　　　網　址：
地　址：台北市中正區延平南路六十一號五樓一室
8F.-815, No.61, Sec. 1, Chongqing S. Rd., Zhongzheng Dist., Taipei City 100, Taiwan (R.O.C.)
電　話：(02)2370-3310　傳　真：(02) 2370-3210
總經銷：紅螞蟻圖書有限公司
地　址：台北市內湖區舊宗路二段121巷19號
電　話：02-2795-3656　　傳真：02-2795-4100　網址：
印　刷：京峯彩色印刷有限公司（京峰數位）

　　本書版權為西南財經大學出版社所有授權崧博出版事業有限公司獨家發行電子書及繁體書繁體版。若有其他相關權利及授權需求請與本公司聯繫。

定價：400元

發行日期：2018年 10 月第一版

◎ 本書以POD印製發行